THE PRECARIAT
The New Dangerous Class

朝不保夕的人

［英］盖伊·斯坦丁（Guy Standing）著
徐偲骕 译

浙江人民出版社

图书在版编目（CIP）数据

朝不保夕的人 /（英）盖伊·斯坦丁著；徐偲骕译. —杭州：浙江人民出版社，2023.4（2023.8重印）
ISBN 978-7-213-10856-3

Ⅰ.①朝… Ⅱ.①盖… ②徐… Ⅲ.①边缘群体-劳动者-研究-西方国家 Ⅳ.①C913.8

中国版本图书馆CIP数据核字（2022）第228257号

浙江省版权局
著作权合同登记章
图字：11-2021-294号

Copyright © Guy Standing, 2021
This translation of *The Precariat: The New Dangerous Class SPECIAL COVID-19 EDITION* is published by arrangement with Bloomsbury Publishing Plc.

朝不保夕的人

［英］盖伊·斯坦丁 著 徐偲骕 译

出版发行：浙江人民出版社（杭州市体育场路347号 邮编 310006）
　　　　　市场部电话：(0571)85061682　85176516
责任编辑：周思逸
责任校对：何培玉　王欢燕
责任印务：刘彭年
封面设计：张　卉
电脑制版：杭州兴邦电子印务有限公司
印　　刷：杭州富春印务有限公司
开　　本：880毫米×1230毫米　1/32　　印　　张：11.625
字　　数：241千字
版　　次：2023年4月第1版　　　　　　印　　次：2023年8月第2次印刷
书　　号：ISBN 978-7-213-10856-3
定　　价：68.00元

如发现印装质量问题，影响阅读，请与市场部联系调换。

目录

新版序言　　1

初版序言　　23

第一章　朝不保夕的人　　1

第二章　为什么朝不保夕群体在壮大？　　47

第三章　谁在加入朝不保夕群体？　　109

第四章　移民：受害者、反派还是英雄？　　165

第五章　劳动、工作和时间挤压　　205

第六章　"地狱的政治"　　237

第七章　"天堂的政治"　　281

参考文献　　335

新版序言

自本书2011年首次出版以来，世界各地越来越多的人加入了朝不保夕者（precariat）①的行列。这些年来，全球化的推力，零工经济的兴起，以及2008年金融危机后大多数发达国家政府推行的紧缩政策，一并加剧了社会的不安全感和不平等状况，削弱了全球应对冲击时的韧性，就在这种环境下，2020年初新冠疫情暴发了。疫情，再加上各国政府大幅度倒退的经济应对措施，让情况雪上加霜。

本书希望对此提出警示，除非朝不保夕者的不安全感、需求和愿望得到理解和解决，否则，一种"地狱的政治"（politics of inferno）和政治怪物就会现身。果然，威权民粹主义在全球范围内愈演愈烈，尤其是在特朗普当选总统后的美国，以及欧洲、拉丁美洲和亚洲。

同时崛起的还有新法西斯主义，虽然这股思潮早有苗头，但它的出现仍然出乎全世界的预料。本书也描绘了一幅可能的

---

① precariat是由不稳定的（precarious）和无产阶级（proletariat）组合而成的新词。也译作"不稳定的无产者""岌岌可危阶级""流众""危难工人""危产阶级"等。——本书中文脚注均为编译者所加

乐观愿景。摆在我们面前的是各种选择和出路。但是，主流的"进步"政客们还没能明确提出一种"天堂的政治"（politics of paradise），毕竟这是一项具有变革性的策略。他们转而退守防御性政策，似乎有意恢复过去的做法。眼下，世界更加迫切地需要一种"天堂的政治"。为了摆脱疫情造成的衰退而选择走一条错误的道路，可能会开启一个新的黑暗时代。

朝不保夕者的演化

朝不保夕者遍布全球。数百万人在不稳定、不安全的（有偿）劳动和（无偿）工作中挣扎，他们缺乏职业认同，丧失公民权利，靠着微薄且忽多忽少的货币工资过活。无论在工作场所内外，无论上班与否，他们都受到同样的剥削。

朝不保夕群体在全球各个角落壮大。据粗略估计，2011年，在很多国家，大约1/4成年人的生存境况岌岌可危。2020年，新冠疫情前夕，这个比例可能已经接近1/2，朝不保夕者特别集中在年轻人当中。

如何定义一个群体很重要。我们可以通过社会学家马克斯·韦伯所说的"理想类型"（ideal type），即通过一系列共同特征来划定一个群体。本书和它的姐妹篇《朝不保夕者宣言》（*A Precariat Charter*）都提出，朝不保夕者是一个"正在形成的阶级"（class-in-the-making），但还不是一个"自为的阶级"（class-for-itself）。那些处于朝不保夕境况的人往往具有共同的特征,但对于应该做点什么却没有形成统一的思想。

为回应有人批评朝不保夕者没有明显的阶级特征,《朝不保夕者宣言》给出了一个比较规范的阶级定义,包含三个维度:独特的生产关系(relations of production,劳动和工作模式)、独特的分配关系(relations of distribution,收入来源和遭到"剥削"的手段),以及与国家之间的独特关系(relations to the state,权利模式)。

批评家们通常只关注到第一个维度的一个方面,便提到了"不稳定的工作"(precarious work),说它古已有之。他们的意思应该是指"不安全的劳动"(insecure labour),这从某人的雇佣合同就能看出。但仅凭这一点,并无法定义朝不保夕者。

毫无疑问,2008年的金融危机让间接劳动激增,这反映在几个相关趋势中。"礼宾经济"(concierge economy)异军突起,和这个镀金时代很是相称。在线个人服务应用程序就是自动化的劳务中介,从人们的收入中抽取相当数额的佣金。"任务处理"的另一种形式"云劳动"(cloud labour)也在大幅增加,亚马逊土耳其机器人(Amazon Mechanical Turk)率先推出这项服务,起先是发包一些微任务,比如为视频做标注,现已扩展到项目制的远程工作了。另外,"随时待命"的用工方式也多了起来,比如,很多劳动者和雇主签订的是"随叫随到"(on-call)或"零工时合同"(zero-hour contract)①,这就

---

① 指劳动者根据雇主需求随叫随到,工作量、工作内容和时间均不固定且没有任何保障的雇佣合同。

耗尽了那些等待就业者的时间和希望。[1]

在线劳动力的增长和全球化以及正在发生的技术革命的另一独特特征相伴而生,这个特征就是不需要跨境流动的劳动力输出。这一趋势将在疫情大萧条时期加速发展。毕竟,如果人们的劳动力需求可以得到"远程满足",那么"劳动者"或"任务执行者"在国内还是在世界其他地方就几乎不重要了,只要他们能够高效完成任务。这样一来,劳动力成本低廉的国家必然和发达国家构成竞争,给发达国家国内"在线"朝不保夕者的工资水平带来下行压力。实际上,一个发达国家真实的国内劳动力供给,往往要比统计出来的规模大得多。

不过,相比劳动身份更能辨识朝不保夕者的恰恰是他们缺乏一套职业认同或关于自身的叙事。对很多朝不保夕者来讲,他们在任何时候从事的工作都只是工具性的,不太可能成为他们渴望的身份认同或生活满足感的来源。民意调查公司盖洛普定期在150个国家进行"全球职场状况"调查。2019年,调查发现,在全球范围内,只有15%的在职员工感到真心热爱自己的工作;没有一个国家的这一比例超过40%。英国的另一项调查发现,37%有固定工作的人认为,自己做的事情并没有什么实际意义。不过,以超然的眼光看待自己的工作,好像也是一种健康的态度。

大多数朝不保夕者都缺乏职业安全。评论家们很少讨论雇佣安全和岗位安全的区别,经常将它们当成同义词混用。岗位安全其实是从一种信念中而来,即某人能够通过工作来发展自己。也许你拥有雇佣安全,但若手头的工作让你感到前路迷茫,那么这种雇佣安全也于事无补。

朝不保夕者的生产关系的另一个方面是,他们接受了更高水平的正规教育,但要从事的工作却并不需要那么高水平的教育经历。作为一种普遍现象,这在历史上前所未有。它引发了人们对自身地位的挫折感和异化感。这种感觉会越来越强烈,因为那些需要中高学历的岗位正在消失。很多朝不保夕者将来要被迫接受比较低阶的工作,任凭自己所受的教育没有什么用武之地。

然而,大量必须要做的工作都是无偿的。比如为了找工作,要做很多前期工作(四处寻觅、撰写简历、通勤奔波、拓展人脉),还要为国家工作(填写表格、排长队),从事"为社会再生产而做的工作"(比如照料工作),所有这些形式的工作,在统计数据和政治辞令中都被忽视。以前的无产阶级通过在工作场所劳动获得报酬,而如今的朝不保夕者必须在工作场所和有偿劳动时间之外做大量的工作。

与此同时,朝不保夕者的分配关系,或者说收入来源,高度依赖于货币工资。从19世纪初开始,无产阶级获得的报酬就由两部分组成,一部分是工资,另一部分是非工资福利。起初,雇主和国家设计了这些福利制度,目的是实现雇佣关系的稳定,消解工人的反抗——他们一直在抵抗自身的"无产阶级化",希望保持一定的独立性。后来,社会民主主义①者和工会

---

① 一种社会主义思想,支持在资本主义经济体系下通过经济干预和社会干预的手段促进社会正义,支持代议制和参与式民主,主张实行收入再分配,目标之一是建设福利国家。

的介入将福利制度变成了一个"雇佣安全"议题。不过，本书认为，共产主义者和社会主义者试图让劳动力"去商品化"，这意味着薪酬体系中工人的货币工资缩水了，更多收入来自非工资形式。

朝不保夕者几乎没有任何非工资福利，比如带薪假期、带薪病休以及由雇主缴纳的、可以在将来领取的养老金。这个群体必须依赖货币工资，而货币工资的实际价值一直在下降，而且越发不稳定和难以预测。社会要求他们做的无偿工作比有偿劳动多得多，这就是在"剥削"他们。这个词是精确的。至少在工业时代，工厂应该根据劳动时间支付工资，这是规矩，工人打卡上下班，一旦离开工作场所，就不存在无偿劳动这回事。

这一变化与本书讨论的"社会收入"（social income）的概念有关。由于公地遭到掠夺，公共服务和便利设施支离破碎，朝不保夕者更加缺乏安全感，他们和高收入群体之间的差距越来越大。[2]历史上，公地是"贫穷者的外衣"，为贫穷者提供维持生计的条件、非正式的社会保护和生活中的一些美好事物。紧缩政策加速了对公地的圈占、忽视、私有化和商品化，并损害了这件"外衣"。朝不保夕者比以往任何时候都更需要公地，他们被剥夺了非工资福利，也拿不到本属于基本权利的国家福利。因此，恢复公地至关重要。

这就引出了朝不保夕者最鲜明的特征。"不稳定性"（precarity）这个词的拉丁词根是"通过祈祷获得"。这就揭示了朝不保夕者第三个维度的本质：与国家的关系。朝不保夕者都是**乞求者**，他们大概也有这种感觉。由于缺乏基本权利，他们只能依靠亲戚、朋友、官僚、房东、雇主和其他人随意施舍一点小恩小惠来维持生计。

在这种情况下，法律中平等和公正的原则遭到损害，公民公地残破不堪，沉重打击了朝不保夕者。有一个和英国的通用福利金制度①有关的恶名昭彰的例子。所有主流政客都声称尊重《大宪章》所遵奉的普通法原则，即没有经过适当的审判，任何人都不该被判有罪，被指控人有权知晓对自己的指控，并在独立法官面前拥有自己的法律代理人。然而，自从英国分阶段引入通用福利金制度，已有超过500万人被"惩罚"，只因一个不负责任的官僚的简单命令，朝不保夕者就失去了享受福利的权利。

遭到惩罚继而失去福利的人，比在治安法庭被判有罪的人还要多，而且平均而言，经济处罚的罚款要比这些法庭开出的平均罚款还要高。当然，向法庭上诉的成功率很高，但过程艰巨、旷日持久、代价高昂，很多人在此期间维持生存都很困难，不确定性的压力悬在头上，"绝望而死"的现象非常普遍。支持这种制度的政客和评论家都是可鄙的。但是，不尊重正当程序在许多国家的社会政策中已成为一种趋势。

---

① 英国保守党政府推出的一项重要福利改革措施，将过去的收入保障津贴、基于收入的求职者津贴、住房补贴和儿童税收抵免等六种津贴统合为通用福利金。

金融化和债务

朝不保夕者的另一个显著特征就是债务累累,与极端金融化相关的机制系统性地利用了这一点,这并非偶然。在法国、德国、日本、英国和美国等地,金融机构持有的资产价值已上升到国民收入的500%以上,在英国,这个数字甚至超过了1000%。[3]新冠疫情之前,在这些国家和其他国家,有数百万人在不可持续的债务边缘挣扎。

用"食利者[①]资本主义"(rentier capitalism)这个词来描述当前阶段的全球资本主义,真是恰如其分。它将朝不保夕者变成产生租金收入的债务人,通过鼓励学生贷款、信用卡消费、发行商店专用赊购卡和短期放款来收取租金和利息。在一些国家,包括美国、日本和大多数欧洲国家,私人债务已经占到国民收入的150%以上。高水平的私人债务并不是现代市场社会的偶然特征之一,而是金融化的结构性特征之一。[4]

此外,很高比例的私人债务没有担保,而且这一比例还在不断上升。这就意味着,如果一场大的危机来临,这些债务将没有任何可变现的资产来支撑。比如,在新冠疫情暴发之前,英国的无担保债务就超过了2250亿英镑。

---

① 以财产性收入为生的人。

最令人不齿的还要数"发薪日贷款"①，它的利率像天文数字一样高。不太引人注意的是，越来越多的耐用消费品如今也可以租赁了，包括桌子、椅子和厨房用具，以前，人们无法负担这些物品的时候，就干脆不买或者不用，直到负担得起时再买。这种债务驱动的生活方式已经让经济变得更加脆弱，即便是轻微的经济震荡也承受不起了。它在全社会、人类和环境恰恰需要减少对经济增长的依赖之时，造成了全社会对经济增长的依赖。

可以毫不夸张地说，金融业正在抽干维持经济运行的血液，损害朝不保夕者的利益。2008年之后，因为低收入、没有储蓄，很多家庭靠借贷的方式来维持生活水平。这就让金融业嗅到了新的商机，迫使朝不保夕者债台高筑。经济增长是以债务增长为基础的。而且，债务收入比上升幅度最大的群体是中低收入群体，而不是根本无处借贷的最低收入群体。

在美国，那些目前处于朝不保夕状态的人，其收入通常低于全民收入的中位数，这就是明显例证。1970—2016年，这一收入群体的货币收入增长了20%，而他们的债务则增长了250%。[5]这意味着中低收入个人和家庭几乎得拿出全部家当举债，为自己、经济和社会制造了更普遍的脆弱性。美国人的做法，在欧洲和其他地方也都很常见。

更糟糕的是，在"食利者资本主义"制度下，经济增长的

---

① 20世纪90年代在北美大规模兴起的一种无须抵押的小额短期贷款。借款人以个人信用作担保，信用依据是借款人的工作及薪资记录。借款人承诺在下一发薪日偿还贷款并支付一定的利息及费用，故称发薪日贷款。

大部分收益都流向了富豪阶级、精英阶级和白领领薪阶级。因此，为提高朝不保夕者的收入，或者仅仅是减缓他们生活水平的下降速度，经济增速就必须更快。各国中央银行也不能贸然提高利率，因为数百万人可能会因此而无法还债。

低利率助长了商业银行和其他金融机构的冒进行为，它们知道，中央银行和政府会在经济衰退时期出手相救。食利者在经济下行的风险中幸免于难并因此兴旺发达，而朝不保夕者却首当其冲。

面对日益严重的不平等和持续下降的实际工资水平，各国政府和金融机构允许向朝不保夕者放贷，帮助他们维持现有的生活水平。这是史上最大的浮士德式交易，注定难以为继。

疫情大萧条

屋漏偏逢连夜雨，新冠疫情在全球暴发。这导致朝不保夕群体的生活水平呈螺旋式下降，尤其在大部分受冲击最严重的行业，这一群体的比例高得惊人。面对日益严重的封锁，包括澳大利亚、丹麦、意大利、荷兰、西班牙和英国的许多国家的政府推出了代价高昂的工资补贴方案，为白领领薪阶级"保留工作机会"，对朝不保夕群体几乎不闻不问，让富豪阶级继续赚得盆满钵满。

所谓的"强制休假"或是"保留工作机会"这类补贴方案，就是试图防止因封锁出现的大规模失业，反映了一种政治选择。这些方案是明显的倒退，陷朝不保夕群体于不利，并在诸多方面加剧了不平等。这就是赢家通吃、输者湮灭的游戏。与其补贴高收入群体，还不如向低收入群体投入更多资金，后者会给经济复苏带来更大的促进作用。[6]

英国的方案尤其有悖常理。政府每月向中高收入群体发放最高可达2500英镑的补贴，但有一个条件：从事有偿工作的人不能领取。在同样的条件下，他们只向低收入群体（疫情之前月收入为800英镑的人）发放640英镑。很明显，假如你现在债台高筑，再损失20%的收入，可比损失20%用来存款的钱要更加危急。就像预测的那样，在这个方案的实施过程中，欺诈率很高，近2/3的受益人继续从事着有偿劳动，只不过是以居家办公的形式。[7]而那些可以居家办公的人往往收入更高。

"保留工作机会"或"强制休假"的方案其实基于一种假设，即人们相信他们的工作将会回归到疫情之前的样子。但我们有理由确信，很多工作不会再有了。很多低收入岗位将被自动化、外包或直接砍掉。而且，就算在正常的年份里，企业的人员流动率也很高。因此，支持所有企业就等同于支持"僵尸企业"中的许多"僵尸岗位"，这些岗位虽然早就岌岌可危，但却能靠补贴维持下去。据估计，在欧洲，参加就业保障计划的员工里，有1/5的人来自酒店服务业等行业，这些行业在疫情过后将继续苟延残喘。[8]在英国，还有250万个这样的工作岗位。

疫情大萧条本该让我们清醒地认识到，除非对朝不保夕者的需求和愿望给予更多重视，否则我们将无法摆脱未来的危机。但是，各国政府依然没有意识到这一点。愤怒（anger）

正在潜滋暗长。朝不保夕者所经历的愤怒、焦虑（anxiety）、异化（alienation）和失范（anomie），与另外两项运动也有联系：一项是反对阶级种族主义的正当抗议，口号是著名的"黑人的命也是命"；另一项是"反抗灭绝"组织领导的预防生态衰退的行动。可见，"食利者资本主义"造成的极端结构性不平等制造了多重裂痕。

新冠疫情是21世纪的第六次病毒大流行。在全球化时代，还发生了大约500次金融危机。这些系统性冲击凸显了21世纪不安全感的特征——**不确定性**。这是一种和过去完全不同的不安全感。

1942年，威廉·贝弗里奇①在他关于福利问题的划时代报告中写道："现在是革命的时候，修修补补无济于事。"就在他撰写这份报告的时候，约翰·梅纳德·凯恩斯已经说服政策制定者，在工业经济中，政府可以动用经济政策来保障"充分就业"。那时候人们的不安全感主要来自意料之外的风险，比如生病、失业、遇到事故或是怀孕，这些不良事件发生的概率可以被精确计算。针对以上风险，政府可以根据缴费率和给付率，设计出一个社会保险制度。

但在全球"食利者资本主义"制度下，不安全感的主要形式变成了不确定性，也可以说是"未知的未知"②，即某人无法

---

① 威廉·贝弗里奇（1879—1963），英国经济学家，福利国家的理论建构者之一，提出建立"社会权利"新制度，其中包括失业及无生活能力之公民权、养老金、教育及健康保障等理念。
② 即不自知不知道的事。

计算出不良事件发生的概率，更谈不上应对和从中恢复过来了。人们都不知道何时会有糟糕的事情发生，也无法为未知的事情做好准备。

越来越多的人不断感到焦虑和弱势，我们对此心知肚明，特别是对朝不保夕者而言，这些情绪更为强烈。因此，问题就变成了：面对系统性的不确定性，我们该如何增强韧性？答案在于提供事前社会保障，而不是贝弗里奇蓝图中的事后方案。让事情更加复杂的是，全职的、在固定工作场所上班的工业工作岗位越来越少，而社会保险体系正是在这类工作岗位的基础上建立起来的。因此，将社会保障制度和劳动贡献挂钩的做法是武断的。现在的情形表明，我们需要建立一种基本收入制度，本书末章将会讨论这个问题。[9]

富豪阶级

1804年，有人写了一篇让几代政治经济学家都困惑不已的文章。执笔人是第七代劳德代尔伯爵（Earl of Lauderdale），这篇概述后来成了有名的"劳德代尔悖论"。文章的论点是，随着私人财富的增加，公共财富会减少。富人愈富，他们从公地中获得的好处就越多，通过垄断和人为制造的稀缺性推高价格的可能性也就越大。现在更是如此。

1776年，亚当·斯密曾提出过一个粗略定义富人的办法，即根据他们每年的平均工资能雇用多少工人来算。可以说，当今世界上的富豪阶级就是由历史上最富有的男男女女组成的。在第一个镀金时代，也就是20世纪20年代，当时最富有的人要数约翰·洛克菲勒，以他的年收入，可以雇用11.6万名美国工人，而今天的富豪们雇用几百万名工人也不在话下。

富豪们在经济形势好的时候获利，在经济衰退的时候也还是能获利。据《福布斯》新闻的说法，在疫情暴发的头六个月，当那些朝不保夕者正忙于偿还债务或向食物银行求助时，53位英国亿万富翁的财富猛增263亿英镑，达到约2110亿英镑。[10]在这场数十年来最严重的经济衰退中，没有一位亿万富翁的财富缩水。美国的亿万富翁更甚，他们的财富增加了近1/3。在疫情暴发的前三个月里，又有30人跻身亿万富翁俱乐部，而此刻失业率却在飙升。

被压迫者总觉得自己站在了压迫者的对面，但如今的富豪阶级甚至都看不见他们。富豪阶级中的很多人都是右翼政客或政党的金主。其中一些人在把他的居住地或商业总部搬到海外的避税天堂之前就花钱资助了英国脱欧运动，比如自称是英国首富的吉姆·拉特克利夫爵士（Sir Jim Ratcliffe）在被授予爵士头衔后就移民了。

亿万富翁的移民助长了某些国家的富豪统治和不平等状况。为吸引亿万富翁，这些国家让他们尝到了财税优惠的甜头。以往，经济学家和评论家们会关注移民对劳动力市场中的低收入群体可能产生的影响，但是现在，尽管富有移民的人数可能相对较少，但他们正在提高收入分配顶层群体的进账。外国富豪的涌入是由政治右翼推动的，而且反过来强化了政治右翼本身。一个解释是，外国富豪为感谢这些政治赞助人迅速授予他们公民身份、为他们大幅减税而向他们慷慨捐赠。

在英国和美国，每4位千万富翁或亿万富翁中就有1位是移民。在英国，有钱人的财富很大一部分来自金融和房地产行业，这两个行业的人在收入前1%的群体中所占的比例，从1997年的18%上升到2018年的25%。在收入前1%的移民群体当中，1/4的人在银行业、金融支持服务行业和对冲基金工作。[11]

在就任英国首相前不久的2019年，鲍里斯·约翰逊在德里为印度精英做了一场演讲就获得了12万英镑的报酬。他在演讲中表示，希望看到更多富有的印度人移民到英国去。2020年初，鲍里斯任命了一位财政大臣，这位大臣是个超级富有的、从东非移民而来的印度裔富家子弟，他的岳父大人又是印度最富有的人之一。这位财政大臣从美国金融巨头高盛起家，后来以对冲基金经理的身份发迹，在避税天堂开曼群岛运营业务。有很多人在高盛集团和顶级政治职位之间改头换面，他不过是其中的一人而已。[12]这背后其实是一个跨国的精英联盟，他们是金融和富豪利益的代言人，自然不会考虑朝不保夕者的利益。

令人担忧的不仅仅是富豪阶级和朝不保夕者之间收入与财富的差距；这分明是权力和影响力的鸿沟。除了拥有大量媒体，富人们也越来越能干预本就有名无实的民主进程，而且将手伸得很长，并不止步于在他们自己的国家或移居国施加影响。而另一方面，朝不保夕者则感到无能为力。他们的政治效能感很低，更缺乏政治热情和投票意愿，民主也因此越来越式微，日益商品化。长此以往，一些东西早晚会被彻底丢弃。

危险阶级

为理解这个时代的政治风暴，《朝不保夕者宣言》将朝不保夕者分成返祖派、怀旧派和进步派三个类型。返祖派主要是那些从传统工人阶级家庭或社群滑落至朝不保夕群体的人，没有接受过多少正规教育，普遍感觉自己失去了"昨天"。他们想要回到昨天，因为昨天比今天好。他们听信民粹主义者的逸言，因为民粹主义者承诺会恢复旧制。喜欢简化问题、不道德且机会主义的政客们正是利用了这一点。

怀旧派是那些认为自己失去了"现在"，丧失了家园感的人。他们主要由移民和少数族裔组成，自认被剥夺了文化权利和尊重，自认是失权者，而不是公民。他们是返祖派和民粹主义者的眼中钉，因为他们的存在威胁到了返祖派的好日子。但这种看法站不住脚。无良政客们可以动员返祖派来反对这些怀旧派。

进步派的成员主要是年轻的、受过教育的朝不保夕者。他们的家人和老师曾经承诺他们，如果努力学习，考上大学，就会拥有一个未来和一份事业。但实际情况是，他们毕业后并没有很明确的未来，且背负着沉重的债务。但他们并不想要回到属于20世纪进步力量的社会民主主义者所承诺的"昨天"。因此，很多人在投票中弃权，保送民粹主义者赢得选举。2019年12月，反欧盟的保守党赢得了英国大选，但只拿到29%的选票，仅仅因为很大一部分年轻人没有投票。2016年英国脱欧公投、同年晚些时候特朗普当选总统，都是如此。

这当然是个坏消息，但也有好消息。返祖派几乎已经到达了巅峰，其中的很多人年纪大了，正在离开政治舞台。怀旧派开始对进步派产生认同和共鸣。进步派正在壮大，在"反抗灭绝"、"黑人的命也是命"、法国"黄背心"运动和全球基本收入运动等相辅相成的社会运动中，都能听到他们的声音。

不过，尽管这些受过教育的年轻朝不保夕者可以成为一种新"天堂的政治"的开路先锋，但是信奉进步价值的政治家如果为了吸收那些返祖派和传统无产阶级而向这幅愿景妥协，他们可能会犯下历史性错误。政治右翼总是会从侧翼包抄他们。信奉进步价值的政治家应该意识到，追求进步的朝不保夕者不只是一群沉湎于不安全感中的受害者，他们还可以奋起捍卫一个新的政治未来。

弥散的焦虑

持续的焦虑是朝不保夕者的心理特征之一，人人承受着巨大的压力。世界各国政府对这个存在性威胁后知后觉。部分原因可能是当政者来自条件优渥的家庭，不认为需要优先解决压力和焦虑的问题。

几代人以来，医生、医学院、医院和大型制药公司都试图通过药物和治疗来控制焦虑。然而，这种求医问药的方法治标不治本。长期坐立不安的人会经历剧烈的功能失调的压力,易罹患冠心病、中风、2型糖尿病,以及酗酒和滥用药物。这些也是增加将来死于新冠疫情或其他大流行病概率的"先决条件"。不要以为上述问题离我们很远,不会发生在自己身上。

有充分的证据表明,自2011年以来,焦虑的发生率和强度都在增加。本质上这是一个关乎分配的问题,是结构性不平等的表征,并加剧了不平等。2020年,英国的一项研究追踪了1998—2018年广泛性焦虑症(焦虑的状况已经导致衰弱过度的症状)的增长情况。该研究得出的结论是,在前十年的稳步增长后,焦虑症在2008年之后开始"爆炸式"增长。[13]

在年轻女性中,焦虑症的发生率增加了两倍多。不过,在所有年龄段中,无论男女,焦虑症的发生率都有所上升。研究者认为,出现这种情况的部分原因是金融危机后的经济衰退和国家实施的紧缩政策。另一项历时九年的研究发现,福利改革和精神疾病的增加密切相关。[14]

这两项研究都承认,焦虑问题日益严重,同社会中弥漫的绝望感和无力感有关,或者也可以说和失范有关。在新冠疫情期间,焦虑和失范现象会越来越多。

具有颠覆性的艺术

反抗是必要的。不再哀叹失去昨天,而是要重新创造未来。艺术是进步政治的重要盟友,有助于打造一种"天堂的政治"。巧合的是，我在撰写这篇序言时，接受了一次采访，访谈内容有关一部电影，这部电影是为纪念托马斯·斯特恩斯·艾略特的开创性诗歌《荒原》诞生100周年而创作的。《荒原》创作于1921年，出版于1922年，其时代背景是西班牙流感暴发之后的年代，1918—1920年，这场流行病夺去了全球数百万人的生命。再往前一点还有1914—1918年的第一次世界大战，这场战争被称为"结束一切战争的战争"，可谓生灵涂炭。

艾略特的五节长诗是空虚感以及生活只有一线希望的有力表达。艾略特的朋友埃兹拉·庞德编辑了这首诗，他后来成为法西斯主义的旗手。艾略特本人并不是法西斯主义者，而是退避到宗教领域，并宣称自己是"政治上的保皇派"。统而观之，尽管现代主义和其他艺术运动在那个时代蓬勃发展，包括贝托尔德·布莱希特等批评剧作家的作品甚多，但在武装社会对抗即将到来的法西斯主义恐怖统治并指向一种"天堂的政治"方面，艺术没能起到一种颠覆性的作用。

今天的情况是否还是如此？现在下结论还为时过早。但毫无疑问，朝不保夕群体周围酝酿着一股蓬勃的艺术能量。匿名的英国涂鸦艺术家班克斯（Banksy）就是其中一个标志性人物，他的讽刺壁画以及其他类型的作品遍布世界各地的墙壁，是这个时代的乐趣。在他的一幅壁画中，有一个满脸愁容的贴小广告的人，刚好在"追随你的梦想"这几个字上面贴上了"取消"一词。

涂鸦是街头智慧的颠覆性表达，也是对基本权利和自由受到侵害的颠覆性反应。更为正式的艺术作品也在尝试揭穿不协调控制和"食利者资本主义"的假面,将这些情绪转化为创造性思维。它展示了新自由主义(neo-liberalism)是如何巩固了削弱个体的个人主义,让大多数人在朝不保夕的地带孤苦飘零,连仰望星空的能力都没有了。纽约新博物馆曾举办了一场名为"捣乱之歌"的展览,据说年轻的艺术家代表着朝不保夕者,展览的主题"公地之下"反映了人们对这种虚假个人主义的反抗。[15]

如今还出现了一种能够反映朝不保夕者进退失据和活跃张力的电影类型。比如《朝不保夕的日本》(*Precarious Japan*, 2014年上映),描绘了日本朝不保夕群体的壮大,还有《优越》(*Advantageous*, 2015年上映)刻画了一个反乌托邦式的未来,主人公挣扎着沦为朝不保夕者。一位研究者分析了300部电影和电子游戏后得出结论:"毕竟朝不保夕者从来就在我们身边。"[16] 2020年,好莱坞把包括"最佳影片奖"的四项奥斯卡奖授予了韩国电影《寄生虫》,这是一个重大事件。批评家们认为,这是一场精英阶级和朝不保夕者之间的对决,是全球阶级结构僵化的缩影。

如今,纯艺术也开始反映朝不保夕者的困境了,比如2018年底在都柏林举办的一场艺术展,主题就叫"朝不保夕者",主要展品是刺绣、瓷器和绘画。[17] 2020年1月,一幅复合石墨画在新西兰著名的"有志艺术竞赛"中拔得头筹,名字是《作为阶级的朝不保夕者》(*Class Precariat*)。

衰落至极的经济体系会提供一些纯属"死胡同"的选项,艺术可以揭露这些出路的无用性。摆在朝不保夕者面前的最新出路之一是"工作保障"[18]，有人认为这是为现代大众投食的"潜在鸦片"。是恢复劳工主义（labourism）模式的一种尝试，但却无济于事，将导向工作福利制度（workfare）①、更多的胁迫，以及极度的结构性不平等的延续。对于乞求者而言，这又是一种转移注意力的策略。我写作本书期间，不少国家政府似乎试图通过这条途径摆脱疫情大萧条，回到以前的正常状态。这样下去，只会加剧朝不保夕者所经历的四个"A"：焦虑、异化、失范和愤怒。

今天的挑战是不再助长"食利者资本主义"。"食利者资本主义"和不合理的社会结构将朝不保夕者变成受害者，并阻止他们开创一个更加生态友好、人人平等和建立在公地之上的社会。因此，我们需要进行大刀阔斧的改革。这可能是一个新的文艺复兴和启蒙运动的时代。但我们不能丧失勇气，接受不触动这些结构的改革。

这场疫情本应给我们一个重要的教训。社会和我们所有人的韧性，将始终取决于社会中最弱势和最缺乏安全感的群体。这些人包括：处于朝不保夕状态的人、与社会完全隔绝的人、在街头过早死去的人、不幸被竞争激烈的社会抛弃的人。只有人人的基本安全都得到保障，社会才能拥有韧性。本书末章提出的观点在当下显得尤为紧要。

---

① 一项公共福利。即凡领取政府福利补贴者，必须接受政府或立法规定的与工作有关的特定义务，从而将社会福利金从无偿给付变成有偿领取。

注释

1. G. Standing, 'Taskers in the Precariat: Confronting an Emerging Dystopia', in E. Paus (ed.), *Confronting Dystopia: The New Technological Revolution and the Future of Work* (Ithaca, NY and London: ILR Press, 2018), pp. 115–133.
2. G. Standing, *Plunder of the Commons: A Manifesto for Sharing Public Wealth* (London: Pelican, 2019).
3. C. Bean, 'Independent Review of UK Economic Statistics', Cabinet Office, HM Treasury, March 2016, p. 18. 金融业的统计数字，指的是所有金融企业包括金融衍生品的金融资产的总和。
4. R. Vague, 'It's Time for a Debt "Jubilee"', Institute for New Economic Thinking, Perspectives, 11 September 2020.
5. A. K. Bartscher, M. Kuhn and M. Schularick, 'Inequality and US Household Debt: Modigliani Meets Minsky', Vox, Centre for Economic Policy Research, 18 May 2020.
6. V. M. Nygaard, B. E. Serensen and F. Wang, 'Optimum Allocation of the Covid-19 Stimulus Checks', Centre for Economic Policy Research, Discussion Paper 15283, September 2020.
7. D. Ferguson, 'Two-Thirds of UK's Furloughed Workers Continued Job in Covid-19 Lockdown', *The Observer*, 9 August 2020.
8. B. Hall, D. Strauss and D. Dombey, 'Millions of European Jobs at Risk When Furlough Support Ends', *Financial Times*, 21 June 2020.
9. 亦可参见 G. Standing, *Basic Income: And How We Can Make It Happen* (London: Pelican, 2017)。
10. J. Read, 'Britain's Billionaires See Profits Soar during Pandemic While Poorest May See Wage Rise Scrapped', *New European*, 5 September 2020.
11. A. Advani et al., 'Importing Inequality: Migration, Mobility and the Top 1%', CAGE Working Paper 508, 2020.
12. 关于"旋转门"现象和"高盛主义"，可参见 G. Standing, *The Corruption of Capitalism: Why Rentiers Thrive and Work Does Not Pay* (London: Biteback, 2017), chapter 7。
13. A. Slee, I. Nazareth, N. Freemantle and L. Horsfall, 'Trends in Generalised Anxiety Disorders and Symptoms in Primary Care: UK Population-Based Cohort Study', *British Journal of Psychiatry*, published online 8 September 2020, pp. 1–7. doi:10.1192/bjp.2020.159.
14. S. Wickham, L. Bentley, T. Rose, M. Whitehead and D. Taylor-Robinson, 'Effects on Mental Health of a UK Welfare Reform, Universal Credit: A Longitudinal Study', *The Lancet*, Vol. 5, Issue 3, March 2020, pp. 157–164.
15. B. Davis and C. Goldstein, 'What Is the Undercommons? 5 Big Ideas You Need to Know to Understand the New Museum Triennial', Artnet News, 12 February 2018.
16. T. Zaniello, *The Cinema of the Precariat* (London: Bloomsbury, 2020).
17. 'Visual Art: Embroidered Politics and Unconventional Politics', *Irish Times*, 18 September 2018.
18. 相关评论，可参见G. Standing, *Battling Eight Giants: Basic Income Now* (London: Bloomsbury, 2020), Appendix B, pp. 101–107。

初版序言

本书论述了这个世界上一个新的群体，一个"正在形成的阶级"。我将回答五个问题：这个阶级是什么？为什么我们应该关心它的壮大？为什么它正在壮大？哪些人正在进入这个阶级？它要将把我们带向何方？

其中最后一个问题尤为紧要。如果人们不能理解朝不保夕者，那么它的崛起可能会让社会堕入"地狱的政治"之中。这不是危言耸听，而是一种令人不安的可能性。若要避免这种可能性成为现实，朝不保夕者必须成为一个"自为的阶级"，拥有有效的能动性，成为打造新的"天堂的政治"的力量，让这种温和的乌托邦式的议程和策略被政客和所谓的"公民社会"，以及大量越发接近政府组织的非政府组织所接受。

在全球朝不保夕者这个问题上，我们迫切需要提高警觉，焦虑和愤怒情绪已经高涨。尽管本书着重分析他们作为受害者的一面，较少讨论他们具有的自由，但有必要在一开始就明确，单纯从苦难的角度来看待朝不保夕者是不对的。很多人沦为朝不保夕者，是因为不喜欢工业社会和20世纪的劳工主义，想要寻求更好的生活。他们不只是受害者，但也不至于是英雄。他们至少已经开始展示出，为什么这个阶级能够为21世纪带来美好社会的曙光。

尽管朝不保夕群体一直在壮大，但全球化背后隐藏的现实问题直到2008年金融危机的时候才浮出水面，这也是本书的写作语境。这波全球性调整其实已经拖了很久才暴发，虽然低收入国家的情况有所改善，但高收入国家的处境却变糟了。在过去20年里，大多数政府对不平等现象睁一只眼闭一只眼，除非这个问题能从根本上得到纠正，否则由它带来的苦果将一触即发。全球市场经济可能最终的确会提高全世界的生活水平（哪怕是全球化的批评者也会希望如此），但肯定只有空想家才不肯承认它也让千百万人陷入了经济不安全状态之中。朝不保夕者首当其冲，但到目前为止还是没办法发出自己的声音，让全社会注意到这个问题。他们不是"被压榨的中产阶级"，也不是"底层阶级"或"低阶工人阶级"。他们面对的一系列不安全性都是很独特的，所以同样也会有许多与众不同的需求。

刚开始撰写这本书的时候，我把这个主题拿去给一群信奉社会民主主义的学者看，他们的年纪都很大了。大多数人对我的想法不屑一顾，说没什么新意。对他们来说，解决当下问题的方案就和他们年轻的时候是一样的：创造更多就业机会，提供更多体面的岗位。而我只想对这些德高望重的大学者说，朝不保夕者对这种方案恐怕不感兴趣。

我有太多人要感谢，他们每一位都为这本书背后的思考提供了帮助。不过，我还是要感谢来自16个国家的许多学生团体和运动人士，在酝酿本书期间，我曾在这些地方围绕相关主题做了演讲，他们是我的听众。我希望本书的最终文本已经充分吸纳了他们的洞见和问题。最后我只想说，对于这样一本书而言，作者只是他人思想的传递者而已。

盖伊·斯坦丁
2020年11月

第一章 朝不保夕的人

20世纪70年代，一群受意识形态影响的经济学家俘获了政客们的耳朵和头脑。他们倡导"新自由主义"模式，其核心是依赖市场竞争推动经济增长和发展；主张应尽一切努力推动竞争和竞争力最大化，并让市场原则渗透到生活的方方面面。

其中一个核心思想就是各国应该提高劳动力市场的弹性，这就意味着将风险和不安全性转嫁给劳动者及其家庭。其结果是创造出了一个全球性的朝不保夕群体，包括世界各地数百万没有稳定生活支柱的人。他们正在形成一个新的危险阶级。这个群体很容易听信不怀好意的声音，用自己的选票和钞票来帮助这些声音搭建起一个影响力日盛的政治平台。新自由主义议程的成功——或多或少地受到了全球各个派别政府的拥护——已经孕育出一个初生的政治怪物。在它苏醒之前，我们必须采取行动。

朝不保夕者蠢蠢欲动

2001年5月1日，以学生和年轻的社会活动家为主的5000

人聚集在米兰市中心，准备举行一场另类的五一劳动节抗议游行。到2005年5月1日，他们的队伍已经壮大到5万多人（据有人估计也可能超过了10万人），而这个被命名为"欧洲五一示威日"（EuroMayDay）的运动也已席卷全欧洲，以年轻人为主的数十万人走上欧陆城市的街头。此起彼伏的示威活动标志着全球朝不保夕者的第一波觉醒。

那些按部就班地组织五一劳动节活动的老一辈工会成员，大概只能对这场新兴的大规模游行感到困惑不解，游行者的诉求是自由移民的权利、全民基本收入，这和传统的工会思想几乎没什么关系。工会认为，解决不稳定劳动的办法是回归劳工主义模式，也就是提供具备长期雇佣安全和配套福利措施的、更稳定的就业岗位。20世纪中期，这个办法曾发挥至关重要的团结作用。但是，许多年轻的示威者则看到他们父母那代人都遵从了福特制的劳动模式，从事着单调的全日制工作，乖乖服从于企业管理和资本支配。尽管目前他们还拿不出统一的替代性方案，但也并不想要复兴劳工主义。

"欧洲五一示威日"先是在西欧萌芽，很快燎原到全世界，日本成了一个令人瞩目的策源地。"欧洲五一示威日"始于一场青年运动，参加者主要是一群受过教育、心怀不满的欧洲人，欧盟走的竞争性市场（或曰新自由主义）道路使他们感到生活被异化，促逼着他们过上一种被工作、弹性和更快的经济增长所支配的日子。但他们的视野很快从欧洲放宽到全世界，因为他们看到自己的多重不安全困境是"环球同此凉热"的。而在朝不保夕者的示威游行中，参加者大部分都是移民。

这场运动还波及了那些有非传统生活方式的人们。一直以来，朝不保夕群体内部存在一种创造性的张力，有的人把自己看作受害者，他们被主流体制和政策剥夺利益并被妖魔化；有的人则标榜自己是英雄，因为他们用既理性又诉诸感性的反叛行为来共同抵抗既有体制。到2008年时，"欧洲五一示威日"的游行活动已经让同一天举行的传统工会游行相形见绌了。虽然公众和政客还处于后知后觉的状态，但这场运动已取得重大进展。

与此同时，受害者和英雄的双重身份也使朝不保夕群体很难达成一致，这进一步导致他们无法专注于抗争。敌人是谁或是什么？无论怎样，历史上所有伟大的运动都是建立在阶级基础上的。一个（或几个）集团为了自己的利益对抗另一个集团，因为后者剥削和压迫了前者。一般来说，大多数斗争都是为了争夺当时生产和分配体系中重要资产的使用权和控制权。尽管朝不保夕者的政治意涵颇为丰富，但他们似乎不太清楚这些重要资产是什么。他们推崇的知识分子包括：明确提出"不稳定性"概念的皮埃尔·布迪厄（1998），还有米歇尔·福柯、尤尔根·哈贝马斯，以及迈克尔·哈特和安东尼奥·奈格里——这两位学者所著的《帝国》（*Empire*, 2000）可是一个具有深远意义的文本，这本书从汉娜·阿伦特（1958）那里汲取了思想养分。此外，1968年社会动荡的阴云也把朝不保夕者和法兰克福学派联系在了一起，特别是赫伯特·马尔库塞的《单向度的人》（1964）这本书。

这是一次思想的解放，是对不安全感的普遍意识。但"革命"不是纸上谈兵。由于尚未锻造出政治议程或策略，朝不保夕者的愤怒并不会产生什么效果。他们还在寻找象征符号，展开具有辩证色彩的内部争论，这都反映了他们目前缺乏一种纲领式的应对方式，于是内部矛盾依然存在，挥之不去。

"欧洲五一示威日"的抗议领导者们尽了最大努力，试图在他们的视觉图像和海报上掩盖这些裂痕。有些海报强调，移民与非移民之间的利益统一（比如2008年米兰"欧洲五一示威日"的海报上就印着"移民与临时工"），而年轻人和老年人的利益也并不冲突，比如2006年柏林"欧洲五一示威日"的海报就很有同情心地将两类人并列在了一起（Doerr, 2006）。

不过，作为一场左翼自由主义运动，它还没有引起圈外人士的恐惧甚至兴趣。即使是最狂热的核心参与者也得承认，示威活动到目前为止更像是表演（theatre），而不是威胁（threat），顶多是在一种集体的不稳定性（precariousness）经验中主张个人和身份认同。用社会学家的话来说，这种公开表演只关乎成员对不稳定主体性的自豪感。有人为在汉堡举行的"欧洲五一示威日"游行设计了一张海报，以一种反抗性的姿态将四个人物放在了一起：一个清洁工、一个护工、一个难民或移民和一个所谓的"创意"工作者（就像海报设计者自己）。一个手提袋占据了海报最显眼的位置，被当作全球化世界中当代游牧生活（nomadism）的一种标志性象征。

符号的力量不可小觑。它们让彼此陌生的人团结起来，不再是一盘散沙。符号可以形塑一个阶级，构建身份认同，培育共同意识，孕育团结友爱的基础。本书的核心内容正是朝不保夕者如何完成从符号到政治纲领的转变。作为"天堂的政治"能动性的朝不保夕者，必须超越表演性的解放和视觉观念，提出一整套诉求，如此才能引起国家注意，而不只是让它对你感到迷惑和恼怒。

"欧洲五一示威日"游行的特征之一就是狂欢的气氛，萨尔萨音乐①、海报与演讲则充满了诙谐幽默感。许多行动都是无政府主义的和胆大妄为的，既不怎么讲策略，也不会产生社会影响力，这当然和它们背后组织的松散有关系。在汉堡，示威活动参与者还被教会了如何在公交车上和电影院里逃票。2006年的一场闹剧更是成了这场运动的一次"神话"事件。当时已近晌午，大约20个年轻人戴上嘉年华面具，自称为"蜘蛛妈妈"（Spider Mum）、"爆肌兄"（Multiflex）、"歌剧仙子"（Operaistorix）、"圣诞格瓦拉"（Santa Guevara），一起打劫了一家美食超市。他们在一辆手推车里装满了昂贵的食品和饮料，摆造型自拍，然后大摇大摆地扬长而去，临走前还递给女收银员一朵花，并附上一张字条，上面写道：他们创造了财富，却从未享用过。这出"剧"简直就是电影《替天行道三人行》（The Edukators）②的情节，他们在用生活临摹艺术。这个自称"罗宾汉帮"（Robin Hood gang）的团伙一直逍遥法外。后来他们在网上发布了一则声明，宣布他们已经把食物分发给了实习生，因为他们觉得实习生是这座城市里最受剥削的不稳

---

① 亦称骚沙音乐，拉丁美洲加勒比海音乐风格，非常多元化。
② 德国剧情类电影，故事的主角专门闯进有钱人的大房子，不偷钱不伤人，只将家具大搬家，然后留下字条"你钱太多了"或者"富裕的日子很快就会过去"。

定的劳动者。

这类团体的古怪行径基本上也不是要赢得支持者或是影响主流社会，历史上这样的例子并不少。我们可能正处于朝不保夕者演化过程的某一阶段，当旧日的权利被剥夺，社会契约被撕毁，那些与朝不保夕者核心特征（居住、劳动和工作以及社会保障方面的不稳定性）相抗争的人，与埃里克·霍布斯鲍姆在《原始的叛乱》（*Primitive Rebels*）中的叙述很像。就像埃里克·霍布斯鲍姆（1959）的名言所说的，这个世界永远不缺"罗宾汉"。特别是当新兴阶级还没有形成一致的政治策略来维护自己的利益时，"罗宾汉"往往会发展壮大。

那些参加"欧洲五一示威日"游行和世界其他地方类似活动的人，只是朝不保夕群体的冰山一角。生活在恐惧和不安全感之中的人还有很多，大部分人并不认同"欧洲五一示威日"的游行活动，但这并不代表他们就不属于朝不保夕群体。他们飘浮不定，群龙无首，酝酿着愤怒，在政治上完全有可能转向极右或极左，被民粹主义者利用和煽动心中的恐惧或仇恨。

被挑动的朝不保夕者

1989年，离佛罗伦萨不远的普拉托市的人，还几乎全是意大利人。几个世纪以来，这座城市一直是纺织品和服装的生产重镇。当地的18万居民中，很多人祖祖辈辈都与这些产业相关。这座托斯卡纳大区的小镇体现着传统价值观，在政治上是坚定的左翼。它似乎是社会团结和稳定的典范。

那一年，38名华工抵达了这里。一种新型服装工厂开始出现，工厂主就是中国移民和一些与他们有关系的意大利人。这些工厂引进了越来越多的华工，许多人没有工作签证就来了。当地人就算注意到他们，也只能睁一只眼闭一只眼，毕竟他们促进了当地经济的繁荣，也因为他们没有得到任何国家福利，不会增加公共财政的负担。他们不跟外界接触，全都蜗居在中国工厂所在的一片"飞地"之中。大多数人来自浙江省的沿海城市温州，那是一个有着悠久创业移民历史的地方。他们大多持三个月的旅游签证经法兰克福入境，在签证到期后继续偷偷打工，并陷于弱势和被剥削的境地。

截至2008年，在这个城市注册的中国公司已有4200家，华工的人数达4.5万人，占全城人口总数的1/5（Dinmore, 2010a, b）。据当地官员统计，这些公司每天生产100万件服装。与此同时，受到中国廉价劳动力的挤压和来自印度与孟加拉国的竞争冲击，意大利本土企业纷纷裁员。到2010年，这些企业雇用的工人只剩下2万人，比2000年减少了1.1万人。随着企业规模的缩小，更多工人被迫从固定岗位转移到不稳定的临时岗位。

金融危机接踵而至，普拉托也像欧洲与北美的许多其他老工业区一样受到冲击。破产者成倍增加，失业率高企，人们的怨气化为恶意。短短几个月之内，政坛左翼就被排外的北方联盟（Northern League）赶下了台。北方联盟当权后立即开始打击华人经营的公司，夜袭他们的厂房，围捕华工并将其妖魔化，与此同时，他们的政治盟友西尔维奥·贝卢斯科尼总理，也公开表露了要打倒非法移民的决心。

"飞地"的生态也是造成这些问题的原因之一。当普拉托的传统工厂在竞争中苦苦挣扎，意大利本地工人只能寻找其他收入来源时，华人却在原来的社区中建起了新的社区。据报道，一些华人黑帮组织了大批华人移民并控制着这块"飞地"，尽管他们还要与来自俄罗斯、阿尔巴尼亚、尼日利亚、罗马尼亚的黑帮，当然还有意大利黑手党争夺控制权，但华人黑帮的势力范围不仅限于普拉托。

普拉托已经成为一个符号，象征着因全球化和朝不保夕群体的壮大所带来的双重困境。随着移民工厂的扩张，意大利人连原本的产业工人也做不成了，只能苦苦寻找一份不稳定的临时工作，或者干脆失业。紧接着，朝不保夕群体中的移民遭到了政府当局的报复，因为他们和"飞地"社区里那些可疑的势力有着千丝万缕的关系。普拉托绝非特例，它反映了全球化引发的逆流。

全球化之子

20世纪70年代末，一群后来被称为"新自由主义者"和"自由至上主义者"（libertarians）的社会学家和经济学家们（尽管这两个术语不是一个意思）受到鼓舞，意识到他们的思想被冷落几十年后终于受到了重视。这些学者大部分都很年轻，没有被20世纪30年代经济大萧条所伤，也不热衷于第二次世界大战后席卷主流社会的社会民主思潮。

他们反感国家干预，将国家等同于由计划和管制机构组成的中央集权政府。他们认为世界正日益开放，投资、就业和经济收入都会流向条件最有利的地方。他们主张，除非欧洲国家撤除第二次世界大战后为产业工人阶级和公共部门建立的保险体系并压制工会势力，否则"去工业化"（这在当时是个新概念）的问题就会加速，失业率会飙升，经济增长会放缓，投资会外流，贫困也会加剧。这些判断在当时犹如一盆冷水。他们渴望激进的改革方案，而像玛格丽特·撒切尔和罗纳德·里根这样的领导人都愿意以他们的分析结果施政。

然而可悲的是，尽管他们的"诊断"结果或许有部分道理，但给出的"预后"方案却冷酷无情。在接下来的三十年里，问题变得越发严重，因为社会民主政党（他们建立了新自由主义者急欲撤除的体系）在短暂质疑了新自由主义者的"诊断"结果后，又纷纷照单全收"诊断"结果和"预后"方案。

20世纪80年代，新自由主义的代表主张之一就是，各国需要建立"劳动力市场的弹性机制"（labour market flexibility）。除非劳动力市场变得更加富有弹性，否则劳动力成本将会上升，企业就会把生产和投资迁移到成本更低的地方；金融资本将转到这些国家，而不是老老实实"待在原地"。所谓的弹性有很多维度：工资弹性（wage flexibility）意味着加快调整薪资（特别是降薪）以应对（劳动力）需求的变化；雇佣弹性（employment flexibility）意味着企业可以轻易调整（尤其是减少）雇用人数，无须付出代价，雇佣安全与雇佣保障因此被弱化；岗位弹性（job flexibility）意味着企业可以在内部以最小的反对力量和成本调动员工的岗位、改变工作结构；技能弹性（skill flexibility）意味着能够轻松调整劳动者的技能。

这些傲慢的新古典主义经济学家提倡的弹性，本质上就是系统性地降低员工的生活安全感，根据他们的说法，这是为了留住投资与就业机会而必须付出的代价。于是，无论是否合理，每一次经济衰退都被归因于市场缺乏弹性，以及劳动力市场缺乏"结构性改革"。

随着全球化的演进，政府与企业竞相增加劳动关系的弹性，从事无保障劳动的人数成倍增加。这并不仅是科技进步造成的。随着弹性劳动普遍化，各种不平等现象也在增多，支撑工业社会的阶级结构让位于更复杂的但仍以阶级为基础的东西。这个问题我们后文再作讨论。不过，政府政策的变化以及企业对全球化市场经济的回应方式，在全世界掀起了一股新自由主义者或政治领袖制定政策时都未曾料到的潜流。

在发达国家和新兴市场经济体中，数百万人沦为朝不保夕者，一个带着过去影子的全新现象出现了。朝不保夕者并不属于"工人阶级"或"无产阶级"，后两个词揭示了这样一种社会形态：社会中的大部分劳动者都拥有长期、稳定且工时固定的工作，他们按照既定路线升迁，拥有工会组织和集体协商权，他们的父母能够理解其职务头衔，而他们也熟知自己本地雇主的名字和特点。

许多正在沦为朝不保夕者的人根本不认识他们的雇主，也不知道现在或将来有多少同僚。这些人同样不是"中产阶级",因为他们没有稳定或可预期的工资,也没有中产阶级应有的地位和福利。

进入20世纪90年代后,更多人(不仅仅是发展中国家的人)发现自己处于发展经济学家和人类学家所谓的"非正规状态"中。他们大概不会觉得这个词能用来描述自己,更遑论让他们在别人身上看到一种共同的生活和工作方式。既然他们不是工人阶级和中产阶级,也不处于"非正规状态",那他们是什么?"**不稳定的**生存境况"这种定义,也许会让他们眼睛一亮。可能我们有一些朋友、亲戚或同事就处于这种境况之中,他们在未来几年内都不能保证自己和现在从事同样的工作,甚至几个月或几周之后就换了。很多时候,他们甚至都不愿意或至少尝试着稳定下来。

定义朝不保夕者

"朝不保夕者"这个概念有两种定义方式。其一是,我们将它视为某种特定的社会经济群体,这种定义可以区分某人是否属于该群体。在描述和分析时,这种定义很有用,而且还可以用马克斯·韦伯的"理想类型"这一分析工具。根据这种观点,朝不保夕者是将形容词"不稳定的"(precarious)以及与之相关的名词"无产阶级"(proletariat)组合而成的新词。本书中的"朝不保夕者"通常就是这个意思,尽管这个用法有其局限性。根据马克思主义的意涵，朝不保夕者可以说是一个"**正在形成的阶级**"，但还不是一个"**自为的阶级**"。

从社会群体的概念来看，我们可以认为，除了农业社会，全球化时代导致了国家阶级结构的碎片化。但随着社会不平等的潜滋暗长以及世界正变成一个充满弹性的、开放的劳动力市场，阶级不但没有消失，反而催生出一个更加碎片化的全球阶级结构。

几个世纪以来，"工人阶级""工人""无产阶级"这些词一直扎根于我们的文化中。过去的人们可以用阶级术语来描述自己，其他人也能从他们的穿着、谈吐和举止来辨识他们。如今，这些词只不过是唤起人们回忆的标签。安德烈·高兹（André Gorz, 1982）[①]很久以前就写过"工人阶级的终结"。其他学者则继续为这个词的含义和构成要件而苦恼。也许现实是，我们需要一个新的反映21世纪全球市场体系中阶级关系的术语。

尽管传统的阶级在世界的某些地方仍然存在，但大体上，我们可以将如今的社会群体划分为七类。最顶层的是"精英阶级"（elite），由一小撮极其富有的全球公民组成，他们用数之不尽的金钱控制整个世界，和显要人物一起位列福布斯排行榜，有能力影响各国政府，沉醉于自己乐善好施的形象之中。精英阶级之下是"白领领薪阶级"（salariat），他们仍有稳定的

[①] 安德烈·高兹（1923—2007），法国左翼作家、哲学家、记者，萨特的学生和朋友，著有《向工人阶级告别》《经济理性批判》等。

全职工作，其中某些人希望跻身精英阶级，但大多数人安于现状，享用他们的养老金、带薪假期、企业福利等好处，其中许多福利都能得到国家的补贴。白领领薪阶级主要集中在大型企业、政府机关和负责公共事务的行政部门。

和白领领薪阶级并列的，还有一个（到目前为止）规模较小的"专业技术人员"（proficians）。这个词源于"专家"（professional）与"技师"（technician）这两个传统概念，但又涵盖了那些可以运用市场营销能力、拿到高收入项目的人，比如，顾问或独立的自雇职业者。专业技术人员相当于中世纪的自耕农、骑士和侍从。他们有着四处流动的预期和渴望，并不想在一家企业里被长期的全职工作绑住手脚。"标准雇佣关系"并不适合他们。

从收入来看，专业技术人员之下就是日渐萎缩的体力劳动者，其本质就是传统的核心工人阶级。福利国家就是为了保护这些人而建立的，所以才会有劳动法规体系。但是，构成工人运动主力的产业工人战线已经萎缩，并丧失了他们的社会团结意识。

这四类群体之下的，就是不断增加的"朝不保夕者"，朝不保夕者介于失业大军和无法融入社会、靠拾荒为生的弃民之上。我在另一本书中也讨论过这种碎片化的阶级结构有何特点（Standing, 2009）。本书中定义的朝不保夕者，就是这群人。

社会学家通常使用韦伯的社会分层理论来进行思考，它包括阶级与地位两个维度，阶级意味着生产活动中的社会关系以及一个人在劳动过程中的位置（Weber, [1922] 1968）。除了雇主和自雇职业者，劳动力市场中的人员主要可以分为工资工人（wage workers）和领薪雇员（salaried employees），前者包括领计件工资和计时工资的劳动力提供者，做多少工作拿多少钱；而后者在理论上则基于信任与服务关系而得到报酬（Goldthorpe, 2007, Vol. 2, Ch. 5; McGovern, Hill and Mills, 2008, Ch. 3）。白领领薪阶级总被认为是与经理、老板或雇主关系更亲近的人，而工资工人天生就被疏远，雇主需要通过确立纪律、从属关系，以及激励与惩罚并用的手段才能促使他们完成工作。

与阶级相比，地位的概念与一个人的职业有关，地位较高的职业是那些更接近专业服务、管理和行政工作的职业（Goldthorpe, 2009）。但这个概念存在一个问题，大多数职业都有不同的分工和层级，彼此之间地位悬殊。

但无论如何，工资工人和领薪雇员的二分法，以及职业的概念，对于朝不保夕者都不适用。一方面，尽管朝不保夕者的确具有阶级色彩，但这些人与白领领薪阶级完全不同，他们对资本与国家的信任度极低，无产阶级的社会契约关系在他们身上也并不适用，所以他们也不会以服从领导和表达忠诚的方式来换取劳动保障（这是支撑福利国家运行的不成文买卖）。因无法以信任为基础进行劳资谈判，也不想以服从领导的方式来换取保障，朝不保夕者在阶级层面具有独特性。另一方面，朝不保夕者的**地位**也很独特，他们既不同于高地位的专业技术人员，也不同于中等地位的工匠。一种解释是，朝不保夕者拥有的是"被截断的地位"。此外，后面我还会提到他们的"社会收入"结构无法与传统的阶级与职业完全对应。

日本的情况揭示了朝不保夕者中的学生所面临的问题。这个国家的收入不平等程度相对较低［根据威尔金森和皮科特（Wilkinson and Pickett, 2009）的分类，它属于"好国家"］。但就地位等级而言，日本的不平等程度很高，而且朝不保夕者的激增加剧了这种状况，仅以收入衡量不平等程度的传统方法，低估了朝不保夕者的经济困境。在日本社会中，较高的地位带来了一系列回报，提供了社会和经济保障，其价值远非单纯的货币收入所能衡量（Kerbo, 2003: 509-512）。但朝不保夕者完全分不到这些回报，这也解释了为何他们的收入不平等程度被严重低估。

"朝不保夕者"这个描述性词汇，最早是法国社会学家在20世纪80年代用来描述临时工或季节工的。虽然本书在使用这个词时有不同的考量，但临时劳动身份依然是朝不保夕者这个概念的核心要件之一。我们只需记住，临时雇佣合同不一定等同于从事临时劳动。

有的人试图用正面形象描述朝不保夕者，说他们象征着浪漫自由的心灵，拒绝被贴上从事稳定劳动的传统工人阶级标签，也不想被领薪的"白领"那种布尔乔亚式的物质主义所收编。这种自由奔放的反抗态度和拒绝随波逐流的精神不该被遗忘，因为它的确是朝不保夕者的特色。无论是年轻人还是上了点年纪的人，其实都不喜欢在那种从属性劳动中被呼来喝去，因此他们奋起反抗一点也不奇怪。新奇的反而是上了年纪的老年人在经历了长年的稳定劳动后，改为选择不稳定的劳动和工作方式。之后我们再讨论他们。

随着"朝不保夕者"这个词成为流行语，它的意义也开始流变。在意大利，"precariato"除了指代从事临时劳动的低收入群体，也开始意味着不稳定的生存境况成了一种人们生活的常态（Grimm and Ronneberger, 2007）。在德国，这个词不仅用来形容临时工，也用来形容那些没有希望融入社会的失业者。这很接近于马克思主义中的"流氓无产阶级"（lumpenproletariat）[①]概念，但本书并不使用这个意思。

在日本，朝不保夕者是"工作穷忙族"（the working poor）的同义词，但当人们把它与日本五一劳动节运动和"飞特联盟"（freeter unions，一群要求改善工作和生活条件的年轻运动者）联系在一起时，它才演化为一个独特的术语（Ueno, 2007; Obinger, 2009）。"飞特"是一个将英文"自由"（free）和德文"工人"（Arbeiter）巧妙结合在一起的名字，日本社会产生了一群被称为"飞特族"的年轻劳动者，他们被迫从事着临时工作。

把朝不保夕者直接等同于工作穷忙族，或认为朝不保夕者只是缺乏雇佣安全，这是欠妥的，尽管两者都与之相关。朝不保夕者的不稳定性还意味着缺乏一种稳定的工作认同感，而一些低薪工作反而可能让人发展自己的事业。某些评论家认为朝不保夕者还与劳动者无法掌控自己的劳动有关。这其实很复

[①] 没有思想、阶级诉求和阶级意识的无产阶级下层人民，多为在合法基础上没有找到生产工作的人，常以偷盗、欺骗、恐吓等不正当活动谋生。

杂，因为一个人可掌控的工作和劳动有几个方面：技能的发展与运用，完成劳动所需的时间，工作和劳动的时间规划，劳动强度、设备、原材料等。另外，还有一些其他类型的控制方式和控制者，不仅限于监督员工的一般监工或者经理。

认为朝不保夕者完全无法掌控劳动或工作，这种观点也有局限性，因为在努力程度、配合程度以及技能的应用方面，总是存在暧昧不明、暗中角力的空间，而蓄意破坏、顺手牵羊和磨洋工等行为也并不鲜见。不过，劳动者对于工作的掌控能力，依然是评估劳动者困境的指标之一。

还有一个同样有趣的描绘方式，是将朝不保夕者与"地位失调"联系起来。如果某人接受的正规教育程度比较高，却被迫接受地位或收入低于自己资质的工作，就比较可能遭受地位挫折（status frustration）的打击。这种情绪在日本年轻的朝不保夕者中相当普遍（Kosugi, 2008）。

对我们而言，所谓朝不保夕者，就是缺乏下表列出的七种劳动相关安全的人。第二次世界大战后，社会民主主义者、工党和工会为包含这些要件的"产业公民权"（industrial citizenship）摇旗呐喊，认为工人阶级或工业无产阶级都应该享有这些权利。虽然并非所有朝不保夕者都重视这七种安全，但他们在这些方面的处境都很糟。

表　产业公民权包含的七种劳动安全

劳动力市场安全（Labour market security）	工人获取收入的适当机会。在宏观意义上，这代表着政府对"充分就业"的承诺。

续表

雇佣安全（Employment security）	保障工人不受任意解雇、任意增减雇员影响的规章，对不遵守规定的雇主的罚款，等等。
岗位安全（Job security）	在就业中保有特定优势的能力和机会，防止技能贬值的屏障，以及地位和收入"向上"流动的可能性。
工作安全（Work security）	防止职场意外与疾病的方式，比如，安全规程和健康保护规定、工作时间限制、加班时长限制、女性夜间工作规定，以及职灾补偿等。
技能再生产的安全（Skill reproduction security）	工人获得技能的机会，例如学徒制度、就业培训等。此外也意味着运用职业能力的机会。
收入安全（Income security）	工人拥有足够稳定收入的保障，比如，通过设立最低工资机制，根据通货膨胀率来调整工资，提供综合性社会保障，推行累进税制，来减少不平等和补贴低收入群体。
代表性安全（Representation security）	在劳动力市场拥有集体协商权，比如，组建有罢工权利的独立工会。

对于现代劳动不安全性的讨论，大都集中于雇佣不安全，也就是拿不到长期合同和缺乏失业保障的问题。这种想法可以理解，不过，岗位不安全问题也同样重要。

雇佣安全与岗位安全存在极为重要的差异。来看一个例子。在2008—2010年，法国电信公司有30名员工自杀，最后，一个门外汉被任命为新老板。在这家公司的6.6万名员工中，2/3的人都有长聘公务员资格，捧着铁饭碗，这些员工的雇佣安全没有问题，但公司的管理方式让这些员工陷入系统性的岗位不安全状态中，这家公司的"定期轮调"制度强迫员工每隔几年就必须突然搬到不同的办公室，接受不同的岗位，由此带来的压力最后成为员工自杀的主因。岗位安全的重要性可见一斑。

这一点对行政部门而言也很重要，公务员的铁饭碗为他们带来了令人羡慕的雇佣安全。但他们也必须随时接受上级的调派，去不同的岗位。当今世界已经开始奉行严苛的"人力资源管理"制度和功能弹性的逻辑，不断转岗可能会扰乱劳动者个人的职业生涯规划。

朝不保夕群体的另一个特点是，不稳定的收入以及和其他群体不同的收入模式。这可以用社会收入的概念来论证。显然，所有人都需要收入才能生活。根据他们自己或家人的产出，收入来源可能是货币收入或实物收入。通过观察人们需要收入时预期能得到何种收入，我们就可以借此判断他们的收入来源。大多数社会中的大多数人都拥有好几种收入来源，尽管有的人可能仅靠一种收入来源维生。

社会收入可分为六个组成部分。第一部分是自我生产，即直接生产食物、货品和服务，然后进行消费、交易、贩卖，那些在花园或自留地里种植的作物都属于此类。第二部分是从劳动中获得的货币工资或收入。第三部分是家庭或当地社区提供的福利，很多都以非正式互助保险的形式出现。第四部分是企业为许多员工团体提供的福利。第五部分是国家福利，包括社会保险、社会救助、可统筹的转移支付、直接给予员工的补贴或通过雇主支付的补贴，以及补贴性的社会服务。最后一部分则是私人储蓄和投资带来的收益。

上述六个组成部分还可以再细分为多种形式，每种形式的安全性和保障力度不同，并决定了其对个体或家庭的总价值。举例来说，有些工资受到长期合同的保障，有些工资的变动性和弹性较高。如果某人在下一年的每个月里都拥有相同的薪资收入，那么这笔月收入的价值就较高；如果某人的收入来源比较不稳定，或要依赖雇主不确定的生产计划，那么，即便发放的薪资数额相同，这笔收入的价值也较低。同样，国家福利也可以分成两种，一种是全民适用的"公民权"和保险福利，这些福利是根据既有资源来分配的，因此理论上比较"有保障"；另一种是可统筹的转移支付，当然，是否能给付还要取决于一些不可预见的状况。企业福利也可以分为三种："阳光普照型"福利，根据员工地位或过去服务给予的福利，以及公司自由决定的福利。社区福利也是如此，可分为家人或亲属所维系的支持网，以及让成员应不时之需时所能求助的更大的社区支持网。

朝不保夕者可以通过一种独特的社会收入结构来识别，他们的弱势程度无法用特定时刻获得的货币收入来衡量。举例来说，在一个发展中国家经济快速商业化的时期，就会有一群人，既失去了传统的社区福利，又无法得到企业福利或者国家福利，这些人大部分都沦为了朝不保夕者。他们比那些收入更低但是仍保有传统社区支持的低收入者更弱势，也比那些收入差不多但有机会获得一系列企业和国家福利的领薪雇员更弱势。朝不保夕者的特征之一，不是某一特定时刻的工资或收入水平太低，而是在困顿时无法获得社群支持，缺乏有保障的企业或国家福利，以及缺少私人存款收益作为替代性经济来源。第二章我们会讨论这些问题的后果。

除了缺乏劳动安全和社会收入安全，朝不保夕者还缺乏工作**认同**。他们的工作很难称得上是"事业"，也没有传承社会记忆，他们缺乏一种对职业社群的归属感，这种归属感源于稳定不变的做事方法、职业道德、行为规范、同业间的互助合作以及同侪情谊。

朝不保夕者并不认为自己是团结的工人社群的一员。这让他们在行事时，有着更强烈的疏离感与工具性。他们因不稳定性而产生的行为与态度都趋向于机会主义，在行动上不会被"未来的阴云"所笼罩，他们并不觉得当下的言论、行为、感觉，将会对彼此之间的长期关系产生强大的影响或约束力。朝不保夕者认为未来的阴云根本不存在，毕竟他们的工作本身就没有未来可言。即使明天就被解雇，他们也一点都不意外，而且离职未必是坏事，只要有下一份工作或临时工作召唤他们就行。

朝不保夕者缺乏职业认同，即便那些拥有职业资格证或花时髦职衔的人也不例外。对有的人而言，不用被职业认同束缚，不必做出道德或行为承诺，是一种自由。我们之后会讨论"城市游民"（urban nomad）的形象，以及与之相关、不算完全公民的"失权者"（denizen）。就像有些人更喜欢流浪，更偏向于做旅行者而不是定居者一样，也并非所有朝不保夕者都应该被当成受害者。不过，他们当中的大多数人并不喜欢这种缺乏安全感的状态，只是苦于没有逃离的机会。

劳动、工作、玩乐、休闲

朝不保夕者的历史前身，是古希腊的手工匠（banausoi，社会中必须从事生产性劳动的那些人，但和奴隶还不一样，后者只为奴隶主劳动）。上层阶级认为手工匠"瘦骨嶙峋"而且"心智粗鄙"，没有机会向上流动。他们和外邦人（metics），也就是现在的外国侨民技工一起工作，这些技工虽然手艺被认可，但权利很有限。这两群人和奴隶一起，承担了所有社会劳动，就不要指望他们还能参与城邦（polis）生活了。

比起我们现代的政策制定者，古希腊人更了解"工作"（work）与"劳动"（labour）的差异，以及"玩乐"（play）与"休闲"（leisure，他们称为 schole）的差异。公民不劳动，劳动的人非公民。公民享受实践（praxis），在家里或者房前屋后，和家人朋友一起"工作"。这些工作都是"再生产"活动——为实践而实践，来加强人际关系以及结合社群生活的公共参与。按照我们的标准，他们所在的社会相当不平等，尤其体现在如何对待女性方面。但他们却明白用劳动来衡量一切事物是荒谬的。

本书的论点之一是，要避免朝不保夕者在 21 世纪的发展中继续滑向深渊，首要目标应该是将工作从劳动中拯救出来，将休闲从玩乐中拯救出来。整个 20 世纪，最大限度地增加劳动人口是全球的头等大事，那些不属于劳动的工作被贬低或无视。当雇主一有需要的时候,朝不保夕者就要劳动,而劳动条件在很大程度上也不是他们能够自主选择的。此外,他们最好还能够尽情玩乐。这个问题在第五章会谈到,当今社会甚至要求他们付出许多无偿的"为获得工资的劳动"(work-for-labour)①,但他们自己的休闲却被认为是次要的。

朝不保夕者的各种样貌

无论你如何定义,朝不保夕者都不是一群同质性的人。频繁进出网吧、靠打短工过活的青少年,和努力想办法求生、在躲避警察的同时狂热地建立关系网的移民肯定不一样。同样,为下周伙食费发愁的单亲妈妈,更是与打零工赚医药费的60多岁男子相差甚远。但他们都共享一种体验:自己的劳动是工具性的(为了糊口)、机会主义的(来者不拒),而且是不稳定的(不安全的)。

他们还拥有一个共同的标签:"失权者"。所谓失权者,指的是出于各种原因,比公民拥有更少权利的人。这个概念可以追溯到古罗马时代,通常适用于拥有居住权和货物贩卖权但没有完整公民权的外来者。

通过思考人们享有的权利范围,这个概念还可以被进一步

---

① 为找到劳动机会,而将大量时间耗费于申请不稳定工作上的劳动,如通勤、排队填表、回答问题和获取证书等。

延展：公民权（法律面前人人平等，享有免受犯罪行为和人身伤害的权利）、文化权（平等享受文化和参与社群文化生活的权利）、社会权（平等获得各种社会保障的权利，包括养老金和医疗保险）、经济权（平等从事营利活动的权利）、政治权（平等的选举权、被选举权和参与社群政治生活的权利）。世界上越来越多的人至少缺乏其中的一项权利，因此，无论他们居住于何处，都只能算失权者而不是真正的公民。

这个概念还能用来分析职场生活，因为企业里也有各种各样的公民和失权者。白领领薪阶级可被视为公民，他们多多少少拥有一些隐性投票权，另外一群公民——股东和老板也要对前者的决策和做法礼让三分，尽管后者在公司的大政方针上还是具有决定权。剩下的和公司有关的人——临时工、零工、依附于公司的外包等，都是没什么权利的失权者。

在更广阔的世界中，大多数失权者都是某种意义上的移民，这个问题留待以后讨论。不过，还是有一类群体很引人注意：被定罪的人。在全球化时代，被视为犯罪的行为越来越多。被捕和被监禁的人前所未有的多，被判有罪的人也因此越来越多。入罪判罚的增多，一部分是由于轻微犯罪增多，包括对有些社会救助方案的行为反应会带来"不道德风险"，贫穷者如果说出真相，那就会违反官僚体制中的某种规定，可能会受到惩罚，沦为罪犯。

没有职业发展前途的临时工、移民失权者、被定罪的边缘人、申领救济金的人……世界上的朝不保夕者越来越多。遗憾的是，劳动和经济统计数据呈现的方式并不能让我们估算出朝不保夕者的总人数，更不用说各个细分类别的人数了。因此，我们必须从代理变量（proxy variable）①入手来描绘这个阶级的样貌。我们考虑一下构成朝不保夕者的几个主要群体，不过要记住，不是所有人都可以按图索骥；而且即使某人符合某种叙述，也并不表示他一定是朝不保夕者。

首先，大多数从事临时工作的人都很接近朝不保夕者，因为他们的生产关系很脆弱，与从事类似工作的人相比收入很低，职业上的机会也很少。在弹性劳动力市场时代，临时工的数量大幅增加。在一些国家，比如英国，对临时工作的定义很苛刻，所以就难以确定缺乏就业保障的职业数量。但是大多数国家的统计数据都显示，在过去三十年中，临时劳动力的数量及其在全国的占比都急剧攀升。日本的临时工作数量就增长极快，2010年的时候已经有超过1/3的劳动力都从事临时工作了，但比例最高的还要数韩国，根据合理的定义，全国过半的劳动者都在从事临时的"非正规"工作。

虽然从事临时工作意味着某人不会有职业生涯上的发展，但也未必如此。实际上，所谓的专业技术人员就特别青睐以项目制谋生，做完一个短期项目，就可以换下一个。而长期工作往往要求员工必须翻来覆去地做一些相同的事情，慢慢就让人丧失冲劲了。如果社会环境令人满意，从事临时工作也不是坏事。但假如全球经济系统将大量的人都卷入了临时工作，那么政策制定者

---

① 在统计学中，当某变量不容易量化和测量时，可选取另一个变量来代替研究者想观察的变量。

就该好好想想，到底是什么原因让人们的生活变得岌岌可危。

眼下，从事临时工作，是一种不稳定性的有力信号。对有些人而言，这可能是一块开创自己职业生涯的跳板。但对大部分人来说，踩上这块跳板的后果是**掉落**低收入陷阱。很多政策制定者怂恿失业了一段时间的人找份临时工作，这类人此后几年的收入便一蹶不振（Autor and Houseman, 2010）。某人一旦从事了比以前低阶的工作，在社会中向上流动的概率或是获得"体面"收入的概率就会永久下降。对很多人而言，从事一份临时工作可能是必要的，但这实在不太可能促进社会流动。

另一条滑落为朝不保夕者的道路，是从事兼职工作。这是一种微妙且委婉的说法，成为我们第三产业经济社会（和工业社会不同）的特征之一。在大多数国家，兼职工作的定义是受雇或每周计酬工作时间低于30小时。但这个定义其实只适用于**所谓**的兼职工作者，因为不少自愿或被迫从事兼职工作的人发现，他们干的活比预想的要多，而且是"多劳少得"。在职业生涯走下坡路的兼职工作者（通常是女性），可能被剥削得更严重，因为他们不得不在计酬工作时间之外，从事很多无偿的"为获得工资的劳动"，进行更严重的自我剥削，因为他们要为维持某种职场上的生存空间而做额外的工作。

兼职工作的蓬勃发展，进一步掩盖了失业和就业不足问题的严重性。于是，在德国，更多人被迫从事"迷你工作"[1]，

---

[1] 一般指月收入低于450欧元的工作，即低工资的兼职工作。从事此类工作的人不需要或较少地缴纳个人所得税和社会保险。

维持着高就业率的假象，一些经济学家甚至因此愚蠢地宣称德国在金融危机后还出现了高就业率奇迹。

和朝不保夕者的概念重叠的还有"独立承包人"（independent contractor）和"不独立承包人"（dependent contractor）。这两类人并不等同于本书提到的朝不保夕者，因为很多工作任务的承包人在某些方面是有保障的，也具有很强的职业认同。例如作为自雇职业者的牙医或会计师。但是，独立承包人和不独立承包人之间的差异，总是让各地的劳动事务律师都头疼不已。如何区分提供服务和提供服务劳动？如何判断当事人是中介机构的派遣人员，还是"隐形员工"？这些问题总是引发无休止的争论。说到底，区分标准都是任意的，只是对工作的掌控程度、从属程度以及依赖其他"各方"程度的差异而已。无论如何，如果某人必须仰赖他人来分配一些自己几乎没有掌控权的工作，他就很有可能沦为朝不保夕者。

不断壮大的呼叫中心客服队伍也是朝不保夕群体的一分子。这些人无处不在，成了全球化、电子生活和异化劳动的邪恶象征。2008年，英国电视四台播出了一部名为《电话怒火》（*Phone Rage*）的电视纪录片，突出了年轻的客服人员和恼火的消费者之间的误解现象。该节目披露，英国人平均每年要耗费一整天的时间和客服中心通话，而且这个时长还在攀升。

接下来的另一个朝不保夕群体是最近变得特别多的实习生。越来越多的应届毕业生、在校生甚至是还未入学的学生，都会进入办公室从事短期、琐碎的工作，工资极低甚至没有。

有的法国评论家干脆将朝不保夕者等同于实习生,尽管这种说法不尽准确,却也道出了人们对这种现象的担忧。

实习制度是将年轻人引向朝不保夕状态的潜在渠道,某些政府甚至推出实习项目,作为"激活"劳动力市场的一种政策,借此遮盖失业率高企的问题。现实中,促进实习的效果往往只是比代价高昂、效率低下的补贴政策好一点点而已。尽管有些委婉的说法是,实习制度能让人适应组织生活和在工作中学习,但实习生的管理成本高昂,而且他们总是被安排做一些对组织或是自己都没有长期价值的事情。我们之后再讨论实习生的问题。

总之,审视朝不保夕者的一种方式,就是观察人们是如何开始从事各种形式的不安全劳动的,这种劳动不太可能帮助他们建立起理想的职业认同或职业生涯。

"不稳定化"

我们也可以从"过程"(process)的角度来看待朝不保夕者,也就是人们是如何被"不稳定化"(precariatised)的。这个拗口的词和"无产阶级化"(proletarianised)有点类似,后者描述的是促使19世纪工人转变为无产阶级的力量。"不稳定化"意味着,人们受生活压力和经历影响而沦为朝不保夕者,无法通过工作或生活方式来获得稳定身份的过程。

从这个意义上说,有些白领领薪阶级也正在向朝不保夕者靠拢。日本众所周知的"工薪族"就是一个很好的例子。这种20世纪的劳动者（一辈子都在为同一家企业效力）是高度家长式的劳工主义职场文化产物，这种模式一直盛行到20世纪80年代初。在日本（和其他国家），工薪族很容易活在这种亮丽的笼子里，从而被笼子锁住。但即便是镀金的笼子也会褪色，而极高的雇佣安全性让外面的世界变成令人恐惧的地带。这正是在日本和其他采用类似模式的东亚国家所发生的情况。从公司或组织掉队，就会成为一个扎眼的失败象征，让人颜面扫地，在这种状态下，员工很容易就放弃追求个人发展，转而钻营办公室政治，比如讨好上级，变得机会主义。

这种职场文化在日本达到了极致。公司成了一种假想的家庭，雇佣关系因此变成了"亲'契'关系"（kintractship）[①]，这种关系下，雇主"收养"了员工，作为回报，他们想要一种近乎服从的礼物关系，员工的"尽孝"和数十年的高强度劳动。结果培育出了一种加班文化，以及由加班引发的"过劳死"现象（Mouer and Kawanishi, 2005）。但自20世纪80年代初以来，日本劳动力中白领领薪阶级的比例急剧下降。那些还有饭碗的老员工岌岌可危，不少人也正在被年轻人和缺乏雇佣安全的女性取代。朝不保夕者正在取代白领领薪阶级，自杀率和社会病态率的激增揭示了他们的痛苦。

日本白领领薪阶级的转变可能是一个极端案例，但它让我们看到，一些人在心理上被困于长期雇佣关系中，失去了对自

[①] 亲属关系和契约关系两个词的合成体。

我的掌控，从而陷入一种危险的依赖关系中。如果公司里的"家长"不高兴了，无法或不愿再继续扮演虚构的父母角色，员工就会被推向朝不保夕的境况，因为他们缺乏自力更生的能力，也没有发展自己的一技之长。长期的雇佣关系会让人**荒废技能**。我曾在另一本书里详细阐述过，这是劳工主义时期最糟糕的劳动问题之一（Standing, 2009）。

虽然我们必须注意，不能将"不稳定化"（precariatisation）的定义泛化，但"不稳定化"的另一个特征应该被称为"虚假的职业流动性"。其缩影是后现代主义的"职衔提升"现象，《经济学人》（2010a）对此进行了巧妙的讽刺。有些岗位毫无发展性，但公司会给它们安上一个响亮的名号来掩盖这些岗位的不稳定和边缘化倾向。许多员工明明是"光杆司令"，没有下属或团队，却都变成"某首席""某主管"甚至"某长"。有个美国职业团体说自己的网络系统里有500多种职衔，包括"前台协调员""电子文档专员""媒体分发事务官"——其实就是送文件的小弟小妹，"回收事务官"——其实就是清理垃圾桶的，还有"公共卫生顾问"——其实就是厕所清扫员。就连这个职业团体自己也很"典型地"为自己取了个夸大的职衔，叫"国际行政专业协会"，换掉了以前那个更低调的名字——全国秘书协会。独创职衔可不是美国的专利，世界各地都这样。法国人现在喜欢管清洁女工叫"地面技术员"，听上去有威望多了。

《经济学人》认为，职衔的"通货膨胀"要归因于2008年后的经济衰退，并导致企业无法为员工加薪，只好用新的时髦的职衔代替；以及跨国公司内部结构的复杂性的增加。不过，不能简单地认为，这是最近暴发的夸张现象。它反映了朝不保夕群体的壮大，让企业必须"发明"一些职业流动性和个人发展的虚假符号，才能掩盖某些工作毫无发展性的事实。职衔的膨胀遮蔽了职业结构扁平化的问题。《经济学人》分析得很精彩：

> 企业追捧工作弹性，岗位也跟着虚胖。组织架构扁平化潮流带来的效果恰恰适得其反，导致了无意义的工作头衔成倍增加。员工们都对冠冕堂皇的头衔趋之若鹜，就像兰开斯特公爵领地事务大臣或者枢密院议长，但其实这些头衔都是颁给过气政客的。于是企业里上上下下的人，都想在自己的履历表里塞进一堆华而不实的东西，为将来被解雇留好后路。

这指向了一个更深层次的问题。《经济学人》在总结这篇犀利的评论时指出，"给员工冠上一个时髦的新职衔，其好处通常是短暂的，后果却贻害无穷"。这家杂志认为这种做法让员工更加愤世嫉俗，而且时髦的头衔其实让它的拥有者对公司来说越发无足轻重。反过来其实也说得通，正是因为员工们的职位无足轻重，所以这些"职衔"其实是恰如其分。

不稳定的精神

某人即便不是技术决定论者，也能理解技术景观塑造了我们思考和行为方式。朝不保夕者之所以还不是"自为的阶级"，部分原因是他们无法掌控自己眼前的技术力量。越来越多的证据显示，我们生活中无所不在的电子设备，对人脑和我们的思考方式有着深刻的影响，更令人担忧的是，它对我们的思考能力也有着深远的影响。电子设备影响我们的机制，和朝不保夕者的概念还有共同之处。

朝不保夕者往往具有短视的思维习惯，由于不太可能取得个人进步或事业发展，大多数人慢慢就会失去长远思考的能力。同侪压力可能会加剧这个问题，比如威胁要孤立那些不遵守行为规范的人。团体间关于什么该做、什么不该做的不成文规定，会让另类分子付出沉重代价。

互联网、浏览习惯、短信、脸书、推特和其他社交媒体都在积极地重装我们的大脑（Carr, 2010）。这种数字化生活正在破坏长期记忆的巩固过程，而几代人所认为的智力，也就是通过复杂过程进行推理、创造新想法和想象方式的能力，都要仰赖这种长期记忆的巩固。

数字化的世界并不尊重沉思或反思；它能带来即时的刺激和满足，迫使大脑将大部分注意力放在短期决策和反应上。虽然这的确有些好处，但却牺牲了"识字的头脑"和个体独立性。我们每个人都拥有独特的知识、经验和学问的社会已经回不去了，取而代之的是大部分社会成员都是被社会建构的，人们快速吸收浅薄的观点，追求群体认同而非原创性与创造力的社会。时髦的新词比比皆是，比如"持续性局部注意力"（continuous partial attention）或者"认知缺陷"（cognitive deficits）。

这似乎有些夸张，但越来越难否认人们的心理、情感、行为的变化正在发生，而且与"不稳定化"的蔓延如出一辙。数字信息不断刺激我们的肾上腺素，造成了持续的冲击，让"识字的头脑"岌岌可危。"识字的头脑"追求在"百无聊赖"的时光中审慎思考，敬畏静默独处，重视三省吾身，以及能够系统地连接过去、现在和想象中的未来。

必须习得的专注能力也有可能消失或扭曲。一些进化生物学家声称电子设备正在让人类退回原始状态，即对危险和机会的信号作出本能且迅速的反应，而审慎严谨的学术思维才是历史上的异常现象。这种对生物退化的解释无疑令人沮丧，特别是当它还带有某种进化的含义。

如今的数字环境允许并鼓励多线程工作（multitasking），这是第三产业社会的特征之一。我们将在后文讨论这个问题。研究显示，无论是习惯、自愿还是被迫埋头于大量多线程工作的人，都会耗尽精力，因此他们在任何具体工作上的生产效率，都不如那些工作量少得多的人。习惯于多线程工作的人最有可能沦为朝不保夕者，因为他们更难集中注意力，也较难拒绝无关或干扰信息（Richtel, 2010）。由于无法掌控自己的时间，他们的压力很大，这就损害了保持发展性头脑的能力，也损害了进行长期反思性学习的理性。

总之，朝不保夕者遭受着信息过载的折磨，他们的生活方式无法给予他们从无用信息中筛选有用信息的控制权和能力。我们稍后将会讨论新自由主义国家如何应对这一问题。

愤怒、失范、焦虑和异化

朝不保夕者经历着四个"A"：愤怒、失范、焦虑和异化。愤怒源于挫折感（因通往有意义的人生之路被堵住而产生）以及相对剥夺感。有人将这种情绪称为嫉妒，朝不保夕者不断被物质成功的表象和名流文化所包围和持续轰炸，很难不产生强烈的愤恨。朝不保夕者感到沮丧，不仅是因为可能要从事一辈子朝不保夕的弹性工作，还因为这些工作无法在有意义的结构或网络中建立人际信任关系。朝不保夕者也没有向上流动的通道，只能在变本加厉的自我剥削和无所归依之间徘徊。

比如，《观察家报》刊载过一名24岁女社工的案子（Reeves, 2010），她年收入2.8万英镑，理论上每周工作时间应是37.5小时。但因为有的家庭白天不接待来客，她"经常要加班到很晚"，独自工作的时间更长，回家后做的工作也更多。她告诉报社：

> 我最大的挫折感就是，大家一直说我的表现很好，

有资格更上一层楼，我也承担了本不属于我分内的活，但完全得不到认可。我只能等到有职缺的时候才有机会。我相信很多人和我同病相怜。我刚工作那会儿所在的团队，如今只剩下我一人还在做社工了。其中的很多人都因职业支持和发展前景问题而转行。我们从事的是一份艰苦而责任重大的工作，如果这一点能够得到认可，我们才有可能撑下去。

缺乏职业发展前景和工作价值感，这位女性的处境便和朝不保夕者联系在了一起。为了晋升，她只好自我剥削，从事更多"为获得工资的劳动"。她的前同事们早就意识到了晋升不过是海市蜃楼罢了，纷纷选择离职。

从涂尔干的作品开始，我们就知道失范是一种因绝望而生的被动情绪。从事技术含量低且毫无发展前景的工作显然会加强这种情绪。失范也源自和持续挫折感相关的倦怠，但政客与中产阶级评论家们却以懒惰、没有方向、不够格、缺乏社会责任感或是更恶劣的评价来谴责很多朝不保夕者，让他们的情绪更为低落。对于申请社会福利的人而言，劝他们接受"谈话疗法"以走出困境的做法相当傲慢，就好比对他们说什么选择对他们比较好。

朝不保夕者深陷焦虑情绪中。他们长期缺乏安全感，只要一个小错误或一次坏运气，就会从悬崖滑落，丢掉最起码的尊严，沦为流落街头的人。而且他们也害怕失去已经拥有的东西，有时甚至不多拥有一点就好像被欺骗了。"工时过短"或

"工时过长"都会让人缺乏安全感，压力倍增。他们无法融入劳动和工作，表现为行为上的失范、难以预料和容易孤注一掷。害怕失去手中已有东西的人总是很沮丧。他们当然也会愤怒，只不过并不会作出改变。不稳定的精神被恐惧喂养和支配。

异化源于人们知道自己做的事情不是为自己而做，也不是为赢得尊重或欣赏而做，只是在奉命行事，为别人而做。异化是无产阶级的鲜明特征之一。不过那些朝不保夕者总是会被注射几种特别的迷幻剂，包括一种被愚弄的感觉，比如有人告诉他们，有工作就应该"感恩"或是"快乐"，应该"积极一些"。他们被告知要快乐，但却不知道为什么要快乐。他们经历的是"失败的职业状态"（Bryceson, 2010），它只会带来负面的心理影响。身处这种状态的人很可能会觉得自己和社会格格不入，极度缺乏目标。而且没有工作也会造成道德上的真空。

朝不保夕者并没有这么好愚弄。尽管社会使出浑身解数规劝他们，但聪明的头脑真有这么容易屈服吗？芭芭拉·艾伦瑞克（Barbara Ehrenreich）在《失控的正向思考》（*Smile or Die*）这本书里抨击了这个时代过分推崇"凡事要往好处想"的乱象。她回想起美国在19世纪60年代就有菲尼亚斯·昆比（Phineas Quimby）和玛丽·艾迪（Mary Eddy）这两个江湖骗子，他们发起了以加尔文主义①为基础的"新思想运动"（New

---

① 16世纪法国宗教改革家、神学家约翰·加尔文毕生的主张，认为人的得救与否由上帝决定，神学的核心是全能上帝的绝对意志和荣耀，强调《圣经》对于整个教会和社会的"永恒真理准则"的意义，并把其视为教义和生活标准。

Thought Movement），认为只要相信上帝，凡事往好处想，生活中就会有好事发生。艾伦瑞克认为现代商业和金融就蕴含了这一点。在各种"打鸡血"的会议上，说话的人总是告诉那些已经被解雇的短期合同工，要有良好的团队合作精神，因为他们是"积极的人"，这类人就是要"经常微笑，不要抱怨，不管老板要求什么，都要感激地服从"。更有甚者，希望员工像中国的古话说的那样，"多磕头少说话"。面对这种落井下石的风凉话，朝不保夕者的反应更有可能是咬牙切齿地忍气吞声。

除了被压抑的怒火，他们还会产生其他行为反应。比如，《国际先驱论坛报》曾经采访过一个韩国人，他的故事表明：朝不保夕者可能会陷入一个充满欺骗和幻觉的腐蚀性地带（Fackler, 2009）。记者这样写道：

> 穿着干净的白色大学运动衫，拿着亮闪闪的手机，李昌植看起来像一家房产开发公司的经理，其实早在去年金融危机之后，他就失业了，不过他向亲朋好友表示自己还在那儿上班。

他小心翼翼地不透露给任何人自己其实在蟹工船上干活。"我肯定不会在简历里面写我当过捕蟹工，"他说，"这工作有损我的自尊。"他还说自己在电话里从来不聊工作的事，也不和亲戚朋友见面，以防露馅。另一个在蟹工船上工作的人也说，他没有告诉妻子自己在做什么。还有一个人骗妻子自己去日本了，而不是坦白自己在干什么。这种社会地位滑落的故事我们都很熟悉。但如果这种事在某地大幅增加（现代劳动力市场的结构性特征之一），我们就得警惕。

朝不保夕者无法在工作中获得自尊或社会价值，就必须在其他地方寻求尊重，当然未必都能如愿。如果成功了，他们在短暂而难堪的工作中做的无用功可能会少一些，地位挫折也会相应减轻。但是，他们显然没有能力找到长久维持自尊的方式。这是一种危险的感觉，看似是在持续寻找受人尊重的方法，但实际上也还是被本就冷漠的人群所孤立。

造成这个问题的部分原因在于，朝不保夕者几乎没有尝过信任关系的滋味，尤其是在工作中。综观历史，信任从在长期的社群中演化中而来，这些社群已经建立了同侪互助的制度性框架。如果某人因为找不到自己在生活中的位置而感到迷茫，信任就会变得偶然和脆弱（Kohn, 2008）。如果社会心理学家对于人类信任合作的机制推测无误，那么在一个具有无限弹性和不安全感的环境中，任何合作意识或道德共识都难以存续（Haidt, 2006; Hauser, 2006）。其后果是，只要不受惩罚，人就会为非作歹，表现得机会主义，一直在不道德的边缘游走。接受了这些，就不难理解为何我们会经常听到精英和名流在做伤风败俗之事，却能全身而退。只要没有未来的阴云，我们普通人也自然会变成这样。

在弹性劳动力市场中，个体害怕做出长期的行为承诺，或被承诺束缚。因为这种承诺需要人们付出成本或做出行动，却可能得不到渴望的回报。年轻人不想被赡养父母的经济承诺束缚住，他们担心自己要一直供养父母到老，而随着国家经济状况变糟和人均寿命的延长，此举的预期成本也在增加。代际共生关系正在凋亡，两性关系和友谊也变得越发难以预测。

如果一切事物都被商品化（以成本和经济回报来衡量），道德互惠关系就会变得脆弱。如果国家撤除了劳工主义式的社会保险制度（它创造出了一个实质性的社会团结体系，尽管不甚公平），也没有提出任何替代方案，那么就没有任何机制能让社会以其他方式团结起来。要创造出这样的机制，需要一种稳定性和可预测性，但朝不保夕者两样都没有，他们处于长期的不确定性之中。当向上和向下流动的概率大致相当、获利和损失的概率大致相当时，社会保险制度就会蓬勃发展。在一个朝不保夕群体不断壮大的社会里，本就有限的社会流动性越来越低，社会保险制度就无法繁荣发展。

这一点凸显了朝不保夕者的一个当下的特征。它还没能成为一个"自为的阶级"。我们可能会说某人"沦为"朝不保夕者，或是被推入"不稳定化"的生存境况。但目前还没有人从一出生起就是朝不保夕者，也没有人以身为朝不保夕者为荣。恐惧，当然有；愤怒，可能有；自嘲，也许也有；但就是没有人以此为荣。传统产业工人阶级与此不同。他们成为"自为的阶级"尚需时日，但是一旦成功就会催生强大的自豪和自尊，帮助他们成为一股有阶级目标的政治力量。但朝不保夕者目前还没进入这个阶段，只有少数人在游行队伍里、个人博客上、与其他人同侪般的交流中，表现出了反抗者的荣耀。

一个良善的社会需要人们有同理心（也就是将心比心的能力）。但是，同理心和竞争关系从来无法相容。人们一旦开始竞争，就会隐藏所掌握的知识、信息、人脉和资源，以防因透露这些讯息而丧失竞争优势。害怕失败或无法跻身高位，就很容易让人舍弃同理心。

同理心从何而来？也许源自人们共享的异化感、不安全感，甚至是"均贫"状态。进化生物学家普遍认为，同理心更可能存在于小型稳定的社群，在这些社群中，人们相互熟识，经常彼此接触（可参见 De Waal, 2005）。过去几个世纪以来，职业社群也培育了同理心，学徒制度是帮助人们创建人际互惠关系的主要机制，强调自律的行规又进一步巩固了这种关系。但全球化在世界各地都破坏了这套机制，就连非洲也概莫能外（Bryceson, 2010）。朝不保夕者感觉自己身处一个分散而不稳定的国际社群中，试图对自己的工作产生职业认同，却通常徒劳无功。

一旦工作变得弹性化和工具性，工资不足以维持人们的社会尊严和体面生活，"专业水准"就会随之消失。社群成员无法了解彼此的能力和长期的行为准则，职业标准、职业道德以及社群成员间的互相尊重都会随之瓦解。处在朝不保夕状态的人无法做到专业化，因为他们无法专攻某一项技能，因而不能通过累积能力和经验来筑起一条稳步向上之路。他们无论从事哪种工作，都面临不确定性，向上流动的希望也很渺茫。

朝不保夕者的"社会记忆"很薄弱。社会记忆就是人性的一部分，我们会用自己的行为来定义自己，并做出符合自身身份的行为。社会记忆源于我们对一个代代延续社群的归属感。理想状态下，它为我们提供了一套道德规范、意义感、情感和社会层面上的稳定性。这其中有根深蒂固的阶级和职业因素。社会记忆也可以解释我们想成为怎样的人。人们在实现抱负的过程中，会遇到很多社会建构的障碍。比如，在大多数社会，一个工人阶级子弟如果想成为银行家或律师，只会遭到嘲笑；一个中产阶级的孩子如果想当一名水管工或美发师，也会让周围人皱眉鄙视。你所能做的事被身份牢牢限制。我们通过认清自己不是什么、而是什么，不能成为谁、而能成为谁来定义自我。朝不保夕者并非孤立存在的群体，从他们"不是什么"的角度入手，我们也能更好地界定这个群体。

促进劳动弹性的政策损害了人际关系和同侪互动的过程，这对培养职业技能和有建设性的工作态度至关重要。如果你对自己手头的工作随时都会变动有心理预期，一旦接到通知，就要更换雇主和同事，尤其是一直在更换头衔，在这种情况下，你就会被多种职业道德来回撕扯，变得机会主义。

海德特（Haidt, 2006）等观察家认为，职业道德只能从社会内部开始强制施行，这种观点是一种苛求。道德源于规模更小、更容易辨认的社群，例如职业社群、亲属或社会阶级。但是弹性机制悄然摒弃了强健的职业社群苦心创建的职业道德。

2009年盖洛普在德国进行的一项调查发现，在所有雇员中，只有13%的人愿意投入自己的工作，20%的人对工作完全不愿意投入（Nink, 2009）。尽管那些"心灵鸡汤"告诉我们要接受弹性和流动性，寻找工作就是寻找幸福，对工作缺乏投入显然不是问题，尤其是在不确定的时代。不过，考虑到工作对我们人生的重要性，不断更换工作并不会使人幸福。

总之，日益升温的愤怒、失范、焦虑和异化，构成了如今社会无法避免的另一面，这个社会已经将弹性和不安全性变成了经济体系的基石。

本章小结

虽然不能给出任何精确的数字，但我们可以设想，目前在很多国家，至少1/4的成年人口处于朝不保夕的状态。这不只是不安全雇佣、短期岗位盛行、劳动保障匮乏的问题，尽管这些问题每一项都很普遍。朝不保夕者无法产生职业生涯的概念，也无法产生稳定的职业身份认同，他们几乎无法享受国家福利和企业福利，而在那些自认为是工业无产阶级或白领领薪阶级的几代人看来，这些福利本来就是应得的权利。

这个社会颂扬和培育了一种弱肉强食、精英政治、弹性灵活的生存方式，这就是现实。过去几个世纪以来，人类社会并不是在持续性的变动中创建的；而是在稳定的认同和相当"刚性"的安全环境中缓缓建造起来的。某些人却把弹性当成福音，宣称僵死是它的敌人。启蒙运动的教训之一是，人类应该掌握自己的命运，而不是被上帝或自然力量支配，因此朝不保夕者要服膺于市场力量，适应所有可能的环境。

其后果是，越来越多的人处于异化、失范、焦虑和易怒的状态中。除了依赖大笔财产、与社会脱节的精英阶级，我们所有人都可能陷入这种状态。政治冷漠就是一股危险的苗头。

第一章 朝不保夕的人

为什么那些自认为不属于朝不保夕群体的人,要在意这个群体的壮大问题?当然可能有利他主义的原因,即我们不希望自己也成为其中一员,所以总希望面临这种处境的人过得好一点。但也有其他原因。我们当中的很多人都害怕自己或家人朋友沦为朝不保夕者。但是精英阶级以及自负的白领领薪阶级和专业技术人员可能会认为,在这样一个日益板结的社会,他们依然可以安然无忧地生活。针对朝不保夕者是一个正在破壳而出的危险阶级这个观点,他们可能会吓一跳。一个看不到将来能拥有安全感和认同感的群体会感到恐惧和沮丧,一旦他们发现或是想象出是哪些原因导致自己沦落至此,就会将这些情绪一股脑儿宣泄其上。他们被经济繁荣和发展的主流世界隔离在外,非常容易产生偏狭的性情,缺乏对异己者的包容。

朝不保夕者之所以还不是"自为的阶级",部分原因是他们的不断内斗。在朝不保夕群体的内部,一个群体可能会将自己的弱势和受到的侮辱归咎于另一个群体。暂时从事低薪工作的人可能会被诱使相信"福利欺诈者"(welfare scrounger)[①]获得太多,存在不公平现象,而且抢夺了他或她的资源。长期住在低收入城区的某人,很容易相信源源不断的外国移民抢走了他的好工作,并且插队抢先领取福利。朝不保夕群体内部的紧张关系让人们彼此对立,使他们无法认识到他们共同的弱势其实是由社会和经济结构造成的。很多人会被民粹主义政客和新法西斯主义的话语所吸引,这一趋势在欧洲、美国和其他地

[①] 以榨取福利制度的全部价值为生,而不是通过从事有报酬的工作为生的人。

区已经清晰可见。因此，这就解释了为何朝不保夕者是危险阶级，以及为何我们需要一种"天堂的政治"来回应他们的恐惧、不安和诉求。

第二章 为什么朝不保夕群体在壮大？

要理解朝不保夕群体壮大的原因，我们必须了解全球化变迁的本质。在全球化时代（1975—2008），资本家与新自由主义经济学家试图创建一种基于竞争力与个人主义的全球市场经济，让经济从社会中"脱嵌"（disembedded）。①

这段时期内的政策和制度变迁，已经导致朝不保夕者的增加。在早期，打造开放型市场经济的承诺给工业化国家带来了竞争压力，这种压力来自新兴工业化国家（newly industrialising countries, NICs）和"中印"（Chindia）②的廉价劳动力供应。对市场律令的俯首帖耳，必然催生出一个全球生产体系以及弹性劳动实践。

经济增长的目的，本应是让所有人都变得更富有，如今却成了限制政府利用财政政策推进累进再分配的正当工具。长久以来，高额的所得税一直是降低不平等程度并让低收入者拥有

---

① 自由放任的市场可以使经济自动整合成一个均衡的体系，即通过价格机制自动调节供给和需求，让经济成为与社会无关的独立系统，这就是经济体系试图从社会"脱嵌"的过程。
② 即中国和印度的合称。此处将中国和印度看作整体，是一个超越地缘政治与地缘经济的学术概念。

经济安全的方法，但如今却成为阻碍劳动、储蓄、投资的因素，并造成投资和工作机会流向海外。另外，社会保障制度也被重新定义了，原本是为了维护社会团结，处理贫困问题以及帮助社会上的失败者，如今却逐渐演变为基于经济状况调查的（means-tested）社会援助制度①，以及后来的工作福利制度。

全球化的核心方面之一，可以用一个令人生畏的词来概括，即"商品化"（commodification）。这个概念把一切事物都当作可以买卖的商品，受市场力量支配，根据供需关系改变价格，也不存在任何有效的"能动性"（抵抗权）。商品化已经扩展到生活的方方面面，遍布于家庭、教育系统、企业、劳工机构、社会保障政策、失业政策、残障政策、职业社群和政治领域。

为提高市场效率，商品化的门槛都被拆除了。新自由主义的基本原则之一是，必须实施一些管制，以防止集体利益阻碍市场竞争。全球化时代并不是**去管制化**的时代，反而是**再管制化**的时代，这个时代引入的管制措施比史上任何相似的时期都要多。全球劳动力市场的新兴管制措施大部分都具有指令性质，规定人们可以做什么、不能做什么，以及为了成为国家政策的受益人，你必须做什么。

有人攻击集体机构，这些机构包括作为社会机构的公司、作为雇员代言人的工会、作为职业行会的职业社群，将人从利

---

① 一项公共福利。也叫资产测查补助制度，会依据民众的收入和财力来审核其是否具备补助资格。

己主义和商业主义中解放出来的教育力量，作为互惠与社会再生产机制的家庭，以及以公共服务相关伦理规范为指导的行政机构。

这种思维方式撕裂了劳动安排，造成了阶级的碎片化，而在制造业向服务业的转型浪潮中，工作与劳动的"第三产业化"（tertiarisation）让这个现象更为显著。本章将勾勒这幅图景，虽然不够详尽，但有足够的细节来帮助理解朝不保夕者何以正在成为一个全球性的阶级。

全球化变迁

自20世纪70年代以来，世界经济已经一体化，以至于某个地区的发展几乎会立即影响到其他地区。在20世纪70年代，一家股票交易所和其他交易所发生联动的情况还很罕见；但在今天，每家股票交易所的变化都同步发生。在20世纪70年代，贸易只占许多国家国民收入的一小部分，而且大部分贸易商品都是互补品；而在今天，所有商品和服务都能贸易，贸易在各国商品与服务中所占的比重也越来越大，很多贸易行为甚至能在跨国公司内部的网络中进行。此外，相对劳动力成本[1]在贸易过程中的重要性也比过去增加了。

资本和相关工作机会正从经济合作与发展组织（Organisation

---

[1] 指不同国家之间劳动力成本的差异。

for Economic Cooperation and Development, OECD)[①]成员国流向新兴市场经济体。这个趋势未来还会持续。中国、印度、印度尼西亚、泰国的人均持有资本目前只有美国的3%。只要建造更多的机器和基础设施，这些经济体的生产率就会继续提升。与此同时，已经工业化的国家将成为"**食利者**经济体"，它们的平均实际工资既不会提升，也无法被用来缩小贫富差距。

新兴市场经济体将继续成为促使朝不保夕群体扩大的主要因素。全球化的这一面不会发生逆转。那些对当今发达国家的不平等和经济不安全问题感到担忧的人如果认为应对2008年金融危机和随后的经济危机的有效方式是退回到贸易保护主义，那就太天真了。然而，遗憾的是，我们将会看到各国政府的回应方式只会加剧引发危机的不安全感和不平等状况。

"中印"的崛起

"中印"的崛起是全球化的一大特征，它深刻地改变了世界各地的社会和经济环境。把中国和印度组合在一起可能不是那么合适，毕竟两国有着不同的文化和社会结构。不过，为了本书行文需要，"中印"还是能作为一个便捷而简要的名词来说明一些现象。

在全球化之前，开放贸易与投资的各国劳动力市场的规模

[①] 成立于1961年，由38个市场经济国家组成（截至2021年）的政府间国际组织。旨在发展市场并促进自由贸易，但对成员国没有约束性。

加总，约有10亿名劳动者与求职者（Freeman, 2005）。到2000年，这些国家的劳动力已增加到15亿。与此同时，中国、印度和前苏联成员国都加入了全球经济体，又带来了15亿劳动力。至此，全球市场的劳动力供给达到了原来的三倍。新进成员国几乎没有资本，工资也很低，这就改变了全球资本－劳动力比率，削弱了"中印"以外其他国家劳动者的议价权。2000年之后，其他新兴市场国家，包括越南、印度尼西亚、柬埔寨、泰国、孟加拉国等，也纷纷增加了劳动力供给。如今"中国加一"（China Plus One）这一新词变得流行，意味着不少跨国公司都打算在中国以外至少一个东南亚国家设立工厂，以规避风险。其中，拥有8600万人口的越南最为炙手可热，该国的实际工资已经20年冻涨。一名越南纺织工人在2010年的月薪是100美元，与美国或德国的工人相比简直是零头。

我们来看看变化的速度有多快。四十年来，日本一直是仅次于美国的世界第二大经济体，2005年，以美元计算，中国的国内生产总值仍然只有日本的一半。但到了2010年，中国一举超越日本并逼近美国。印度也正在迎头赶上，每年都以惊人的速度增长。

中国的经济增长很大程度上由政府投资（尤其是基础设施投资）和外国直接投资拉动。有些跨国公司聘请来自中国各地的代理人，将资金投入中国。它们把成千上万的工人聚集在各类工业园区，让他们住在集体宿舍里，高强度地工作，以至于不少人在三年内就离职了。这些工人可能符合"工业无产阶级"的形象，但其实只被视为"用过即弃"的流动劳动力。尽管要求提高工资的呼声高涨，但工人们原本的工资基数实在太低，以至于就算是上调了，和发达的工业化国家相比，在很长一段时间内仍然是微不足道的。单位劳动力成本亦是如此，尤其是在生产力急剧提升的情况下，单位劳动力成本仍然十分低廉。

跨国公司在中国如雨后春笋般崛起的工业园区内"野蛮生长"，全球最大的代工制造商富士康就是典型代表。它的总部设在中国台湾，在大陆拥有超过90万名员工，其中约有一半人在深圳的"富士康城"工作。该厂区有许多高层厂房，每一栋都专门服务一家客户，比如苹果、戴尔、惠普、任天堂和索尼。"富士康城"的扩张策略是以低工资雇用农民工，在那里，每年的劳动力流动率为30%—40%，前赴后继的农民工源源不断，直到被流水线工作掏空后，工厂再换用下一批人。

这家公司的工作安排助推了全球朝不保夕者的增长。它的低工资和高劳动强度（包括每月加班36小时）问题直到2009年和2010年的一系列自杀与自杀未遂事件后才引起世界的关注。

这些自杀事件确实起效了。在一系列负面新闻与非正式罢工事件后，富士康上调了工资。但后果之一是，工人的免费食宿以及厂区内大量的娱乐设施也被一并削减。富士康对自杀事件的直接反应具有家长式作风。公司在建筑物周围装上了保护网，以防有人跳楼身亡，还为困窘的工人聘请了顾问，并考虑让员工签署"不自杀"的承诺书。硅谷的大人物们也对自杀事件表达了关切，但这些人没有资格感到惊讶，就是他们这样的人从这些成本非常低廉的产品中赚取了数十亿美元。

富士康是全球化的一个隐喻。它将改变其经营模式，先是在原来的主厂区里上调工资，削减企业福利，将更多产能转移到低工资区域，采用更多不稳定的工人。这架巨大的外包引擎最后会把自己也外包出去。然而，富士康的发展模式加速了世界其他地区向新结构转变，在这种结构中，朝不保夕者成为备受瞩目的焦点。

企业的商品化

全球化不太引人注意的一面助长了朝不保夕群体的壮大：企业本身变成商品，可以通过并购的形式进行买卖。虽然这种情况长期伴随着资本主义的发展，但在过去却相当罕见。如今，世界各地都热衷于对企业进行交易、拆分和重新包装，此乃全球资本主义的特征之一。越来越多的企业由外国股东所有，通常都是由养老基金或私募基金来牵头。

企业的商品化，意味着如今的企业主所做的承诺不如过去有价值。企业主明天就有可能和他的经营团队一起离职，随之失效的还有那套点头和握手的繁文缛节，关于劳动内容、工资给付、员工遇到困难时企业该如何对待他们等问题的默契协商，也一并失效。

1937年，罗纳德·科斯（Ronald Coase）[①]提出的理论为

[①] 罗纳德·科斯（1910—2013），英国著名经济学家，芝加哥经济学派代表人物，法律经济学的创造人之一，著有《企业的性质》《社会成本问题》。

他赢得了诺贝尔经济学奖。他主张，具有等级制度的企业，其效率要高于完全由独立个人组成的原子化市场，它降低了做生意的交易成本，原因之一是培养了基于信任的长期关系。但如今这套理论已经不再适用。现在，投机的买家可以招募大量资金，接管尚处于良好运营状态的企业，他们当中很少有人愿意去经营企业内部的信任关系。一切皆可依情况而定并重新协商。

多年来，学术期刊上充斥着对各国"资本主义类型"的研究。但正如日本的例子所显示，各国的资本主义正在融合成一种全球混合体，更接近英美股东模式[1]，而非德国的利益相关者模式[2]。20世纪60—70年代的"日本奇迹"建立在将企业视为一种社会机构的假设之上，包括森严的等级制度、终身雇佣制度、年功序列制度以及公司的工会。这种模式适合刚进入世界市场的低收入国家，但它的僵化也阻碍了日本适应全球化时代。

最终，日本政府修改了公司法，向美国模式靠拢，允许企业引入绩效工资、股票期权、外部董事，以能力而非资历确定晋升、唯股东利益至上、雇用年资不深但经验丰富的熟练工人。企业就这样被商品化了，由金融资本及其所有者们（股东

---

[1] 又称"新美国模式"，是指20世纪80年代美国总统里根和英国首相撒切尔夫人发动新保守主义革命后发展起来的经济模式，倡导放弃管制，削弱国家作用，奉行"国家最小化、市场最大化"原则。
[2] 即在经济制度的安排中注重利益相关者，强调经济的可持续性与稳定性，对金融、房地产等部门给予严格管制的经济模式。其利益冲突解决机制也有明显的政府主导色彩，强调政府有限干预市场经济，追求市场效率与社会公正之间的平衡。

而非经理人）发号施令。日本虽然还没有完全与美国模式相同，但趋势也已经很明显了。

1990—2007年，日本企业中外国人的持股比例增长了近六倍。发行股票成为常态，让企业极易被收购。直到20世纪90年代末，日本每年的并购案还不到500件；到2006年，这个数字就接近3000件了。这个变化是由一项政策改革造成的，新政策允许企业用股票收购其他企业，同期推进的会计制度改革也要求企业变得更透明。2007年一项新出台的法律允许"三角合并"（triangular merger），外国公司可以利用子公司来购买日本企业的股票，从而收购日本企业。

面对可能被收购的威胁，日本企业开始控制终身雇用员工的规模，主要办法是遇缺不补。到2007年，自称"以股东为中心"的企业比例升至40%，而自称"以员工为中心"的企业则降至仅13%。

其他国家也以类似的方式将企业商品化，让员工的生活变得更加不安全。如今，即使是那些白领领薪阶级也发现，他们会在一夕之间失去工作和其他保障，因为他们的公司被收购或在重组前就宣告破产。所以对企业而言，为降低风险，它们想要更有弹性的劳动力，这样才能快速应对外部威胁。

商品化也让企业内部的分工方式变得更具有流动性。如果某些工作在某地能以更低的成本完成，它们就被"离境生产"（offshored，转移至企业在其他地区的分部）或"离境外包"（outsourced，委托给合作企业或其他企业）。这就打碎了劳动过程，也打乱了企业内部的岗位结构和员工的职业生涯规划，因为员工无法预料自己从事的工作是否会被离境生产或外包。

这种扰动会影响员工的技能发展路径。人们对技能进行投资的动机，取决于获得技能的成本、投资技能的机会成本和预期获得技能后所能取得的额外收入。人们如果发现就算学了技能，也没有机会将它应用于实践，那么他们对技能的投资就会减少，在心理上也不太会忠于公司。简言之，如果企业变得更具有流动性，员工试图在其中发展职业生涯的积极性将被挫伤。这就让他们更容易沦为朝不保夕者。

在切换经营范围的能力上，企业比员工要轻便得多。很多员工无法轻易移居外地。他们的伴侣在原居住地有工作，孩子在学校里暂时动弹不得，家里老人也需要照顾。这些风险都会扰乱员工的职业生涯规划，将更多人推向朝不保夕的生存境况。

对21世纪越来越多的劳动者而言，将公司当作发展职业生涯和获得稳定收入的地方，就太天真了。如果社会政策能有所调整，让所有为公司劳作的人都能获得基本安全，就没什么问题。只是目前的现实距离这个目标还非常遥远。

劳动力弹性机制的警报：劳动力的再商品化

追求弹性的劳动关系是全球朝不保夕群体壮大的主要直接原因。别的著述中也讨论过弹性机制是如何在全球范围内蔓延的（Standing, 1999b）。此处的重点是，通过思考弹性的主要形式——数量上的弹性（numerical flexibility）、功能上的弹性（functional flexibility）和工资系统的弹性（wage flexibility），来考察朝不保夕群体加速壮大的问题。

弹性机制驱动是一项未竟的事业，每当经济出现衰退时，评论家们就会发出相同的呼吁，要求提高弹性。这是一个劳动力再商品化的过程，使劳动关系变得对市场供需更敏感，并且用它的价格（即工资）来衡量。这意味着第一章所界定的七种劳动安全被损害了。太多评论家只关注其中的雇佣安全，即企业解雇员工变得比以前容易，解雇成本降低了，雇用非正式员工和临时工也更方便了，这就削弱了员工的雇佣安全。虽然这都是事实，但削弱雇佣安全其实只是一个过程，最终目的是提高其他形式的弹性。

工作稳定的员工在与雇主较量时更有安全感和信心，他们更愿意组织成群。因此，雇佣安全与代表性安全紧密相连。同样，员工如果能获得公民身份，就会感觉自己能够掌控自己的职业发展路径。如果缺乏其他形式的安全，员工也会丧失技能安全，因为他们害怕被转岗，奉命完成和个人规划或抱负不符的任务。

关键在于，如今的全球劳动过程已经无法避免弹性劳动关系。我们必须有的放矢，确定应该做什么，让状况变得可以接受，而不是带着返祖的妄想去逆转这种变化。

数量上的弹性

过去三十年来，让裁员变得更容易一直被提倡为就业机会的方式之一。换言之，裁员成本降低了，想招工的雇主们就更愿意雇人了。国际货币基金组织、世界银行以及其他有影响力的机构，都把降低雇佣安全描述为吸引和留住外资的必要条件。于是，各国政府就照着这些建议，竞相削弱雇佣保障，让企业雇用没有保障的员工变得更加容易。

朝不保夕者的主流形象来源于数量上的弹性，他们从事的是通常所谓的"非典型"或"非标准"劳动。主流企业正将大部分劳动需求外包出去，只留下一小群白领领薪阶级（也就是企业里的公民），它们看重这些人的忠诚，并与它们共享一项关键资产——**知识**。知识就是第三产业企业寻租的来源。如果知识被广泛共享，企业就会失去对这些资产的控制。白领领薪阶级在企业里是有投票权的公民，是一系列决策中被咨询或纳入考虑的对象。在企业或组织的战略性决策上真正拥有投票权的老板或大股东，也默认了白领领薪阶级拥有这些权利。

劳动力弹性机制的特征之一是使用越来越多的临时工，这就让企业可以快速变更雇佣策略，以便适应环境变化和调整劳动分工。临时工具备成本优势：他们工资低、定薪时的资历也用不上，更没有资格享有企业福利等。此外，对企业来说，他们的风险也更小。暂时雇用某人，意味着无论出于何种原因，不用对他做出日后可能会后悔的承诺。

在以提供服务为主的企业里，劳动任务往往以项目为导向，而不具有连续性。这就造成更大的劳动力需求波动，雇用临时工几乎成了无法避免的事。此外，还有一些不太明显的因素也在增加劳动力需求。企业可能会诱导那些签订临时合同的人更加努力地工作,特别是让他们做一些劳动强度比正式员工还要大的工作,正式员工未必愿意接受这些要求。临时工更容易陷入就业不足的状态,比如淡季的工资收入随着工时变短而降低。他们也更容易通过恐惧来控制。如果他们不堪忍受加诸他们的要求,就会被解雇,而且不会引起什么波澜,因为裁员成本也极低。

企业也会利用临时工的劳动条件来迫使其他员工让步,员工被威胁,如果不做出调整,就会被临时工取代。比如,美国凯悦酒店的客房清洁工就是个例子,她们的合同明确规定每天工作8小时,按规律排班,但有一天她们突然发现,自己和劳务派遣公司的临时工一起工作,后者被迫每天工作12小时,打扫更多的房间(每班30间)。原本按规律排班的正式员工正在被临时工取代。

这一现象最突出的例子就是日本工薪族数量的萎缩。很多公司已经不再聘用年轻人担任终身职位,转而和他们签订临时合同。临时工不仅工资低很多,还得不到培训机会和福利。一些工厂甚至要求工人根据他们的雇佣条件,穿上不同颜色的连衣裤。这简直就是现实版的小说,让人想起奥尔德斯·赫胥黎在《美丽新世界》里描写的阿尔法(alphas)和伊普西龙(epsilons)。[①]

企业雇用更多临时工有个简单的理由:其他企业也借助这

---

① 在这部小说里,人类被分成阿尔法、贝塔、伽马、德尔塔、伊普西龙五个"种姓",等级分明。

种方式获得了成本优势。在全球化体系中，临时劳动力带来的竞争优势越来越重要，企业纷纷效仿其他国家的同业和所在行业市场领头羊的做法——这种模式被称为"支配效应"(the dominance effect)。跨国公司试图将自己的雇佣方式沿用到子公司，很多时候就淘汰掉了当地的同业公司。比如，麦当劳的"最佳实践"模式就包括，制作流程的去技能化、解雇老员工、打击工会、降低工资和削减企业福利。其他公司随之群起效仿。观察家们强调，现有劳动实践的规定中有不少让经理们可以"借鉴"的做法（Amoore, 2000; Sklair, 2002; Elger and Smith, 2006; Royle and Ortiz, 2009）。有的公司会利用"黄色工会"（yellow union，资方建立和运营的工会）来打击独立工会。一种全球模式正在形成，企业、技术和政治因素都将影响资方回应劳方的战术。如今还幻想工人能够对资方形成持续有效的对抗，就太天真了。

另一个例子是美国最大的零售商沃尔玛，它也是行业的标杆。美国前10名富豪中就有4人的财富来源于沃尔玛。沃尔玛的蓬勃发展依赖于一套复杂的即时生产流程，通过极度的劳动力弹性机制来控制劳动力成本，这也让沃尔玛模式成为全球最令人厌恶的模式之一。临时工就是该模式的核心。如果员工反对这一切，那就得准备离开。

企业改用临时劳动力，乃是全球资本主义的一环。职业介绍所和劳务中介随之如雨后春笋般涌现，这就帮助企业更快地转用以临时工为主的模式，并将大部分任务外包。临时工中介机构是塑造全球劳动过程的巨头。总部位于瑞士的德科公司

（Adecco），其花名册上有70万名员工，已经成为全球最大的民间雇主之一。成立于20世纪70年代的日本劳务中介公司保圣那（Pasona）每天要派出25万名短期合同工。保圣那的创始人认为，弹性机制对企业与劳动者都有利，他还将长期雇佣关系这一传统斥为"多愁善感"。他告诉《经济学人》（2007）："当一名正式员工，就等于一辈子都被那家公司剥削。"和欧美的中介机构一样，保圣那在亚洲国家和美国建立了数十个从事外包项目和生产工作的子公司。

以往，临时工中介机构专门为文员和勤杂工介绍工作，比如清洁工和医疗辅助员。后来有的机构又盯上了"福利申请者"这一有利可图的领域。如今它们越来越多地将触角伸入帮专业技术人员介绍工作的业务中，这块业务的利润更是丰厚。例如，德科公司以前只有20%的业务面向专业技术人员，80%的业务是为文员和蓝领介绍工作，如今专业技术岗位的比例已经增加到1/3。

在南非等国，临时劳动力、跨国职业介绍所和廉价劳务中介之所以泛滥，是受到了立法改革的推动，也得益于国际劳工组织将这类机构合法化。20世纪90年代，这个组织还在反对私营职业介绍所，如今却反过来帮他们说话。1999年，日本通过了一部法律，推翻了一项禁止签订临时合同的法令，允许私营职业介绍所在更多地区开展业务；2004年后，私营职业介绍所还被允许涉足制造业。这些改革无疑助推了日本朝不保夕群体的壮大。在意大利，1997年通过的《特雷乌法》引入了临时合同，2003年颁布的《比亚吉法》赋予私营劳务中介机构合法地位，这些做法都壮大了朝不保夕群体。一个接一个国家在全球化的压力之下屈服，允许临时工遍布各个行业。

劳务中介的出现还造成了另一个问题，这个问题有一个拗口的名字："三角雇佣关系"（triangulation）。劳动法和劳资集体协商的前提是劳资双方拥有直接关系。当有第三方充当中间人时，出了问题谁来负责呢？真正掌握控制权的是实际雇主还是中介机构？决策和责任界限的模糊为劳动者的生活增加了不稳定性。关于这个问题，丰富的判例可以让律师们大开眼界，但临时工只知道自己现在要向两位雇主汇报。

临时工的劳动条件往往很模糊。比如，在加拿大的安大略省，根据一项管理临时工中介机构的法律，当临时工签约时，他们就放弃了选择工作地点和工作类型的权利，出让自己的"劳动力"控制权并将自己商品化，甚至还要支付中介机构一笔介绍费。这根本就是在让人沦为被剥夺权利的"次等公民"。临时工无法掌握自己的时间，必须随时待命；他们为了劳动而花费的时间，比实际工作的时间还要多。

劳动力结构转向以临时工为主的势头确实很强劲。不过，在一些国家，特别是英、美两国，很少有工作被归类为临时工作，因为临时工是不被统计在册的，但他们的确缺乏雇佣安全，除了自己的名字，无论从哪个方面来看，他们的工作都是临时化的。历届英国政府都延长了员工没有劳动保障的临时工作时间上限，还降低了雇主终止合同时的成本。这是一种暗中将劳动力临时化的办法。在其他地区，为维护"标准雇佣关系"，工会、政府和用人单位允许临时工与正式员工同时存在，制造了二元劳动力。

劳动力结构中临时工的比例没有下降的迹象。相反，2008年的金融危机和随后的经济衰退，让企业借此摆脱长聘员工、改用更多临时工。到2010年，日本的临时工已经占到全部劳动力的1/3以上，占最佳劳动力的比例也达到1/4以上。2009年1月，500名最近被解雇的、无家可归的劳动者在东京市中心搭起了一个"帐篷村"。当政客和电视台的记者蜂拥而至时，市政府的反应是在闲置的公共建筑里安顿这些劳动者。尽管这种"姿态"只持续了一周，却唤起了日本社会对朝不保夕群体的关注，凸显了他们缺乏各种社会保障的事实。人们的意识仍然是应由家庭和企业响应人们的需求，这等于撇清了国家的责任。因为在很长的时间内要承受污名，失业者要开口求助并不容易。这次事件预示着大家的观念发生了社会性转变。朝不保夕者的问题突然变得真实可感。

金融危机之后，美国企业采用了1991年苏联解体时成员国的做法，将正式员工的身份都转为"合同身份"，以避免产生固定成本。在苏联，数百万劳动者被安排"无薪休假"，而企业仍掌握着他们的工作历史记录册。这制造了岗位依然被保留的假象，却让劳动者陷入贫困甚至因赤贫而死。在美国，企业将员工的契约改为临时合同，让他们没有资格享受医疗保险、带薪假期等福利。说美国正在走苏联的老路也许言过其实，但它的做法依然将劳动者推往朝不保夕的境况，制造了很多个人的苦难。

欧洲也在依样画葫芦。在德国，数百万劳动者被归入临时工的行列。在英国，工党政府先是反对欧盟指令并刻意延迟执行，该指令要求：通过临时工中介机构就业的人，享有与正式员工同等的权利，包括同等的工资、假期和基本劳动条件。英国政府希望保持自己对外资的吸引力。然而，它不过是坐实了临时工的不稳定的身份。

与此同时，西班牙已经成了劳动力市场层级分化的缩影，该国劳动力市场中50%的人签订的都是临时合同。经合组织在2010年估计，金融危机后西班牙消失的工作岗位，有85%都是临时岗位。该国声称，长聘员工之所以能保住饭碗，是因为企业解雇他们的成本高昂。不过，雇用全职员工的高昂成本已经促使企业转而使用临时工、外包工人和移民。其实在早些时候，政府和工会为应对劳动力市场刚萌生的弹性机制压力，已经在为正式员工提供安全保障，也为临时工建立了缓冲区。但这种做法不仅造成了劳动力市场的层级分化，还让朝不保夕者怨恨为照顾自己人而牺牲其他人利益的工会。

数量上的弹性的另一项特征是兼职工作的增加。其原因包括女性就业状况的改变，以及经济结构向服务业的转型。这种转变在某种程度上是无意识的。美国劳动统计局估计，2009年中，有超过3000万人从事着"必要的"兼职工作，这个人数是失业人数的两倍多，让校准后的美国失业率达到18.7%。即便经济复苏，这些工作中的很大一部分仍将是兼职岗位，而且工资很低。

"兼职"这个词可能有误导之嫌，因为很多被算作兼职的工作并非"兼职"。正如我们将在第五章讨论的那样，企业有很多既付给员工兼职标准的工资，又让他们的实际工作时间超出计酬工作时间的手段。就像一位女性告诉《华尔街日报》（Maher, 2008）："我明明是来做兼职的，却做满了全职员工的工时。"很多人不得不从事两份兼职工作，只是为了养活自己，或是作为丢掉其中一份工作后的保障。

数量上的弹性也和离境外包与离境生产有关。金融危机加速了全球劳动力外包的趋势，尽管生产和就业也在同步萎缩。管理层想尽各种办法降低成本，其中之一是，把不那么紧急的货品配送转为海运，为更大的离境生产创造条件，打破了以往由于需要昂贵的航空运输费用而受到的限制。此外，"近境外包"（near-sourcing）和"近境生产"（near-shoring）也变得更为常见。在这些做法之下，劳动者的雇佣安全宛如一场幻梦。

最后，还有一些如"零工时合同"这样的招数，即劳动者的确签订了合同，但合同不约定工时和报酬（如果有的话）。再比如"无薪休假"，就是裁员的委婉说法，假期有时一连数月，有时短则几周，总之没工资。这是一种增加劳动力弹性的杠杆。还有一招是使用实习生。金融危机后，实习生人数不断增加，政府还给予补贴和鼓励。实习制度就像"无薪休假"一样，为就业率和失业率作出了贡献，毕竟大部分成本都是由实习生及其家人承担。

当考虑到和数量上的弹性有关的所有复杂性时，后果是越来越多濒临失业者的工作生活没有保障。每年，经合组织成员国中大约1/3的员工出于各种原因离职。在美国，这个比例约为每年45%。尽管少数人还能保留长期岗位，但能在一家公司长期就业已经是无法想象的事情了。劳动力市场1/3的人员流动是由企业的兴亡造成的。

20世纪60年代，在工业化国家，一名进入劳动力市场的典型劳动者在退休前，一般会经历四位雇主。在那样的情况下，劳动者认同他所效力的企业是很合理的。现在，如果一名劳动者还这样想，就有点天真了。如今，一名典型的劳动者（更有可能是一名女性）从进入职场到30岁之前就可以经历九位雇主了。这就是数量上的弹性所代表的变化程度。

功能上的弹性和岗位的不安全性

功能上的弹性，其本质是让企业能够在不必付出成本的情况下快速改变劳动分工方式，在不同任务、岗位和工作场所之间调配劳动者。随着全球竞争和持续的技术革命，我们很能理解企业为何推崇功能上的弹性，以及政府为何想要助它们一臂之力。然而，推崇功能上的弹性带来了糟糕的变化，催生了更多朝不保夕者。数量上的弹性伤害了雇佣安全，而功能上的弹性则让劳动者无法保有岗位安全。

功能上的弹性的增加和20世纪70—80年代劳资斗争相伴而生，当时的雇主从工会和职业社群手里夺取了对劳动者控制权，强化了他们对工作安排的管理特权。这让劳动者必须更加俯首帖耳，标志着"无产阶级化"向前迈进一大步（Standing, 2009），并讽刺地成为"不稳定化"的必要条件。掌握了对劳动分工的行政控制权后，管理层就能让工作安排变得更富有弹性，劳动者的职业发展道路也会变得更为崎岖。

随着越来越多的企业展开跨国经营，管理层就可以在其布局全球的各个分公司和供应链之间随时切换企业内部的工作和功能。管理学和劳动分析的词典中因而不断涌现新词。如今任何彼此重叠的工作流程都能被外包。因为手握控制劳动分工的大权，**离境生产**（将员工或任务转移至境外分公司）和**在境生产**（将员工或任务在一国之内转移）对企业而言都不是难事，只要有利可图，任务也能在内部生产和外包之间随时切换。

追求利润最大化的经理人或工程师可能认为这种切换是可取的。但也请想一想，这对那些承受代价的劳动者会产生什么影响。大部分人从未掌握过自己的职业生涯，尽管他们的过去并不比现在更好（Sennett, 1998; Uchitelle, 2006）。但如今，更多的人完全成了提线木偶。管理层工作分配权力的强化意味着岗位不安全已是新的常态。当人们可以在短时间内被调动，或者即将接手的下一个岗位突然被外包，他们还如何发展职业生涯并做好职业规划？

还有一个与此相关的趋势：个别劳动合同的增加，这是生活"契约化"的一部分。在工业社会中，劳动合同是集体协商的产物，协商结果也会被沿用于同一产业的其他企业。但随着工会和集体协商力量的衰落，个别劳动合同逐渐流行。过去曾有一小段时期，绝大多数劳动者都在某个集体合同覆盖之下，但如今劳资双方签订个别劳动合同的趋势正在增强。这类合同让企业可以提供因人而异的待遇、安全性和地位，有的劳动者被安排在白领领薪阶层，有的人则继续待在稳定的岗位上，有的人则沦为朝不保夕者，于是组织结构和等级分化日益明显。

个别劳动合同让雇主得以收紧合同条件，利用违约惩罚威胁员工，从而将企业的不确定性降到最低。

20世纪90年代以来，个别劳动合同已成为一股全球潮流。企业开始学会如何最小化由劳动合同带来的成本，推动了外包和三角雇佣关系的发展。上述变革标志着全球劳动力向多层次发展，某些幸运儿会成为白领领薪阶级，但也有更多的人沦为朝不保夕者。

劳动合同个别化、劳动力临时化和其他各种形式的外部弹性加在一起，就组成了另外一个拗口的新词——"第三产业化"。这个词要比"第三产业部门"本身的指涉面更广，意味着整个劳动力结构向服务业转变。过去几十年来，全球的生产和就业一直在向服务业转移。人们常用"去工业化"这个流行词来概括这一现象，但这个词有误导性。"去工业化"意味着社会生产力的削弱和损耗，但随着技术进步与生产方式的变革，许多产业的生产力其实并未下降。即使在出口大国德国，制造业在出口产值和就业中所占的比例也已降至20%以下。在法国、英国和美国，这一比例更是低得多。

"第三产业化"可以说是集各种不同劳动力弹性形式之大成，包括劳动分工方式的流动，居家场所和公共场所与工作场所的融合，劳动时间的波动以及人们可以同时身兼数职，签署好几份劳动合同。它催生了一种新的控制体系，控制劳动者对时间的支配。意大利学派提供了一种很有影响力的看法，他们借鉴了马克思主义和福柯（1977）的观点，称控制劳动者对时间的支配过程为制造"社会工厂"（social factory），意思是社会成了工作场所的延伸（Hardt and Negri, 2000）。

但"工厂"这一比喻也并不精准。工厂是工业社会的象征，它用时间块（blocks of time）来定义劳动，在特定的工作场所直接控制量产过程与生产机制。这和如今的第三产业体系截然不同。劳动的"第三产业化"还包含了更多"为获得工资的劳动"，让工作场所、居家场所和公共场所的界限变得模糊，通过越来越复杂的技术监督方式，使直接控制转向各种形式的间接控制。

功能上的弹性和劳动"第三产业化"的产物之一就是：远程工作的增加。远程工作会破坏劳动者之间的关系，使他们变成孤立的每一个人。当然，很多劳动者还是非常希望在家工作。作为远程工作的先驱，国际商业机器（IBM）公司45%的员工不需要经常来办公室报到，每年为公司节省1000亿美元（Nairn, 2009）。该公司越来越多的员工用上了"漫游配置文档"，这让他们可以把相同的设定和文档转移到任何他们正在使用的电脑工作站，包括便携式笔记本电脑。员工可以"在家"或是任何想在的地方工作，虚拟工作场所数量激增。这样的安排可以节省办公室支出，让一家公司能拥有更多储备人才（生完孩子的女性也可以继续工作），延长运营时间，减少办公室政治和同事的干扰，也更为环保。该模式的弊端包括员工之间无法进行非正式的信息交流，团结精神也被削弱。

企业为了调整税务和社会保险费用，延后支付远程工作员工的工资，部分原因是他们的劳动未必会体现在公司的记录中。企业借此掩盖他们的工作量或收入，或更进一步剥削这些提供服务的人。这种"影子劳动"(shadow labour)必然会出现在第三产业的市场经济中。

职业社群的消解

除了功能上的弹性和远程工作,职业结构的改变也会扰乱人们规划和发展职业生涯的能力。在全球化时代,各国政府悄无声息地废除了同业和行会成员的"自律"制度,转而建立了繁复的国家管制体系。这就剥夺了职业社群自行制定标准、管控入行门槛、确立并传承职业道德和行事方式、制定收费方式和津贴比例、制定成员规范和惩处规则、设立行业晋升流程和其他形式的职业生涯发展方式等能力。

摧毁职业社群的自律能力,是新自由主义的目标之一。1945年,米尔顿·弗里德曼(货币学派[①]的缔造者,继弗里德里希·哈耶克后最具影响力的经济学家,同时也影响了撒切尔夫人、里根和智利前总统皮诺切特)在知识界初试牛刀,写了一本攻击医学行会的书(Friedman and Kuznets, 1945)。新自由主义者希望通过政府管制来封堵集体组织的声音。职业社群就是他们的重点攻击对象。

通过发放职业资格证,并把发证和许可的权力收归那些充满竞争意识和以市场规则行事的官方机构手中,国家管制得以加强。职业社群因此成了《反垄断法》的靶子。新自由主义者

[①] 西方经济学派之一。20世纪50年代末至60年代在美国兴起。因强调货币在国民经济中的重大作用,故为此名。

认为，自主制定规则的职业社群通过垄断行为扭曲市场。因此应该让更多人拿到职业资格证，进入市场自由竞争。

由此带来的变化是戏剧性的。美国如今有1000多个职业需要资格证，覆盖劳动力市场超过20%的职业。职业资格证在其他地区也相当泛滥。也许你以为，负责调控资格证数量是劳动部（或功能差不多的部门）的职能，但如今这种职能已经被划给财政部。美国最高法院和联邦贸易委员会在20世纪70年代开创先例，在《反垄断法》中剥夺了职业社群的豁免权。渐渐地，市场竞争和金融机构开始对职业社群发号施令，掌控后者拥有或不曾拥有的诸多权力。在澳大利亚，所有职业规范都归竞争与消费者委员会管辖；在比利时和荷兰，职业规范受负责市场竞争的主管部门辖制；在英国，政府主导的委员会还将市场竞争和消费者利益列为最高指导原则。

市场调控和职业自由化如影随形，两者在某种程度上都受到国际监管机构的控制，例如世界贸易组织与欧盟服务指令提出的服务贸易总协定（General Agreement on Trade in Services）。在很多国家，律师、会计、建筑师、水管工或其他诸如此类的服务性职业的从业资格和执业标准，都由各国自行决定，如今却开放国际竞争。

即便那些白领领薪阶级和专业技术人员所从事的职业门槛很高，但也潜藏着让他们沦为朝不保夕者的暗流，他们的职业生涯随时可能被"截断"。在金融业，大多数人从事的是短期工作。一个坐满1000人的交易大厅里，40岁以上的可能只有50人，50岁以上的只有10人。他们的职业生涯可能会在短短五年后就到达顶峰。只有少数人可以成为赢家，赚得盆满钵满；有的人成为白领，当上公司主管；有的人则以失败告终，沦为朝不保夕者。在美国，很多人成了兼职的"迷你理财家"，在自家卧室或厨房里为几位客户理财，告诉自己有事情做总比无所事事要好，这种场景在2008年金融危机过后已经不奇怪了。职业的阶级分层已经深入各行各业。

功能上的弹性除了会降低岗位安全，并带来岗位的再管制化问题，企业还可以完全根据这种机制将员工划分为不同阶层，把效率较低的员工分流到没有出路或技术含量的岗位，将能够保障专业能力的稳定岗位留给企业最喜欢的人。尽管对人进行分层的标准可能还是员工能力，但是由管理人员和规章制度来掌控职业结构的方法，还是增加了员工从有专长的人滑向朝不保夕境地的概率。这也可能让人们不愿学习技能。在职业技能的问题上，如果本人都没法掌控使用和发展技能的机会，为什么还要投资它？

这些管制措施撕裂了原来职业社群的生态，为朝不保夕群体培养出了一群学艺不精的生力军。2010年，英国在其发布的《第一期国家战略技能审计报告》中指出，在过去十年中，增长最快的职缺中已出现一些现代职业和行业，比如保育员、城市规划师、心理学家和美发师，但是大部分依然是专业程度较低的职缺，比如医务辅助人员、法律助理、助教。这反映出职业社群的功能一旦弱化，使人们分化成精英阶级和朝不保夕者，后者就再也没法爬上更高的阶层。英国在2007年通过的

《法律服务法案》（该法案也被人称作《特易购①法》），就是这一过程的缩影。该法案允许受过最低限度培训的法律助理提供标准化的法律服务，这种服务甚至在超市都可以买得到，只不过提供这种低端法律服务的人无法成为真正的律师。

最后，很多岗位在企业商品化的浪潮中开始重组，进一步加速朝不保夕群体的壮大。经理人职位的商品化就是缩影，比如越来越多的企业通过劳务中介机构或找人担任临时经理来完成一些短期任务。如果管理学院的系主任们依然坚持管理学不该成为一门专业，那么当他们看到许多临时经理人从颇有地位的专业技术人员沦为用后即弃的朝不保夕者，应该就不会觉得奇怪了。

工资系统的弹性：社会收入的重组

全球化的必要条件之一是工资系统的弹性。这个术语隐藏着推动朝不保夕群体壮大的一系列变化。实质上，不仅大多数劳动者的收入水平下降了，而且他们的收入不稳定性也同步增加。

社会收入正在重组。首先，工业化国家的工资水平已经停滞不前，在许多国家已经停滞了几十年。不同劳动者之间已经拉开了极大的工资差距，包括正式员工和那些接近朝不保夕者的人之间也将产生巨大的薪资差异。比如，在德国制造业，正

---

① 特易购成立于1932年，是英国最大的零售公司。此处用以讽刺法律服务变成了超市商品。

式员工的工资上涨了，而那些签订"非典型"合同的临时工的工资却下降了。在日本，临时雇员的工资是同岗位正式员工的40%，他们也无法拿到一年发放两次的奖金（占工资总额的20%）。临时雇员在公司食堂吃饭还要支付更多搭伙费。2008—2010年的经济衰退过后，人们的工资有了起色，比如白领领薪阶级的人数虽然少了，但他们的工资上涨了；而临时雇员的待遇却还不如从前。

不像其他群体，朝不保夕群体的收入主要来自货币工资。在20世纪，白领领薪阶级和无产阶级开始转而依赖其他各种形式的报酬。比如，劳动者的收入从以工资为主逐渐转变为以企业福利和国家福利为主，当然这主要是面向正式员工的。在苏联，这一转变最为剧烈，单位（"铁饭碗"）制度为国有企业的职工提供各种福利和服务，只要他们仍有资格享受。这股降低货币工资的趋势也发生在福利国家，西欧提供更多的国家福利，而美国和日本则以企业福利为主。这一趋势也发生在不少发展中国家，它们复制了先进国家的"现代部门"模式。

艾斯平-安德森（Esping-Andersen, 1990）等学者认为，这波劳动者收入从货币工资向其他福利转变的浪潮其实是"劳动力的去商品化"（labour decommodification）过程，这意味着劳动者在获取收入时对市场的依赖程度降低了。但这种看法却有误导之嫌，因为，劳动者获得大部分福利的资格，依然取决于个人对劳动力市场的常态性参与，或有一份稳定的工作来"养家糊口"。对此，更准确的表述应该是"虚构的去商品化"。劳动者必须服膺于市场意志，才能获得这种社会收入，但这并不

第二章 为什么朝不保夕群体在壮大？

等于这种收入就从市场中解放出来了。

无论如何，全球化已逆转这股从货币工资到福利的转变浪潮。虽然白领领薪阶级留了下来并继续享有一系列企业福利和优惠，包括奖金、带薪病假、医疗保险、带薪假期、托儿所、交通补贴、住房补贴等，但人数不断萎缩的核心工人阶级也正一点点地失去这些好处。而朝不保夕群体的福利则完全被剥夺了。

工资系统的弹性就是以这样的方式改变朝不保夕群体的处境。劳动力成本里的很大一块是雇主缴纳的养老保险和提供的福利，这一点在工业化国家尤其明显。面对来自"中印"的竞争，企业一直在以离境外包和离境生产的方式卸掉这些成本，将更多劳动力转为朝不保夕者，常见方式是改用那些没有资格享受福利的临时工。

这就是劳动力的**再商品化**（re-commodification），所有劳动报酬又开始集中表现为货币工资了。与之相伴的是，雇佣机会的不确定性以及对市场竞争的追逐。虽然例子俯拾皆是，但美国正在发生的事情足以说明问题。白领领薪阶级依然享有企业福利，但核心工人阶级已经被推向了不稳定的境况。在美国，还在为员工提供医保福利的企业比例，从2000年的69%降至2009年的60%。2001年，雇主为其员工支付了74%的医疗费用；2010年时这个比例只有64%。1980年，美国人养老金里89%的钱是雇主为员工缴纳的；到2006年，这个比例已降至52%（Dvorak and Thurm, 2009）。2009年时，拥有企业年金制度的企业只剩1/5。

关键原因在于，美国企业为适应全球化的危机，试图削减成本。2009年，还在为员工购买医保的雇主平均每年要为每位员工支付6700美元，成本高达2001年的两倍。而企业回应变化的方式之一是开始为核心雇员购买"高扣除额健康计划"，该计划设置了一个医疗支出的起付线，起付线以下的部分要员工先行支付。比如福特公司就在2008年停止提供"无扣除额"的医保计划了，要求员工及其家属在获得医保赔付前，先自行支付400美元，而且也要负担20%的主要医疗费用。这对他们的收入来讲是相当大的一笔支出。

与此同时，对那些即将沦为朝不保夕者的人而言，也不要指望企业能承诺负担他们的养老金了。企业正争先恐后地摆脱养老金义务和其他"遗留成本"（对退休老员工的财务承诺）。在美国被广泛采用的401（k）退休计划[①]已允许雇主缴纳浮动的养老金。2009年，超过1/3的美国企业削减甚至不再支付员工养老金里企业负担的部分。甚至美国退休人员协会也像这样对待自己的成员，这还是一个为50岁以上人群服务的非营利组织。有的企业，比如计算机公司优利（Unisys），在关掉或是冻结传统的养老金方案时，还假惺惺地提高了新方案的缴费比例，以便平息怨气，但之后还是停掉了传统方案。企业养老金直线下降。

这就损害了劳资双方的信任关系。过去几代人以来，福特

[①] 美国在20世纪80年代改革私人企业养老金制度的产物。这一制度改变了过去由雇主一方单独为雇员提供养老金的局面，形成了雇主和员工共同负担养老金的格局。相关内容在计划的401（k）部分，因此也被称为401（k）退休计划。

公司一直是美式资本主义的象征,但近来也总是停缴退休员工的养老金;2001—2009年,这家公司总共就只缴纳了两年半的养老金。其中,2003年以后进入公司的员工完全没有享受到公司的养老金。福特声称公司改用了自主管理式的养老金账户,让员工可以带着这个账户走,因为福特觉得年轻员工"再也不会把职业生涯都吊死在一棵树上了"。但事实上,企业不过是在削减劳动力成本,将风险和成本转嫁于员工,让他们的生活变得更不稳定。

在密歇根州的大型汽车生产区,政府补贴和劳动密集化(精益生产的核心)减缓了企业福利被废除的速度。但随着福利被一点点剥离,朝不保夕群体的人数却因为一些过去认为最不可能的原因膨胀起来。2000—2009年,各类车企的员工人数暴跌3/4,一个名为"通用汽车吉卜赛人"(GM gypsies)的群体随之出现,他们是一群因工厂纷纷倒闭而在全国各地四处找工作的汽车业工人。

20世纪资本主义的社会契约建立在企业负责养老金的基础之上,如今,这个传统正在被蚕食,英国的国家养老金就是例子。它只补贴民众平均收入的15%,而且补贴金额还在降低,有资格领取养老金的年龄也从65岁提高至68岁。有人预测,英国未来的退休年龄还会进一步延后至70岁甚至更高。工党和保守党都同意了养老金委员会的《特纳报告》(The Turner report),这份报告提出了一个由三步组成的方案:延迟退休、增加储蓄以及靠非常微薄的国家养老金来兜底。其目的是阻止经济状况调查被滥用。但是,除非基本养老金提高,政府不再根据基本经济状况调查来发放养老金，否则，人们的储蓄意愿依然疲软。低收入群体更没有任何储蓄意愿，他们要是这么做，就会失去领取养老金的资格。

社会收入重组的另一方面是，人们的收入逐渐从固定工资转变为弹性工资。同样，对雇主来说，弹性就是一种优势，而对以货币工资为生的人来说却意味着更高的风险和不安全性。20世纪工人运动的诉求之一是能获得稳定而可预期的货币工资。而全球资本主义却希望迅速调整货币工资。如果某地的货币工资无法调整，资方就会迁移至在它看来可以调整货币工资的地区。2009年，美国企业平均预留的浮动货币工资（比如绩效奖励）占其工资总额的比例几乎是1994年的两倍（Dvorak and Thurm, 2009）。

在20世纪80年代初的经济衰退时期，让步式协商（concession bargains）比比皆是，工会和劳动者以放弃享受福利的权利为条件，换取货币工资的上涨。如今，让步式协商越来越有利于资方。底层劳动者的福利被剥夺，他们的货币工资作为收入的一部分，看似上涨，实则原地踏步。2009年，福特的工人们放弃了生活津贴，并失去了休假工资，以及为他们的孩子准备的大学奖学金和学费补助。相同的工资却要维持日益朝不保夕的生活。同时，企业还在进一步提高各种形式的弹性，包括消解职业社群。比如福特就和美国汽车工人联合会达成了一项集体协议，将新进员工的工资冻结在初始水平上，并以不发动罢工为条件，向同意让步的在职员工发放一笔奖金。

第二章 为什么朝不保夕群体在壮大？

此前，通用汽车和克莱斯勒（Chrysler）[1]也都进行了类似的交易，更趁此精简了岗位种类，通用汽车因此只剩下三种需要熟练技能的岗位。

美国的变革乃是全球范围内工资调整过程的一环，并正在尘埃落定。在中国，劳动者为涨薪和改善工作条件而群情激愤之际，跨国公司让步，同意大幅上调工资的同时却取消了原有的企业福利。富士康深圳厂区内的工人原来还能享受公司提供的食品、服装和住宿补贴，但在2010年6月，富士康的老板在宣布第二次大幅涨薪的当天宣告："如今我们打算把这些社会职能交还给政府。"这家公司正在将企业福利转换为货币工资，给工人造成一种大幅涨薪的印象（工资上调了96%），但却改变了报酬形式和劳动关系的特征。

朝不保夕群体受尽工资系统的弹性压榨。和其他群体相比，他们的工资更低、波动更大，收入来源也更不稳定，而且工资涨跌的方向很少符合他们的个人需求。尤其在朝不保夕者突然遇到需要高于正常开销的事情时，比如患病或是家庭变故，他们的收入很可能会低于平常水平。信贷市场的运作机制还增加了他们的经济不确定性，不仅让他们付出更高的贷款成本（反映出他们在征信系统中评级很低），而且很多人由于急需用钱，只好不顾一切地借高利贷，背负根本无法偿还的高利率以及无法实现的还款时间表。

很多研究和小说都写道，收入安全降低后，其他形式的收

---

[1] 美国汽车品牌。

入安全也会降低。那些靠不稳定收入过活的人，特别是断断续续地从事短期低薪工作，还要和不友善且复杂的福利体系打交道的人，很容易陷入持续性的债务困境。

多年来，国家补贴缓解了社会收入重组和工资增长停滞带来的影响。我们后面会进一步讨论这个问题。但是在大多数经合组织国家，由政府补贴的低息信贷，让那些将要沦为朝不保夕者的人无视收入停滞不前和缺乏经济安全的问题。中产阶级家庭的消费能力允许他们的消费超过收入，这就遮蔽了他们的实际收入正在降低的事实。他们的私人财产性收益也都是泡沫。人们幻想所有人都能在经济疯狂增长的第二次镀金时代（Second Gilded Age）[1]中获益，但经济崩盘击碎了这场幻觉，让数百万欧美人在一夕之间感到自己快要沦为朝不保夕者。

简言之，全球资本主义下的社会收入越来越不安全。企业轻装简行，却导致朝不保夕群体陷入多层次的收入不安全困境。社会收入的重组意味着那些经济状况不安全的人必须付出更高昂的代价才能维持生活。在一个以不确定性和波动性为特征的市场经济社会，购买保险是明智之举，对投保人有利，而无法投保的人就要受到"惩罚"。靠临时合同维生的人可能比较需要经济援助，但他们的投保难度更大，成本也更高。

福利国家出现以前，个人和家庭都高度依赖社区福利这类非正式援助，后全球化时代社会收入重组的最后一方面是，这

---

[1] 指从美国总统里根执政起到2008年金融危机之间的20多年，经济再一次放量增长，持续繁荣的时间段。

些福利也不复存在了，先是被国家福利和企业福利的增加削弱，几代人都认为不再需要这层最后的安全网，它们因此逐渐消失。当企业卸下福利的包袱，国家又开始诉诸经济状况调查，人们才发现自己身后完全没有社区福利兜底。一个59岁的西班牙人失业后在亲戚那里吃了闭门羹，在接受《金融时报》采访时，他说："当你需要帮助的时候，他们不会帮你。"（Mallet, 2009）家庭式的经济互惠体系如今已经崩溃。

总之，朝不保夕群体面临着一组独特的复合困境。与传统工人阶级和白领领薪阶级不同，他们没有企业福利保障他们的收入安全，也无法享受以缴纳保费为基础的社会保障。因此他们就更依赖货币工资，而工资还要比其他群体更低、金额波动更大，来源更不稳定。收入和福利方面的不平等状况正在加剧，朝不保夕者的生存条件越来越落后于其他人，只能依靠已经岌岌可危的社群式社会支持体系生存。

朝不保夕者的失业困境

失业是朝不保夕者生活的一部分，但社会对失业态度的转变让这个问题变得更棘手了。在全球化时代之前，人们认为失业是经济因素和结构因素造成的，失业者只是在错误时间出现于错误地点的不幸者。失业救济金体系也是根据社会保险的原则构建而来，每个人都缴纳保费，让失业可能性较低的人救济失业可能性较高的人。

但如今这个模式崩溃了，只是在有的国家还流传着它的遗迹。为自己或社会上的其他人缴纳保费的劳动者越来越少，在现有的保费缴纳规则下，也没有几个人符合救济资格。但无论如何，官方对失业的态度已经发生了根本性转变。在新自由主义框架下，失业成了个人的责任，几乎是人们的"自愿选择"。人们因此被分为两类，对企业而言，某人要么"很适合雇用"，要么"不太适合雇用"。想让自己变得"适合雇用"，就要提升自己的"技能"或改变自己的"习惯"和"态度"。这就很容易让人们纷纷指责和妖魔化失业群体，把他们说成是懒汉和寄生虫。我们将在第六章讨论其后果，在此先阐述失业对朝不保夕者的影响。

20世纪80年代初全球化时代的第一波衰退中，朝不保夕者开始出现在低阶劳动力市场，官方对低阶劳动力市场以及失业者的态度发生了转变。在英国，弹性的工资、不稳定的岗位，加上高企的失业率让英国人特别是工人阶级青年，宁可申领失业救济金来证明自己不屑于从事那些糟糕的工作。很多流行音乐组合都从这种反叛姿态中获得灵感，比如UB40，这个名字源自编号为40的失业补助表（unemployment benefit form 40），该组合成员也都是申领失业救济金的人。虽然可能只有很小一部分成长于没落工人社区的年轻人受此影响，但这却助推了政府转变态度，让它们以此为借口，责怪穷人是因为游手好闲、不负责任才沦落至此。

但弹性的劳动力市场才是真正的问题所在。如果工资下滑，不稳定岗位增多，失业救济金就会显得更诱人。认识到这个问题，许多工业化国家的政府纷纷降低了福利供给额度，让申领救济金变得更加困难，就算申领成功也很难持续申领。这就削弱了失业救济金的社会保险性质，背离了其公开宣称的目的：为人们提供足够的收入，以弥补暂时的"谋生能力中断"。这曾是威廉·贝弗里奇的理念（1942: 7）。但如今"失业陷阱"（unemployment traps）越来越普遍，如果人们放弃申领救济金并重新就业，从事一份工资很低的工作，他们的有效所得"税"率就会飙升至接近甚至超过100%。

一个恶性循环因此而出现，并使政府的决策令人反感。随着工资下滑，低工资临时岗位成了低阶劳动力市场的常态，救济金的所得替代率（income replacement rate）[①]也上升了。中产阶级评论家们感慨政府发放福利"过度慷慨"，在他们看来，既然"去工作都显得划不来"，在家待着无所事事的人就更不应该领救济金了。为了让工作"更划得来一些"，政府引入了在职津贴（in-work benefits）和收入所得税抵免（earned-income tax credits）[②]，但这是一种扭曲和低效的做法。失业陷阱仍然存在，政策制定者只好采取措施，强迫失业者接受工作，无论这工作多么令人不快，工资多么低。

全球失业救济金改革的浪潮成了孕育朝不保夕者的"摇篮"。每个国家的改革方式未必相同，但结果大体相似。其中

[①] 退休后平均每月可支配金额与退休当时每月薪资的比例。所得替代率越高，退休后的生活水准也越高。
[②] 美国的一种针对中低收入个人和家庭的税收抵免政策，为美国工人和家庭提供了财务支持。

最大的变化是社会对于失业的看法。如今，失业被认为是缺乏就业能力、个人存在缺陷以及对工资和岗位有着不切实际的预期所导致的。失业救济金制度原来的基础是确定某人是否应该有所得，但现状是，某人只有规规矩矩以某种方式行事才能得到救济。

尽管失业保险在一些国家仍然发挥着影响力，但各国都抬高了申领门槛，可以领取失业救济金的周期缩短了，发放的金额也减少了。在大多数国家，只有少数失业者能享受失业保险，并且这部分人的数量正在萎缩。同时，根据经济状况调查确定津贴的比例扩大了，还都附带了各种条件。

在美国，某人想要领取失业救济金，通常必须在他或她的上一份全职工作中至少待满一年。超过一半的失业者（2010年的比例为57%）不符合这个条件。实际情况要更糟，因为很多不符合条件的人完全退出了劳动力市场。也有2/3的申请者担心在找到工作之前，他们的申请资格就到期了。截至2010年，失业和就业不足群体的生存境况，比20世纪30年代以来的任何时候都要糟糕，每9个美国人中就有1人靠食品券生活。每6个在册的求职者抢1个职缺。金融危机前，平均只有1.7人应征一个职缺。此外，长期失业者人数占到了总人口的40%，远高于此前任何一次经济衰退期。这是自20世纪30年代经济大萧条以来，唯一一次把之前周期性上升的就业增长成果全部抹掉的一次衰退。

发达国家的工作制造机器如今也失灵了，这在2008年的金融危机发生前就已露出苗头。在美国，国内生产总值的增长在20世纪40年代至21世纪前十年期间放缓,就业增长率却下降更快。20世纪40年代,非农就业率增加了近40%,50年代的时候增速放慢,60年代又小幅回升,到了70年代降至28%,80年代和90年代就只有20%了。但在21世纪第一个十年,就业率不升反降0.8%。工作并没有"蒸发",只是全球市场正在抛弃美国就业者。

在全球化的劳动力市场中,经济衰退加速了朝不保夕群体的壮大。因为有了更多的临时工和其他不受保障的劳动者可以雇用,企业在衰退的第一阶段就有了更大的裁员空间。以前企业还能让大批员工暂时离职待业,等到需求回升的时候再让他们返岗开工,如今这种日子一去不复返。那些在边缘处境挣扎的人会最先失业。无奈,在经济衰退前他们就不在就业统计表上,危机后更不会出现在失业统计表上。这就解释了2008年金融危机后,为什么一些拥有大量地下工人和移民工人的欧洲国家,登记失业率仅小幅上升,就业率也只是略有下降。

企业利用经济衰退,将更多的劳动任务转移到朝不保夕者充沛的地区,并以其他方式重组用工结构,包括更多地依靠离境生产和离境外包。在美国,连续几次经济衰退之后,劳动力市场的复苏更加乏力,与此同时,长期失业率大幅上升。在20世纪70年代与80年代初的衰退之后,当经济复苏时,就业率立即显著回升。但当2008—2009年的衰退过后,经济复苏了一年多,职缺数量却毫无起色。实际上,处于"阳光地带"

（sunbelt）①的几个州甚至还开始裁员，让人担心这不过是一场"失业型复苏"（job-loss recovery）。

在德国，有的失业者干脆从该国消失。很多东欧人都返乡了，他们可以在本国获得社区福利，而且，来自欧盟成员国的身份可以让他们在德国的就业机会增加时再返回。相比之下，在美国失去不稳定工作的移民可不敢归乡，他们担心一回去，再来美国就会被禁止入境。但有悖常理的是，如果让移民的来去更自由一些，还可能帮助美国降低失业率。

总之，经济衰退会让更多人沦为朝不保夕者，部分原因是那些失业者再就业后，会滑入低收入者的行列。美国的研究（比如 Autor and Houseman, 2010）发现，失业后打零工，往往会降低人们的年收入和长期收入。这也导致许多失业者顶住压力，不愿被迫接受第一份送上门的工作。这不是因为懒惰或想当寄生虫，而是基于常识作出的选择。

与此同时，失业者已成为需要被特殊对待的群体。一切都要受合同约束的趋势已经延伸到他们身上。在有的国家，失业者被重新命名为"客户"，必须签订合同，接受某些义务，否则就要受到处罚。根据定义，我们几乎可以确定他们是被迫签字的。在这种情况下签订的合同在普通法中通常是无效的。之后我们再讨论这种做法的后果。

---

① 即阳光普照的地带，是20世纪70年代出现的概念，美国南部的一种新的统称，一般指北纬37度以南地区。除了气候条件比美国北方更适宜居住，该名称还有经济上的含义，意味着朝气蓬勃的工业发展和经济繁荣，人口增加，就业机会多，原有城市的扩大和新城市的兴起，等等。

失业者也经历着一种"第三产业化"的冲击。他们有多个"工作场所":职业介绍所、福利办公室、求职培训中心。将自己埋在大量"为获得工资的劳动"中,比如填表格、排队,还要在职业介绍所、找工作的路上、职业培训中心之间来回通勤,等等。失业简直就像一份全职工作,而且还具有弹性,因为每个人都必须随叫随到。政客们说失业者懒惰,大概以为失业者只是在电话的另一端,焦虑地啃着指甲,期待电话响起吧。

"不稳定劳动陷阱"

对那些徘徊在边缘处境的人来说,建立在不稳定劳动上的劳动力市场,它的交易成本很高昂。这些成本包括他们失业后申请失业救济金所需的时间,失业时损失的收入,找工作的时间和开销,学习新工作流程的时间和开销,以及为适应新的临时工作所需而调整工作以外日常活动的时间和开销。这些交易成本的总和,可能要比他们的预计收入还要可观。这就创造了所谓的"不稳定劳动陷阱"(precarity trap)。

英国就业协助公司里德好伙伴(Reed in Partnership)2010年的研究发现:获得一份工作的平均成本约为146英镑,包括服饰费、交通费、儿童看护费、培训费等,对于那些可能长期失业,或从事了一系列低工资临时工作的人来说,这可是相当大的一笔开销。这反而让临时低薪岗位产生了比长期岗位更高的收益,显示出"不稳定劳动陷阱"导致的消极作用要比过去人们重视的"贫困陷阱"(poverty trap)大得多。里德好伙伴的董事长表示:"我们帮助的那些人里,很大一部分连去面试的路费都支付不起。"

一直依靠打零工维生的人,生活境况充满风险。假如一位女士有一份临时工作,她根据工资来调整生活支出,使收支平衡。然后工作结束了,她的存款微薄,必须等上几周(可能还要等更久)才能获得政府发放的救济金。这段时间内,她只能调低生活水准,但还是要交房租,她因此不得不借贷或是背债。还有一个可能的因素是,打零工的人通常不会急于申请救济金,有时在陷入困境后才勉为其难去做这件事。结果,他们在亲戚、朋友和邻居间债台高筑,而这时放高利贷的人又在一旁潜伏。"不稳定劳动陷阱"变得更难以对付。

如果这位女士运气不错,她可能靠着政府救济金还清部分债务,舒缓财务困境。不过这时,她面前又有一份新的临时低薪工作。她在此刻犹豫了。有的救济金也只能持续发放一阵,因为政策想要"让拥有工作更划得来",并减少标准的"贫困陷阱"。但她知道,当这份工作也结束时,她将再次面临令人生畏的交易成本。现实是,她都无法负担这份工作,因为她不但会丧失就业期间的补贴,而且之后再要申领就必须负担额外的开销。"不稳定劳动陷阱"就是如此可怕。

社区支持的衰亡让这个陷阱变得更深。断断续续从事低薪临时工作的人,在国家福利和企业福利上两头落空,为解燃眉之急,耗光了家人朋友们的援助资源。缠身的债务和不良社会习气的搅和,比如吸毒和轻度犯罪(入店行窃),加剧了困境。他们还承受着不安全感带来的压力,舍弃尊严,不断向中介和潜在雇主推销自己，这又让他们的处境变得更糟。没有经济安全托底，弹性的劳动力市场势必产生这些结果。

金融危机

2008—2009年发生的金融雪崩在给失业者带来了重大的长期变化之外，还迫使企业通过弹性手段削减劳动力成本，促使政府出台鼓励弹性的政策，这也加速了全球朝不保夕群体的壮大。

可想而知，金融危机一来，朝不保夕者首当其冲。临时雇员最容易成为裁员对象，企业只要不和他们续签劳动合同就行。世界第二大人力资源公司任仕达（Randstad）报告称，2008年欧洲各地的就业率大幅下降，原因是企业裁员的力度比以往任何一次经济衰退时期更大。但随着经济衰退的持续，这显然也是壮大朝不保夕群体的杠杆。全球最大的临时劳务中介机构德科公司的报告称，经济衰退后重新增长的就业机会主要集中在临时劳动上（Simonian, 2010）。

在英国，金融危机的影响很显著，企业在职员工的数量下降，而自雇职业者的数量变化不大。在经济衰退的第一年，全职工作减少了65万份，而兼职工作增加了8万份，28万名兼职劳动者说他们无法找到全职工作。失业率攀升的速度比就业率下降的速度更快，主要由于新参加工作的年轻劳动力涌入市场以及因养老金和存款减少，重返职场的老年劳动者推高了劳动参与率。

在美国,企业应对金融危机的方式是裁减长聘员工,并通过技术变革和外包来代替一部分人力,某种程度上是要避免支付重复裁员的成本。2010年的一项调查指出,金融危机开始以来,美国减少的840万个工作岗位中至少1/4的岗位一去不复返了(Izzo, 2010)。

裁员后,劳动生产力反而骤升。人们认为,这是雇主为压抑新的职缺而迫使现有员工付出更多劳动所致。但这可能只反映了事情的一面,因为金融危机加速了离境外包的进程,企业也采用了更多"影子劳动力"。比如,连法律工作的外包都流行起来。在这个新兴市场,总部位于印度的领头羊企业潘吉雅3(Pangea3)在一年内实现了收入翻番。当英美律师事务所陷入困境,纷纷缩招、裁员或让律师们强制休假时,因为外包的流行,经济衰退反而为印度的律师带来了工作机会。

一般而言,严重的经济衰退会缓和不平等状况,但这一次,社会整体和一些特定行业内部的收入差距持续拉大。相应的,这场危机导致顶级律师事务所和其他同业之间的财富分配日益不均。精英阶级一方面通过解雇部分白领领薪阶级并限制其他人的晋升机会来保护自己的收入和地位,另一方面增加了法务助理的数量,让他们面对各种不安全性。头部的金融和经济服务公司也从阶层分化中获益,因为在缺乏安全感的年代,大家为了规避风险,总会选择和有名望的大型公司做生意。尽管法律行业正在经历最为深刻的重整,但其他行业的变革方向也相同,受保障的业内人士日益减少,而越来越多的人从事着缺乏安全性和职业发展机会的工作。

在美国，越来越多的劳动者要么离职待业，要么被迫无薪休假，同时也有更多的人被要求无偿加班。2010年，美国有20个州要求职工不拿工资去休假，超过20万名公共部门劳动者每周都这样"休假"。比如他们经常在周五"被放假"，对很多人来说，尽管收入减少了，但这也是一种解放，让他们有更多时间与家人待在一起，"周五无薪假"也因此变成美国生活的重要组成部分。但这也是将员工推出白领领薪阶级舒适区的一步。

无薪休假在欧洲也颇为流行。一家英国大企业要求员工一年休两周的无薪假，这一制度覆盖了95%的员工。其他企业干脆放假两个月，支付一半工资。英国航空公司为所有员工提供兼职工作的机会，很多人不但欣然接受，还在空闲时间从事慈善活动。一个名为"人生导师"的新型职业应运而生，教人如何重新安排自己的生活。

2009年，西班牙对外银行（BBVA）提出一项计划，让员工至多可离职五年，其间为他们发放正常工资的30%。这样，平均每人至少可以拿到1.2万英镑，而且照常享受医保。这家银行宁愿这样做，也不愿支付遣散费，这笔钱是根据"1年工龄等于6周的工资"来计算的。它承认，许多员工返岗后可能会面临重新适应的困难，但那毕竟是很久以后的问题了。

另一个国家的另一家银行更是让我们看到了2008年金融危机之后，企业对待白领领薪阶级和朝不保夕群体的两副面孔。为了应对银行业危机，尽管劳埃德银行集团得到英国政府的大量补贴，但它还是裁员超过2万人。在2010年10月，这家公司还宣布"通过大幅削减临时工和合同工，减轻了危机对长聘员工的影响"。可想而知，下一次银行业再遭遇冲击时，会有更多的临时工和其他劳动者被轻易地用后即弃。

公共部门的消解

朝不保夕者的最后一片阵地是公共部门，长期以来公共部门都是劳动规范和稳定就业的先锋。在大量的政府补贴下，公共部门员工享有高额社会收入，但必须遵守官僚体制的规范和公务伦理。

几代人以来，尽管公务员的工资从未达到过私营商业部门的超高标准，但公务员的工作还是很稳定的，即便有时会有职位变动，但仍然拥有依据标准发放的养老金和医保，等等。但当公务员们执行着上级的指示，将私营劳动力市场变得越来越富有弹性之时，他们所特有的安全性和社会其余部门之间的差距也越来越明显。公共部门本身也迟早要成为弹性改革的主要目标。2008年金融危机时这种冲击就已显现，只是就业保障被侵蚀其实从很早前就开始了。

公职体系的改变，始于政府将公共服务商业化、私营化和外包。工资较低、福利较少的临时雇员和兼职雇员悄然出现在政府部门中。世界各地的政府随之开始对自己人采取行动。他们一边宣布公务员的养老金"政府无法负担"又"高得不公平";一边以私营部门也削减工资为由,削减公务员的工资。但这种做法并未改善由财政刺激方案、量化宽松政策和补贴所导致的公共财政大量赤字。公共部门的用人成本并不是政府财政吃紧的原因,但在削减开支时很容易变成靶子。而自身难保的私营部门只会作壁上观,不会和前者团结起来。金融市场坚持政府削减公共开支是走在"正确的道路上"。公共部门中的白领领薪阶级因此逐渐消失。

在全球范围内,公共部门正在沦为朝不保夕群体的重灾区。其中,美国最为严重,新自由主义的经济狂热在美国掀起了巨大的财政风暴。各个城市的地方政府都被财政政策紧紧捆住手脚,这种政策要求实行低税收的"平衡预算"制度,各个城市随之陷入长期债务的困境。多年来,当私营部门遭遇工资下降和福利缩水的冲击,公务员则通过工会和集体协商捍卫了自己的工资水平。这些工会如今依然强大。2008年,公务员中工会成员的比例是37%,和1980年相当;而私营部门里这个比例已经从20%降到了7%。2009年,在全国工会的成员中,公务员的比例更是首次超过一半。工会极大地保护了自己的成员,但公私部门之间日益扩大的不平等加剧了社会的怨恨情绪。

经济危机被当成强化功能上的弹性的契机,从而削弱了公务员的岗位安全。政府长官开始要求公务员做一些本不属于分内的工作。阿肯色州的一位市政官员得意扬扬地表示:"我把更多的钱花在更少的人身上,用更多的任务让他们发挥最大的作用。"(Bullock, 2009)他让法院书记员负责市场营销和管理网站,让消防员兼开救护车,还多花一点钱请自来水处理厂的工人帮卡车司机代班。一项针对各个城乡的调查显示，很多地方政府正盘算着以经济危机为由，用类似的方式来重新安排公务工作。

在各地，政治右翼都抓住经济衰退大做文章，加大力度削减公共部门的工资、福利和雇佣安全。《经济学人》对美国的评论就是典型的例子（2009），它说"公务员被宠坏了"，理由是，他们的平均收入比私营部门的劳动者高出21%，享有医保的机会也要高出24%。大约84%的联邦政府和地方政府工作人员仍然在养老金固定收益计划的保障下，确保他们的退休收入与工龄和退休前的工资水平挂钩。相比之下，只有21%的私营部门劳动者拥有这个待遇。我们可以说这个现象显示私营部门变得多么吝啬，但也可以由此看出，精英阶级、私企的白领领薪阶级和普通人之间的收入差距到底有多大。

公务员的养老金如今也可能大幅缩水，这也让他们下一代的收入前景更不明朗。美国的现状再次不容乐观。美国州政府预算协会警告，养老金的债务问题将使美国各州面临巨额预算赤字。媒体经常报道一些前高级公务员靠养老金过着优渥的生活，这让那些反对公共部门的批评者更加斗志昂扬。

美国的矛盾只是问题的开端。2008年后，各工业化国家都把削减公共部门人数当作结构调整的方式之一。2004—2009年，在中右翼①政府的领导下，希腊已经很臃肿的公共部门又

---

① 通常指政治观点在政治光谱上横跨中间派与右派，但不包括极右派立场的个人、组织或政党。中右翼支持市场经济、资本主义、私有财产权以及部分形式的福利国家。

第二章　为什么朝不保夕群体在壮大？

增加了7.5万名公务员。2010年希腊政府破产，这些工薪公务员被大规模裁员，喂养出一批希腊的朝不保夕者。政府还宣布，它将"移除"进入某些专门行业的门槛，降低专业技术人员的工资，以减少公共支出。在意大利，公务员的压力倍增。2009年10月，4万名警察在罗马街头游行，要求提高工资和采购新的警车。由于政府已停止雇用新警员，意大利警察的平均年龄已提高至45岁。无独有偶，数百万公务员正在失去雇佣安全。2010年2月，在葡萄牙，5万名公务员上街抗议工资停滞不前，但政府却对此置若罔闻，继续缩小公共服务的规模。2010年底，爱尔兰政府被迫接受欧元区的紧急财政援助，公共部门来之不易的斗争成果（包括一些已经有点不合时宜的津贴）在几个月内就被剥夺殆尽。

无论在英国还是美国，2008年前的十年里，2/3的新增就业岗位来自公共部门。政府一旦让这些公务员回家，就会改变公私部门间就业人数的比例，制造更多朝不保夕者。但政府正借此机会引入私营力量、将任务外包、改用更多临时工，把更多的公共部门变成朝不保夕者聚集的地带。

将更多的服务责任转交给公民社会或非政府组织，也是对公共部门釜底抽薪的方式之一。在英国，这方式表现为弱化"大国家"（Big State），创造"大社会"（Big Society）[1]。但其实，这只是在把专业技术人员的任务转交给那些签订不稳定合

---

[1] 英国前首相卡梅伦提出的一项社会改革计划，主张从政治家手中拿走权力，并将之交给公众。

同的人和"志愿者",是一种以低廉价格获得服务的做法。主要的雇主变成了那些以慈善机构的名义注册的实体,2009年时这些机构就有46.4万名全职员工了。这些员工一半以上的收入来自和政府签订的公共服务合同。但这些慈善机构员工的收入并不高,合同也不稳定。很多机构靠私人捐赠者的捐款来维持运营,让社会服务变得更加廉价,破坏了公共部门的交易价格,还合法化了与"志愿者"糟糕的合同关系。这使得公共服务在经济衰退时期特别脆弱。当捐款耗尽,这些"准公务员"可能会发现自己濒临朝不保夕的处境。随着经济衰退更为严重,很多人只能去超市打工,这种事已经司空见惯。事实上,将公共服务外包,除了壮大朝不保夕群体,并削弱小型慈善机构。

同时,政府对待公务员的方式也越来越像商业公司的做法,开始追求功能上的弹性和雇佣弹性。比如,为节省办公室空间,它们把工作任务打散并增加其弹性。美国于2000年颁布了一项责成联邦政府及其下属机构制定远程工作政策的法律。截至2006年,14万名联邦政府雇员(占总人数的19%)在其他工作场所工作。这就是"不稳定化",将员工孤立起来,限制了他们采取集体行动的空间和机会。

2009年,2.4万名(占总人数的10%)西班牙公务员可以在家处理部分公务,他们去办公室的时间是全部劳动时间的一半。意大利公务员因为旷工而"臭名远扬",于是政府也引入了远程工作方式。英国的温彻斯特市议会率先尝鲜,将四个办公地点浓缩为两个,上线了网上预约系统,让公务员们可以预订自己认为合适的办公空间或会议室。不过，这种"共享办公桌"（hot desking）制度让办公室失去了人情味，因为它不再是"我的办公室"了。这种做法对公务员的心理产生的影响很有意思，无论是对企业或组织而言，还是对劳动者来说，当工作场所越来越被视为工具，人们对它的依附感也随之降低，不再把它当作需要去捍卫的一种实体。

一言以蔽之，公共部门长期以来一直是白领领薪阶级的堡垒、体面劳动标准的制定者，如今正在被迅速改造成一片充满弹性、孕育朝不保夕者的场域。

补贴国家：朝不保夕者的毒药

全球化还有一个不太引人注意的方面：补贴越来越普遍。这可能是经济史上最伟大的"骗局"之一，因为很多补贴以"减免税""免税期""税收抵免"的形式流向了资本家和高收入者。比如，如果英国的某位富人希望少缴一点所得税，他只需将钱转到个人养老金计划中，那么这笔钱就不是"现在的"收入了，这样能为他省下40%的税，而朝不保夕者几乎没这样的机会。

想想2008年金融危机之后发生了什么。根据英格兰银行的说法，2008—2009年，全球用于支持银行的干预性支出总额高达14万亿美元。这可能还低估了实际情况。与此同时，在企业的狂热游说下，西方各国政府推出了各种补贴计划，我们将这种情况称为"补贴保护主义"（subsidy protectionism）真是恰如其分。美国的通用汽车公司就是如此，此前这家企业放任金融投机行为，搞砸了业绩，还宣布要消费这些补贴，并把产能和工作岗位转移到政府补贴最多的地方去。

补贴成了产业政策的一部分，但一般都是给"赢家"撑腰的。实际上，这些钱被用来支持迫于压力的大企业或部门，保护某些重要的政治票仓所在的经济结构。但是补贴却无法阻挡国际间的劳动力再分工，因为工作机会从高成本国家转移到了低成本、高生产率的地区。尽管补贴也许能维持一些传统形态的就业关系，但这种政策的代价是牺牲了其他工作所能获得的支持，几乎没有惠及社会上最缺乏安全感的群体。

2008—2009年金融危机期间，政府利用补贴刺激汽车销售，结果帮助了汽车买家和汽车工人，其他工人则与此无关。这两个群体当然不是最贫穷的和生活境况最不稳定的人。从环保的角度来看，这种补贴方式鼓励消耗资源，违背资源保护精神。此外，还有为企业福利设立的补贴，提供低生产率服务的劳动者一般不符合发放标准，这就降低了企业对他们的需求。以及，正如下文所示，对年轻人而言，企业福利是一种负担，因为老年人和移民不需要这些补贴就愿意工作。

各类劳动补贴，比如收入所得税抵免和边际就业补贴[①]，实际上也是对资本的补贴，让企业获益更多并降低薪资水平。

[①] 某些雇主因创造超过某一基准线的额外就业机会所获得的补贴。该补贴以较低的财政成本为所有劳动者提供更大的就业刺激。

就经济公平和社会公正而言，这些做法都没有正当性。税收抵免是劳动补贴的主要方式，它的基本原理是：发达国家的穷人和受教育程度较低的人面临着来自发展中国家低成本劳动力的激烈竞争，政府需要对本国低收入群体进行补贴，让他们获得合理的收入。虽然这些补贴是为了抵消工资不平等，却在实质上鼓励了低薪不稳定工作的增长和继续存在。通过将工资增加到员工基本生活所需的水平，税收抵免减轻了雇主的压力，让他们继续压低薪资水平。采用廉价劳动力也意味着企业在提高效率上得过且过。税收抵免和其他劳动补贴简直就是21世纪的斯宾汉姆兰（Speenhamland）体系①，这是一个1795年伯克郡地主想出来的补贴办法，因导致整个英格兰农村的贫困化而臭名昭著。

问题是人们至今还没有意识到劳动补贴的天真之处。随着其他新兴市场加入"中印"的阵营，工资的下行压力也在增大，仅仅为了维持现状，那些实行税收抵免的政府就已经很费力了。一位《金融时报》的高层虽然没有直接点出结论，却曾这样说道（2010a）：

> 如果英国继续提供慷慨的福利体系，而底层劳动者的工资增长停滞不前，低收入劳动者可能很快

---

① 18世纪下半叶在英国部分地区实行的一种家庭补贴法，规定对于工资低于最低工资标准的工人，由教区按面包价格和一个成年男子赡养的人口数予以补贴，倡导公平收入，体现了社会平等、互助互济的思想。但其目的是阻止劳动力流动、维护社会秩序，因此也有学者认为该补贴法是遏制自由经济的一种倒退。

就会发现，靠领取补贴过活也没有比出门工作差到哪里去。为了让工作更划得来，政府又不得不通过税收抵免体系来提高对工资的补贴。

他还补充说，为控制上涨的成本，政府必须制定更严格的规则，决定补贴申领资格人选。政府也的确迅速将其付诸实践。

在金融危机的一年之内，16个经合组织国家开始引入工资补贴、新聘员工奖励或是公共工程建设岗位，以此扼制失业率的上升。西班牙推出了庞大的公共工程计划，英国则提出"金色见面礼"（golden hellos）[①]方案，如果企业雇用失业超过六个月的人员，就可领取高达2500英镑的奖励。根据人头计算，每招工一人，政府补贴1000英镑，再追加1500英镑的培训费用。这种政策一方面让企业扩大雇用临时工的规模，另一方面诱使雇主解雇现有员工、招聘更多新人取代老员工，从而壮大朝不保夕群体。韩国也推行了一项用人补贴政策，如果新员工同意薪资冻涨、放弃劳资协商的权利，政府就补贴他们一笔相当于老员工工资2/3的钱，结果加剧了职场的阶层分化。在美国，奥巴马政府于2010年成功实施了一项130亿美元的计划，企业聘用失业的求职者就可以享受税收抵免。机会主义的雇主们很快就会想出如何用快速换人获益的方式。

其他国家更青睐主要针对制造业的短期补贴方案，制造业

[①] 通常指提供给企业高管的奖金，即鼓励他们从竞争对手的公司转会，新公司则在他们加入时一次性给付的现金。

的雇主可以申请临时援助来补贴正式员工的工资。截至2010年，21个欧盟国家都推行短期工作计划，覆盖范围超过240万名劳动者。德国的短工制度就雇用了150万名劳动者，对他们的工资补贴被延长到超过2年，金额相当于因工作时间短而造成的60%的收入损失，该模式被其他国家效仿，比如荷兰。在美国，包括加州的17个州暂时减免了工资税，还为那些被迫从事兼职工作的人提供了失业津贴。

短工补贴的运作机制和其他任何形式的劳动补贴别无二致，它具有道德风险，最后可能反倒奖励了磨洋工和表现不佳的行为。它还扭曲了市场，阻碍就业机会向生产率更高的领域迁移。有人为补贴政策辩解，说它"保住了人们的饭碗，也就保住了人们的工作技能"，并降低了经济衰退的社会成本（Atkins, 2009），但实际上，补贴政策捆住了人们学习新本领的手脚，阻碍了人们更好地利用既有的资源。

配上政府补贴的短工制度，让雇主更容易解聘全职员工，改用拿着补贴从事兼职工作的朝不保夕者。因为大部分短工补贴的持续时间有限，只能让很多人在完全失业前得以苟延残喘一阵。

不过，这种骗局无法糊弄人们太久，这大概是补贴政策最具讽刺意味的地方。它一边让传统岗位存续，一边鼓励企业大量聘用临时工，用饮鸩止渴的方式使朝不保夕群体迅速膨胀，结出的苦果还要所有人来品尝。一位刚刚沦为朝不保夕者并已不抱幻想的韩国人这样说道："即便我用这种办法找到一份工作，也就只能做几个月，那段时间我经常会觉得自己像个可怜

又多余的人，靠其他人施舍过活。"（Choe, 2009）

影子经济

　　此外，还有一个壮大朝不保夕群体的因素。它拥有好几个名字，诸如：影子经济（shadow economy）、灰色经济（grey economy）或是非法经济（black economy）。我们有很多理由相信影子经济正在增长，而且被既有统计数据低估。去工业化进程和数量上的弹性的增加对此都起到了一定的作用，因为工作机会会从大型工厂和办公大楼转移出来，使得"点点头、握个手"就能建立的非正式雇佣关系更易发生也更难被察觉。此外，这和福利国家不断改弦更张也有关，社会团结正在瓦解，累进直接税制和社会保险制度的力量也正在减弱。

　　无论原因为何，面对剥削和压迫，很多朝不保夕者就是在影子经济中存活下来的。奥地利林茨大学经济学者弗里德里希·施耐德（Friedrich Schneider）的一项研究（《经济学人》，2010b）估计，非正规经济的产值占到希腊国内生产总值的1/4以上，占意大利、西班牙和葡萄牙国内生产总值的20%以上，这个数字在德国、法国和英国也超过了10%。他把很多逃税行为都归为"抗税"。他认为，如果人们觉得自己没有从国家提供的服务中获得什么好处，他们就更不愿意纳税了。因此，裁减公共服务以降低预算赤字，可能会鼓励更严重的抗税行为，抵消用节流来应对赤字的效果。

在经济相对景气的时期，比如2008年经济危机之前，考虑到影子经济的规模，以及社会需要影子劳动充当一种缓冲剂，可能有相当多实际发生的劳动不被记录在案。因此，纸面上糟糕的就业增长数据可能会有一定误导性。同样，经济一旦不景气，最先遭殃的也是影子劳动者，尤其是那些影子经济中没有资格享受政府补贴的人，因为他们不会被纳入统计数据之中。这就给人制造了一种印象：就业率并没有大幅下滑，失业率也没有大幅上升。

这和现有数据一致。这次经济衰退的前两年，整个欧洲就业率的下挫幅度仅为经济萎缩幅度的1/3。2010年，西班牙登记在案的失业人数已超过450万，远超工会成员或其他人士预估的将会引发社会暴动的门槛，然而却没有任何暴动发生。有的观察家认为，这可能是因为社会对失业历来比较宽容，以及家族人际网络能够提供社区福利。其他人则认为，这和蓬勃发展的影子经济关系更大。该国税务稽查员工会格斯塔（Gestha）估计，影子经济产值占到西班牙国内生产总值的23%以上，而且当国内生产总值大幅缩水之际，这个比例反而更高。

全球化开放市场经济的典型特征就是非正式合同、兼职、临时工作、以项目为导向和大量个人化的服务，这些特征无疑有利于影子劳动的发展。这不是反常现象，而是全球市场体系的一部分。

社会流动性的下降

最后,也最能说明问题的是,劳动过程全球化之后的分层特征,使得向上进行社会流动的可能性降低,这也是朝不保夕者的困境之一。正如丹尼尔·科恩(Daniel Cohen, 2009: 19)在谈及法国(和欧洲)劳动者时所言,如今很少有人能晋升到中层管理岗位,而且"现在更有可能一辈子都待在工资水平最低的层级"。在英国,社会流动性也在下降,这与不平等程度的加深有关。工党政府执政时期的国家平等小组披露,到2010年,出身贫穷的孩子提升社会阶层的难度,比20世纪50年代以来的任何时候都大(Wilkinson and Pickett, 2009)。与1958年出生的人相比,1970年出生的人提升社会地位的可能性更小。阶级的重要性可见一斑。

最让人侧目的是,美国一直标榜自己有着举世无双的向上流动机会,但其实美国社会流动性的下降已持续多年。按照国际标准,美国的代际流动性也很低(Sawhill and Haskins, 2009)。在美国,出身社会最底层和最上层家庭的1/5的小孩,比英国的同龄人更有可能停留在原来的位置上,这个概率远高于瑞典和丹麦。随着不平等程度飙至新高,社会流动性下降,新自由主义经济和社会模型显然没能兑现它所描绘的蓝图:基于个人能力和业绩促进社会流动。

社会流动性降低的原因之一是中等收入工作的减少。比如在英国，1979—1999年，收入位于全国前10%的工作岗位数量增加了近80%，收入位于全国第二个十分位的岗位增加了25%，而收入位于全国最低两个十分位的职位也在增多（Goos and Manning, 2007）。不过，收入位于全国中间六个十分位的岗位则在萎缩。这个趋势在很多国家都出现过，意味着中产阶级的收入安全正在消失，他们承受着压力和焦虑，眼看着被推进朝不保夕的境况。

本章小结

全球化时代存在一种粗糙的社会契约：劳动者被要求接受弹性劳动以保住工作岗位，大多数人的生活水平因此提高。但这是一桩浮士德式的交易，任凭人们以消费超过收入，工资远超实际贡献的状态维持生活水平。后者助长了低效，扭曲了市场，前者则让大量的人背负各种眼花缭乱的债务。长此以往，魔鬼来讨债是迟早的事。对很多人来说，2008年的金融危机就是这样的时刻，人们的收入锐减，根本无法偿还之前被诱使而承担的债务。于是，朝不保夕群体又迎来了一批新成员。

全球化时代结束时，这种社会契约也破裂了。雇主们都想轻装简行，劳动者们则背负更大压力、不安全感倍增并产生心理疏离。在许多国家，与工作相关的自杀事件增加，无论是法国、日本，还是身为社会民主圣地的北欧诸国。在美国，此类事件在一年内骤增28%。与此同时，根据美国工作与生活政策中心这家咨询公司的数据，对雇主有忠诚感的员工比例从95%降至39%，信任雇主的员工比例从79%降至22%。在朝不保夕者大行其道的年代，忠诚与信任都变得飘忽且脆弱。

行文至此，朝不保夕群体为何在不断壮大，想必读者应该心中了然。这一群体的规模越大，与社会越是格格不入，各种不良后果的征兆也就越是明显。社会病、各种成瘾行为和担心生活失范的焦虑都是从安全感的丧失中滋生的。监狱里逐渐人满为患。"罗宾汉帮"也失去了幽默感。黑暗势力在政治场域中蔓延。这些问题我们之后再作讨论，在此之前，我们将讨论哪些人正在沦为朝不保夕者，在这些全球市场社会的关键资产身上，正在发生着什么。

第三章 谁在加入朝不保夕群体?

谁在加入朝不保夕群体？这个问题的答案之一是："每个人。"一旦发生一场事故，或是一次经济危机摧毁了很多人赖以生存的安全感，大多数人都有可能沦为朝不保夕者。换言之，我们要记住，朝不保夕群体不仅包括这些遭受厄运的人。有些人沦为朝不保夕者，是因为不想用其他方式生活，有些则是因为在自己的处境下，已经别无选择。简言之，朝不保夕者多种多样。

有些人因灾祸或失败沦落至此；有些人受情势所迫；有些人则希望朝不保夕是通往别处的垫脚石，即便它无法提供一条直接的道路；有些人还是带着工具理性暂时蛰伏于此（包括老年人和学生，他们只是想赚点钱或累积一点经验）；还有些人将这种生存方式和其他活动相结合。这种现象在日本越来越普遍了。不过还有好些人不是这样，他们发现，自己从事了很多年的工作，或是接受培训准备去做的事情，突然在某一天变成不安全的朝不保夕生存境况。

为了检视那些极易沦为朝不保夕者的群体，本章主要从人口统计学的角度出发大致勾勒他们的面貌，第四章则主要讨论移民。朝不保夕群体的人口统计特征可以简单地在女性和男性之间、年轻人与老年人之间进行比较。在每一个朝不保夕者的子群体中，都有"笑嘻嘻的人"（grinners），他们满心欢喜地从事朝不保夕的工作；也有"牢骚满腹的人"（groaners），他们别无选择，只能接受这些工作。年轻人中，"笑嘻嘻的人"很多都是学生和旅行的背包客，乐于从事没有长远未来的临时工作；"牢骚满腹的人"则是那些无法通过学徒制或其他方式进入劳动力市场的人，或者是还需要与"更廉价"且不需要企业福利的老年人抢饭碗的人。

在老年人群体中，"笑嘻嘻的人"是那些养老金够用、拥有医疗保障，为了老有所乐或赚点外快而打零工的人；"牢骚满腹的人"则是那些养老金捉襟见肘的人，被迫与"更有活力的年轻人"和"条件稍好的老年人"竞争。在女性群体中，"笑嘻嘻的人"包括那些伴侣是拥有稳定薪资的白领领薪阶级，只把自己的工作当副业的人；"牢骚满腹的人"则既包括必须自己赚钱谋生的单身者，也有那些既要育儿、又要照顾长辈、同时还要工作的肩负"三重重担"的人。在男性群体中，"笑嘻嘻的人"是那些伴侣收入还不错的人；"牢骚满腹的人"则包括只能从事不稳定工作养活自己的单身汉。

女性：谋生方式的女性化？

在全球化时代早期，女性开始普遍进入各个职场，这是劳动力女性化（feminisation of labour）的全球性趋势（Standing,

1989, 1999a）。此处的女性化有双重含义：一方面，越来越多的女性步入职场；另一方面，女性能够胜任的、有弹性的岗位日益增加。这个趋势反映出劳动的非正规化、服务性工作的增长，以及在出口加工区使用年轻女性工人的现象。劳动力女性化并不表示世界各地女性的收入或工作条件得到改善。事实上，尽管男女同工不同酬的问题和社会收入不平等现象在全球某些地方得到了些许改观，但总体上这个问题依然存在。

某些工作岗位的增加导致了市场对女性用工需求的提高，男性则被丢到过去一般是留给女性的不稳定低薪岗位中。如果弹性劳动就是要人们从事更多短期工作，那么聘用那些被认为能做出长期承诺的男性（他们也未必能）就没有什么额外的价值了。尽管雇主会担心女性的非工资成本较高，她们可能会怀孕，或为了育儿而离开工作，但如果工作本身就只能存在几个月，双方的约定本来就没有什么约束力，续聘与否取决于浮动的需求，以及间歇性工作也不会增加成本的话，那么这种担忧就不那么重要了。

在全球化时代，发展中国家"出口导向型"的工业化进程，都很无耻地将年轻女性当成朝不保夕者组织起来，动员她们为微薄的工资而劳动，而且她们无法长期工作下去。此外，还有很多其他因素促成了双重意义上的劳动力女性化。一个是"家庭工资"（family wage）的消亡，这是工业时代的特征之一，也是资本家和工人阶级之间的契约。工业无产阶级希望男性工人的工资足以养活一个核心家庭，而不只是喂饱自己。如今，这条规矩已经不复存在。"个别化"的工资有利于女性就业，也让男性在和企业协商薪资时越发无力，因为女性并不指望取得一份足以养家的家庭工资。

另外，很多劳动力都被服务业吸纳，从事体力工作的能力没有用武之地，长期的学徒式训练并非常态。政治因素也对此推波助澜。在20世纪80年代，社会民主议程势头不再，最明显的是，焦点议题从社会**平等**（equality）转向了社会**公平**（equity）。改革的优先目标是减少歧视和男女同工不同酬的现象，结构性不平等问题则被搁置一旁。一些旨在促进社会公平的措施反而加剧了不平等。那些反歧视法律往往没有考虑到社会平等问题，其惠及的主要是具有地位优势的女性，而非社会中的弱势女性。

无论谁是因、谁是果，女性在劳动力市场上的地位日益重要，与朝不保夕群体的壮大同步发生。在不稳定岗位上的女性人数超出了正常比例，和男性相比，她们更有可能签订短期合同，或在没有劳动合同的情况下工作。这不仅发生在欧洲和北美，在日本也是如此，劳动非正规化的同时，越来越多的女性成为劳动人口。2008年，超过一半的日本女性从事的都是不稳定工作，相比之下，只有不到1/5的日本男性从事这类工作。在韩国，从事不稳定工作的比例，女性为57%，男性为35%。

日本是个极端的案例。这个国家的性别不平等文化古已有之，让该国的朝不保夕者呈现出性别化的特点，大量女性都集中在临时的、低生产率的岗位上，导致日本成为工业国中男女工资差距最大的国家之一。2010年，44%的日本女性员工领到的工资低于最低工资标准。越来越多的女性从事临时工作也让这个问题更加严重。在正式（终身）岗位中，女性的工资只有男性的68%，但在临时岗位中，她们的工资还不到男性的一半。因此，这个趋势造成了双重不利影响。更不公平的是，很多日本女性被安排去从事照料老人的工作，这一行的工资更是低得可怜。

这个现象凸显了21世纪的一个挑战。在全球劳动力女性化的进程中，越来越多的女性经历了"三重重担"。社会普遍期望她们照顾小孩和家庭；又想要她们进入劳动力市场，养活家庭；最好也由她们来赡养越来越多的老年亲属。

长久以来，女性一直承担着大部分的照料工作，而这些工作往往不被反映在经济统计数据和社会政策中。这在20世纪达到了最为荒谬的地步，那时候照料工作根本就不被认为是一种工作。某些关于解放的论调更是毫无建树。在某些人看来，照料工作大部分都发生在家庭内部，属于私人领域，而劳动属于公共领域。既然进入公共领域被视为一种解放，随之而来的是，让更多女性进入职场，无论她们做什么工作，都将是一种解放。于是，女性的劳动参与率成了衡量解放的指标之一（Sen, 1999）。

对于那些受过良好教育，能在职场找到一份有事业前途工作的中产阶级女性来说，这种说法没有问题。但大多数女性只是在流水线上做重复劳动，在昏暗的地下纺织厂没日没夜地缝纫，或枯坐在结账柜台前，需要等待很长时间才能轮班，对她们而言，这些工作和解放几乎无关。女性还要在她们的闲暇时间里照看小孩和老人，这种工作其实是在让她们背负"三重重担"。

女性出门工作确实也有所得，但也有其代价。虽然男性也在一定程度上分担这些代价，但主要还是由女性支付。女性的工作大部分都是兼职的、临时的，或没有前途和毫无职业发展前景的。但是，政府却鼓励女性从事这些工作。

在英国，超过40%的就业女性从事的是兼职工作，她们的时薪远低于全职工作者。2009年，政府提议要发放补贴，"帮助"从事全职工作的女性转为从事兼职工作，鼓励弹性工作制度。他们还建立了一个全国性的兼职工作数据库，瞄准那些寻求"重返工作岗位"的全职妈妈，甚至公布了一些计划，让家中孩子尚小的单亲家长去找工作。

在德、法两国，女性工作者占所有兼职工作者的80%，但是她们的收入却比男性少了1/4。带孩子的妈妈白天要接送孩子上下学，还要买菜，社会上的日托机构供不应求，她们要从事全职工作十分困难。默克尔政府推行了"育儿薪酬"（parents' pay）方案，这是一项和家长收入挂钩的育儿补贴，让父母双方中的一方可以至多请12个月的假期回家照顾小孩。但是政府里的保守派坚持主张，应该新增一项名为照料津贴（Betreuungsgeld）的福利来加强对儿童的日间看护，只有留在家里照顾孩子的妈妈才能领到这笔钱。但这违反了公平原则，实际上是在实施行为限定（behavioural conditionality），惩罚了那些想要或必须兼顾工作与育儿的母亲。

在大量女性沦为朝不保夕者之际，她们不仅依然要承担儿童照料者的传统角色，还要接手赡养老年亲属的新任务，更有越来越多的女性还成了家里的主要经济支柱。原因不只是单亲妈妈或是独居母亲越来越多,性别角色如今也在翻转。在美国,女性的受教育水平相对男性来说提高了,在30—44岁的人群中,女大学毕业生多于男大学毕业生。20世纪70年代,只有4%的已婚女性比她们的丈夫挣得多,如今这个比例则达到1/5以上。随着越来越多的人结婚也要求学历的"门当户对",高收入男性更有可能与高收入女性结合,这就加剧了家庭间的收入差距。不过,尽管聚光灯总是照在"养家的太太"(breadwinners)身上,但是比丈夫挣得多的女性其实更容易出现在低收入家庭里,她们当中的许多人都是朝不保夕者。

在英国,"养家的太太"崛起也与越来越多男性离开职场,或是不再追求那些没有前途的事业,回家当起家庭主夫有关。20世纪60年代,在16—60岁的女性中,只有4%的人收入高于她们的伴侣。但到了2009年,这个数字和美国差不多了,达到了1/5,也就是有270万人是"养家的太太"(National Equality Panel, 2010)。约21.4万名男士报告称,他们之所以不出门工作,是因为要照顾家人或是做家务,这个数字在十五年里跃升了80%。与此同时,持有这种观点的女性人数从270万降至200万,减少了1/4。一个经常向政府施加压力的团体——英国"父职研究所"(Fatherhood Institute)的执行长罗伯·威廉姆斯(Rob Williams)表示:"现在还把自己当作家庭经济支柱的男性正在减少。20世纪70年代以来,男性变得更加注重平等,越来越多的男性打算放弃在职场上继续打拼,希望花更多时间陪伴孩子。"(Barrow, 2010)

不过,很多性别角色翻转其实是迫不得已。每当发生连续性的经济衰退,男性失业率总是超过女性失业率,而职场中的女性比例也相应有所增加。当然,2008年经济危机后的衰退,把我们带到了一个历史上前所未有的时刻:2010年,美国女性首次拥有职场工作的半壁江山。

因此,这次经济大衰退也被人们称为"男性的大衰退"(mancession)。随着核心(产业工人阶级)工作岗位的消失,失业者绝大部分是男性。2009年,有工作的美国男性跌破70%,创下1948年有记录以来的最低水平。到2010年,美国25—55岁的男性中有1/5的人处于无业状态。而在20世纪60年代,这个年龄段的男性中,95%都有工作。在欧盟,自2000年以来新产生的工作岗位,3/4都是由女性担任。

讽刺的是,随着女性越来越多地公开参与经济活动,她们对突然失业的恐惧也与日俱增,这是由多重不稳定性带来的,还被冠上了一个令人不寒而栗的名字:"流浪妇综合征"(bag lady syndrome),因担心失业而流落街头。2006年,一项人寿保险调查显示,90%的美国女性缺乏经济安全,近一半的人说她们"非常害怕沦为流浪妇"。这种心态甚至在年收入超过10万美元的女性中也很普遍。有报告显示,对财务状况感到压力的女性越来越多。正如一位女性所说:"城里面那些流落街头的女人,满脸皱纹,邋里邋遢,这可不是闹着玩的。搞不好将来我们都是这副样子。"这种事情在世界经济领头羊的国家中上演着,金融危机之后更是愈演愈烈。

此外,大多数主流分析遗漏了一个"女性密集型"的不稳定劳动产业:性产业。全世界数百万女性身陷其中,很多人因为经济压力被迫出卖自己的身体，还有些人出于种种原因主动从业。性产业内部充斥着阶级差别，最底层的女性是朝不保夕者生存状况的缩影，只能"出租"自己的身体任人摆布。为她们定罪或是剥夺她们的权利，只会加剧她们的困境。

那么当男性沦为朝不保夕者后，他们的境遇又如何呢？男性面临的挑战和女性有所不同。最大的问题也许是待遇变差。不安全感的产生和害怕失去手里已有的东西有关。与自己的过去、前几代男性相比，以及与他们的家庭和文化灌输给他们的期望和抱负相比，越来越多的男性现在患得患失。随着朝不保夕者增多，有事业前途的岗位消失，男性损失了收入和地位象征，丧失了颜面。他们已经习惯了稳定的生活和蒸蒸日上的事业，但随着世界源源不断地生成不稳定的劳动力，他们面临着受到精神创伤的危险。不仅如此，随着职业社群消解，过去的职业生涯发展方式也不适用于当下，男性面对自己的事业被横刀截断的现实，会陷入地位挫折中。

"男性气质"的动摇？

在朝不保夕问题对男女造成了不同冲击的同时，正在崭露头角的朝不保夕者运动得到了不同性取向群体的支持。这很好理解。在一个崇尚异性恋和标准核心家庭的社会里，男女同性恋者很容易失去安全感。不过，劳动力发展也造成了其他冲突。劳动力的女性化，已经冲击到了人们对于男性气质与女性气质的传统观念。年轻男性变得越来越疏离，行为乖张，这是一个引起社会学家长期关注的主题。

过去，总有一些榜样式的人物来帮助年轻男性认识男子气概。年轻男性也会被灌输一种"雄性化的意识"。于是，男性将来要赡养父母，赚足够的钱养活妻子和孩子，老后要成为受人尊敬的长者。这种带有性别歧视和父权主义的社会结构并不值得赞许，却世代相传。如今，几乎没有现实中的榜样人物，可以让工人阶级的年轻男性效仿，从而建立自尊，也不要指望他们将来能够成为家庭的"挣钱的丈夫"了。

年轻男性失去有抱负的榜样，可能是20世纪八九十年代的劳动弹性化改革给他们的后代带来的后果。其结果是延长了年轻男性的青春期，让他们找不到人生的动力。正如英国慈善团体"年轻的心"（Young Minds）负责人露西·罗素（Lucie Russell）所言："如果男孩们没有社会角色，或者没有工作可做，那要他们如何成为男人呢？"

学校里现在就有阴盛阳衰的苗头了。在英格兰和威尔士，有64%的女孩在15岁或16岁时就通过考试，获得五项英国普通中等教育证书，而男孩中却只有54%的人能做到。男孩不仅在家里没有男性榜样可以效仿，而且绝大多数都是由女性长辈来教导。英国大约有5000所学校完全没有男教师。随着年级上升，男性性别劣势更加明显，年轻女性中有一半人接受了高等教育，而年轻男性只有37%。其他国家的状况也差不多。总的来说，在美国和欧洲的大学里，女学生人数要比男学生多1/3。而大学毕业后，英国男性毕业生在家待业的可能性要比女性高出50%。

不稳定性导致越来越多的年轻男性只好继续与父母同住或

住在父母家附近，以备不时之需。在意大利，这是一个普遍现象。很多年轻（也可能已经不再年轻）的男性住在原来的家庭里，有些人甚至40多岁了还是如此，有人管他们叫"妈宝"（mammoni）。在英国，25—29岁的男性中有超过1/4的人与父母同住，这个比例是同龄女性的两倍。1/10的男性到了35岁，还继续待在父母家里。这就是"回力镖男孩"（boomerang son）的形象，他们完成学业后便无精打采，只能与兼职、债务、毒品为伍，并且不切实际又雄心勃勃地想要出门"周游世界"。

不稳定性让人们不敢结婚，并导致晚育。2008年，英格兰和威尔士只有23.299万对夫妇结婚，这个数字创1895年以来的新低。按人均结婚人数计算，结婚率更是降至自1862年有记录以来的最低水平。在19世纪末因大转型（Great Transformation）引发的社会脱嵌阶段后期，也曾出现过类似的结婚率下降现象，当时的英国社会也处处充斥着不安全感。整个欧洲都出现了类似的结婚率下降和同居比例上升的趋势。

人们的结婚时间也推迟了。在1998—2008年，英格兰和威尔士男女的平均初婚年龄都推迟了三年。如今，男性平均初婚年龄在32.1岁，女性则是29.9岁。初婚年龄推迟也会增加婚姻的成本，包括结婚的实际成本和婚姻失败的风险成本。但有一点可以肯定，工作与收入的不稳定性对男女都会产生影响，尽管影响方式不同。

晚婚潮流导致工业化国家的单身家庭越来越多。但正如前文已经提到的，随着年轻人陆陆续续地回到家中与父母同住，他们自身的不稳定性也连累了父母。人们创造出很多新词用来指称这个群体，比如"腌鱼族"（Kippers，躲进父母口袋里啃食养老金的孩子，取自kids in parents' pockets eroding retirement savings的首字母）和"Ipods族"［insecure（无保障）、pressurised（压力大）、overtaxed（税负重）、debt-ridden and saving（债台高筑，没有储蓄）］。

埃德·豪克（Ed Howker）和希夫·马利克（Shiv Malik）合著了一本颇具争议性的书①，描绘了像他们这样的年轻人如今面临的情况（尽管这二位的履历光鲜，胜过他们的同代人），两位作者这样总结"他们"的生存方式：

> 我们从事的工作，住的房子，都是和短期合同捆绑在一起的；人生路上的每一步都是曲折坎坷的；对我们当中的许多人来说，度过童年的家是唯一能够让人感到安心的地方……将来要帮英国纾困的这代人，自己都不知道生活该从哪里出发；与此同时，债务越欠越多，工作机会越来越少，活下去越来越难。

年轻一代：城市游民

全球15—25岁的年轻人如今超过了10亿，这个数量达到

---

① 指《被抛弃的一代：英国如何让年轻人破产》，出版于2010年。

了历史最高点，这些年轻人大部分都生活在发展中国家。世界人口可能正在老龄化，但大量年轻人依然是社会主力，遗憾的是，让他们感到苦恼的事情层出不穷。尽管构成朝不保夕群体的人来自很多其他群体，但最常见的群体就是刚从学校毕业的年轻人。过着持续多年的不稳定生活，往往让他们感到更加挫败，因为他们父母那代人似乎都拥有稳定的工作。

年轻人初入劳动力市场时，通常都被安排在不稳定岗位上，因为社会希望他们能够证明自己，并从中学到经验。但如今的社会没有给予年轻人合理的条件。很多人从事临时工作的时间已经远远超出培养就业能力所需。企业在提高劳动力弹性的呼声下，还想出了这样一招：延长员工的试用期。这样就可以在试用期内合法压低员工工资，削减员工福利。

如今，转为长聘员工的可能性越来越低，年轻人的不满也越来越强烈。比如，75%的法国年轻员工刚参加工作时就是临时工，其中大部分人一辈子都无法翻身；只有那些有学位傍身的人才有望转到长聘岗位上。以前的年轻人之所以能够忍受以"局外人"的身份开启职业生涯，是因为他们相信有朝一日自己可以成为"局内人"。与此同时，他们还能依靠父母，家庭凝聚力可以缓和刚工作时的不稳定性。但如今，不稳定性在提高，而家庭凝聚力也在减弱。现在的家庭关系更加脆弱，长辈不知道自己的付出能否换得小辈的赡养。

社会收入和工资弹性的重组，导致年轻人的工资和收入相对于他们的长辈而言下降了。不仅越来越多的年轻人从事不稳定的工作（无论如何，这种工作的工资都高不了），而且，无论他们之后要换到什么岗位，协商条件都非常不利；无法享受企业和政府发放的福利和补贴，也让他们在面临贫困时更加脆弱。

日本就是一例。1997—2008年，20多岁工人的平均年收入下降了14%。厚生劳动省2010年的一份报告发现，16—34岁的在职职工中，有56%的人需要第二份收入来源帮助他们支付基本生活费用。

不安全感让年轻人相当不满，大多数人还是想要追求某种事业。不过，很多想要实现个人抱负的人，其实也不太愿意和老一辈人那样，在枯燥乏味的苦差事里压力重重地上班。他们不想要那种能够一眼望到底的、充满劳工主义特色的全职稳定工作。多份跨国民意调查显示，近2/3的年轻人表示，他们更喜欢"自雇"，即独立工作而不进入职场。但弹性劳动力市场实际上是由那些老一辈的政客和商业利益相关者联手打造的，将大部分年轻人按在朝不保夕者的位置上虚掷青春。

年轻人是构成朝不保夕群体的主要成员，他们也必须带头为这个群体打造出一个可期的未来。年轻人总是对现状不满的源泉，也总是美好明天的先声。在丹尼尔·科恩（2009: 28）这些评论家看来，1968年的五月风暴是一个转折点，年轻人崛起为一种"自主性社会力量"。但在历史上，年轻人一直都是推动变革的力量。1968年成了朝不保夕者诞生之年，因为年轻人拒绝了工业社会和了无生气的劳工主义。这些曾经反抗过资本主义的"婴儿潮"一代享受了养老金和其他福利，包括来自新兴市场国家的廉价商品后，却开始鼓吹提高弹性，让下一代人的生活失去安全感。一位愤愤不平的失业毕业生（Hankinson, 2010）写道：" '婴儿潮'那代人享有免费的教育、买得起房子、养老金又多，还能提前退休和享受二套住房。而我们只有永远还不完的助学贷款，根本不要想买得起的房子。金融体系以前还能让我们的父母生活殷实，现在却只留给我们两条路：要么去做狗屎工作，要么就失业。"

当然，这段抨击上一代人的话有误导之嫌，它忽略了阶级因素。英国"婴儿潮"一代中，只有小部分人上了大学，反倒是现在，所有从中学毕业的人中，有一半会继续接受某种形式的高等教育。去工业化进程摧毁了原来的社会秩序，老一辈中的很多人都是受害者，矿工、钢铁工人、码头工人、印刷工人等职业都已化为历史的尘埃。当时的大多数女性在经济上更是被边缘化，承受着额外的负担。将焦点放在代际差异上，就是在转移公众的注意力，因为它符合一种保守主义的观点，小心翼翼地擦除了全球化在其中所扮演的角色（Willetts, 2010）。今天年轻人面对的状况，其实并不比前几代人更糟。不同时代的人面临的困境不同，而且不同阶级的人所处的困境也不能一概而论。以前的工人阶级社群有一种代代相传的、强调社会团结的精神特质。现在，这些地方就像大学校园和意大利人所谓的"另类"（alternativi）社群那样，都是朝不保夕者所处的场域。

这些社群的凋零给当代年轻人带来了三种挑战：他们目睹自己的父母失去地位、收入、尊严和稳定的生活；也没有可以效仿的榜样；还陷入了"不稳定劳动陷阱"，只能从事工资很低的工作，间或失业、被迫无所事事。我们知道，在收入不高的邻里街区，职业道德往往代代相传（Shildrick, Macdonald, Webster and Garthwaite, 2010）。然而，一代人的不稳定生活经历也会影响下一代人的态度和行为准则。20世纪80年代成长起来的人是遭到系统化工作弹性侵袭的第一代人。他们的子女在21世纪初进入劳动力市场，其中很多人的收入无可避免地比父母少，事业也不如父母成功。值得注意的是，认为自己属于工人阶级的英国年轻人，比认为自己的父母属于工人阶级的年轻人还要多。他们有一种自己正在向下流动的感觉，这和他们看到的前路完全一致。

教育的商品化

教育的商品化也引发诸多失望与不满。教育体系努力想要提高人力资本（human capital）的价值，但却并没有为学生带来更好的就业前景。对大多数"买家"来说，教育被当作投资品贩卖，但这种投资其实拿不到任何经济回报，简直是一场骗局。比如，西班牙40%的大学生在毕业一年后发现，自己从事的是不需要学历的低技能工作。这种落差只会让大量的人陷入地位挫折。

眼下，对于英国男性而言，上大学的平均终身货币收益相当可观，约有20万英镑（Browne, 2010）。所以，施行高昂学费的政策好像也还算合理。但是，高昂学费也可能会将那些没什么"钱"途的学科边缘化，并且忽视了这项经济回报其实是**"平均收益"**。在一个市场社会中，"赢者通吃"的情况越来越普遍，巨大的收入差距已无法用生产力因素来解释了。拿到高收入回报的学生日渐稀少,但却拉高了工资平均值。而更多人找到的其实是工资远低于平均值的岗位。

现在来看看劳动力市场中正在发生的事情。市场经济永远都能创造新形态的职缺,但其实我们知道现实情况在往何种方向发展。举例来说,未来十年,在美国所有新增的工作中,只有不到一半需要大学或是同等学力的文凭(Florida, 2010)。根据过去的经验,这些工作中的40%会被没有大学文凭的人填补。毕竟,比尔·盖茨就是这样一位辍学生。因此,可能只有1/3的新职位会留给那些念完大学的年轻人了。

大多数人将被"向下"挤压到不需要高等教育文凭的工作中。这让他们在情感上受到了伤害和侮辱。还有人告诉他们,在"大材小用"的工作中既要尽心尽力,也要开心快乐,更要忠心耿耿,而且必须偿还因相信文凭能保证获得高收入工作而欠下的学业贷款。

新自由主义国家已把教育系统改造成市场社会的固定要件之一,推动教育朝着创造人力资本和让学生做好就业准备的方向发展。这是全球化最丑陋的方面之一。

古往今来,人们一直相信教育是一种解放、质疑、颠覆的力量,能够帮助人类大脑发展全新的能力。启蒙的本质乃是:人可以通过博学慎思来塑造世界,完善自己。在市场社会中,这个功能却被边缘化了。

教育系统也正在全球化。它被轻率地描绘成某种产业,获利和出口收入的来源,以及一个充满竞争的领域,国家、大学和中小学都在这套系统里根据绩效指标进行排名。已经不知道该从何谈起正在发生的事情。行政人员接管了学院和大学，强加上一套以市场利益为导向的"商业模式"。尽管美国的教育标准大幅下降，但全球教育"产业"的领头羊依然是它。其理念就是加工商品，也就是"文凭"和"毕业生"。大学之间的竞争不再是比拼更好的教学，而是比拼一种"豪华的规格"——漂亮的宿舍、酷炫的体育场和舞蹈房，以及名人学者的吸引力，但这些人的成名和教学业绩没什么关系。

2009年，在英国，商务部门取代了教育部门，成为对大学负责的政府机关，这是学校正在舍弃启蒙价值的标志之一。当时的商务大臣曼德尔森勋爵（Lord Mandelson）认为这种权力转移相当合理："我希望大学花更多心思把他们努力的成果商业化……商业必须是第一要务。"

各级学校的商业化是全球性现象。瑞典某家成功的商业公司正在出口一种标准化的教学系统，将教师和学生之间的直接接触降至最低，并对双方进行电子监控。在高等教育界，无教师教学和"无教师教室"正在铺开（Giridharadas, 2009）。麻省理工学院成立了国际开放课件联盟（Open Courseware Consortium），征集世界各地的大学在网上免费发布课程，包括教授的笔记、上课录像和考卷。伯克利、牛津等各大学的讲座如今也能在iTunes上看到。一位以色列企业家创立的人民大学还提供了免学费（学费大幅降低）的本科学位，教学模式是"同侪授课"——同窗之间互相学习，在线上互问互答，以取代教师的指导。

教育商品化的倡导者主张，这就是"要让消费者做主"。

升阳公司（Sun Microsystems）董事长、提供线上学位的西部州长大学投资人斯科特·麦克尼利（Scott Mcnealy）认为，教师应该把自己重新定位为"教练，而不是内容创造者"，根据学生需要量身定做学习资料并借鉴其他教师更优秀的教法。这种商品化和标准化的思维正在贬低教育的价值，剥夺教育职业的完整性，侵蚀了师生间非正式知识的传承。它正在强化"赢者通吃"的市场，并加速职业社群的消解。人力资本市场将更加重视名师和名牌大学，因袭规范和世俗认知。"腓力斯丁人"[1]并不在门口，他们早就进来了。

世界银行这类国际金融机构认为，学校应该取消那些与经济无关的"不当课程"。法国前总统尼古拉·萨科齐委托的一份调查报告指出，早期教育应该着重培养学生的就业能力，经济学应被列为小学必修课程。英国工党政府强烈要求英国金融服务管理局给出办法，研究如何在学校"培育企业家文化"。时任意大利总理的贝卢斯科尼则主张，所有学生都要学"三个I"：英文（inglese）、网络（internet）和企业管理（impresa）。学校必须教育儿童如何成为高效的消费者和员工，而不是学习文化和历史。

四座美国城市推出了一项实验方案，给予学生有偿学习的机会。在达拉斯，二年级学生每读一本书，可以领取2美元的报酬；在芝加哥，如果高中生取得好成绩，学校就会发钱给他

---

[1] 居住在地中海东南沿岸的古代居民，被称为"海上民族"。公元前12世纪，他们在巴勒斯坦南部沿海一带建立加沙、阿什杜德等小城。腓力斯丁人已广泛使用铁，掌握了制造武器的秘方，其士兵的装备也很精良，战斗力极强。

们；在华盛顿特区，初中生只要表现良好，按时出勤，也会得到奖励。有的家长担心，这种做法会消磨学生的内在学习动力（Turque, 2010）。但市场洪流依然滚滚向前。

与此同时，有报道称人们在阅读能力下降时还产生了一种集体注意力缺失综合征。纪录片《等待超人》（*Waiting for Superman*）认为，目前这代美国人是第一代文化水平不及上代人的美国人（Harris, 2010）。英文系教授马克·鲍尔莱因（Mark Bauerlein）告诉《纽约时报》（Bernstein, 2009）："我们这代人对公民和历史知识的掌握程度已经跌到谷底了。"那些商业化的鼓吹者可能不会担心这些问题。毕竟，公民知识并不能换来一份工作，甚至都不会让你"快乐"。

死记硬背和标准化课程在教育系统中继续存在。在法国经济学家丹尼尔·科恩看来，"大学之于新世纪，就像福特主义的企业之于上个世纪那样重要"（Cohen, 2009: 81）。但学校教育如今正在生产一些史无前例的东西。"学位"被贩卖给越来越多的人，却越来越不值钱。这个系统迫使卖家扩大产量，让买家消费更多，如果后者因为买了上一轮的"资格证书"而欠债，那么他们还要进一步举债，来购买下一轮资格证书，而这些证书也就只够让买家找到一份工作，使总投资物有所值。这种疯狂的做法，对朝不保夕者来说意味着什么？

想一想文凭贬值对人们工作能力的影响吧。马修·克劳福德（Matthew Crawford）在他2009年的畅销书《摩托车修理店的未来工作哲学》（*Shop Class as Soulcraft*）中抨击了美国贬低技术工人价值的趋势。他指出，过去，学校还教给学生他们感兴趣的职业技能（比如"手工劳动课"），而如今，学生们上的课都是为了成为有竞争力的大学毕业生。为了集齐更多证书，真正精进技能的机会被牺牲了。

教育系统的"低能化"也是造成朝不保夕群体壮大的部分原因。这就是一个用最大化"产量"来获取最大化利润的游戏。在英国，几百所公立大学的课程提供学位认证，但它们的课程主题却和学术毫无关系。2007年，纳税人联盟（The Taxpayers' Alliance）揪出了401门"野鸡课程"，包括普利茅斯圣马克和圣约翰大学学院颁发的"哲学性户外探险"荣誉学士学位，还有利兹城市大学的"生活方式管理学"荣誉学士学位。

此外，大学还教授另类疗法。理查德·汤姆金斯（Richard Tomkins, 2009）列举了42所大学提供的84门课程，涉及的学科包括反射疗法、芳香疗法、针刺疗法和草药医学，其中51门课程颁发理学学士学位。这简直是在"赋昧"（Endarkenment），将理性主义启蒙思想抛在一边，回归与宗教和迷信有关的情绪性思考方式。在缺乏医学实证的情况下，这种另类疗法的拥趸只能借病人之口来为自己正名。因为这种治疗都有一种安慰剂效应，只要你相信它有效，它就有效。

高等教育成为商品，让很多非理性的东西合法化。只要市场有需求、消费者愿意出钱购买，大学就可以开设任何课程。任何人都能去上一门发售文凭的野鸡课程，"因为你值得拥有"，意思是，"因为你父母付得起钱，我们能给你想要的东西"，而不是"因为我们相信课程内容在人类代代相传的知识中是科学有效的"。学校降低了课程和考试的难度,以最大限度提高通过率,这样才不会让学生打退堂鼓,以防他们不来入学并支付水涨船高的学费。

大学学费上涨的速度比收入增长的速度更快,美国尤其如此。1970—2010年,美国家庭收入的中位数增长了6.5倍,而私立大学的学费却增长了13倍,州内学生就读本州州立大学的学费增长了15倍,而外地学生的学费则增长了24倍。金钱仿佛变为废纸。1961年,四年制大学的全日制学生平均每周学习24小时;2010年只剩下14小时。学生中辍学和延期毕业的比例很高;只有40%的学生能在四年内毕业。学者和学生们都在获取一些短期收益。教师们的教学负担不重,于是他们可以花更多的时间以研究者的身份推销自己,同时通货膨胀的分数让学生不费力就可以拿到这种"学位商品"。上课缺勤似乎更划算。常春藤盟校里的资深学者原本都几乎没有教课任务,过去他们每七年才能休一次学术假,如今缩短为三年一次。他们更像是不出现在教室的空饷老师,只需要照本宣科。

但问题不出在他们身上,他们只是在按照市场社会的规则行事。这个系统正在腐蚀教育界的职业道德。市场机制一个建立在机会主义之上。利己主义受到亚当·斯密的推崇,这也是新自由主义经济学家们宣扬的观点。在这片逐渐商品化的场域中求生的一些学者和教师并非愤世嫉俗或者奸诈狡猾,因此他们在努力适应环境的过程中常常变得灰心丧气和充满压力。有的教师不愿意进行标准化教学,于是,鼓励商业行为的新自由主义政府就会推行各种关于人工绩效的审计检查和指标,用来惩罚那些不听话的人。青年学生和教师们往往都受到了伤害。

与此同时，各国对2008年金融雪崩的反应包括削减国家在教育上的预算，进而将成本转嫁给学生和他们身后的家庭。美国加州前州长阿诺德·施瓦辛格将加州大学的预算削减了10亿美元，学费因此上涨了20%。学校也辞退了后勤人员，并让学者们休无薪假。加州开了先例，其他各州纷纷效仿。英国也是一样，2009年，政府表示要削减在高等教育上的支出。高教工会认为，这将造成30所大学关门，1.4万人失业。新政府上台后尤嫌不足，削减的预算比计划更多，还明确表示高等教育要更以经济为导向。人文和社会科学这些科目并不重要。

在全球范围内，政府削减预算加速了学校教育的商业化。2009年，美国最大的"教育服务提供商"私立的凤凰城大学的全球招生人数从38.4万增至45.5万。英国的企业家和公司则大力资助中学和高校，以便他们插手课程和专业体系安排。一开始，这项方案由工党政府推出，保守党与自民党组成联合政府上台后，又进一步推广了这项方案。鲁伯特·默多克的传媒集团打算仿照在纽约的做法，在伦敦也资助一所学校。毫无疑问，这些学校都会被刻上"金主的"的右翼意识形态烙印。雷曼兄弟公司在2008年轰然破产之前，也曾资助一所伦敦的学校。

教育商品化已成为一种社会病，而这是要付出代价的。如果教育被当成一种投资性商品，文凭"无限量供应"，并且这些商品不能带来其所承诺的回报，那么更多的人就会沦为朝不保夕者，愤怒而痛苦。因为他们之前被怂恿斥重金来购买这些教育商品，但却无法得到好工作和高收入来还债。这让人想起了经济学中的"柠檬市场"(The market for lemons)①。这也很像苏联的一个老笑话,工人们说"他们假装付我们工资,而我们也假装在工作"。这个笑话的教育版就是:"他们假装在教书育人,而我们也假装在学习。"思想的幼稚化是教育商品化进程的一部分,精英阶级以外的大多数人都将被当成孩童对待。课程会变得越来越简单,到了人人都能通过的程度。学者们除了乖乖就范,也别无他法。

孕育朝不保夕者的分流教育机制

许多迹象表明,商品化的教育系统正在重组,以便将年轻人分流至弹性劳动力体系中,这个体系的基础由三部分构成:特权精英阶级、少数掌握技术的工人阶级,以及正在壮大的朝不保夕群体。如果教育产业继续售卖教育商品,而很多学生也不指望发展职业生涯,那么教育产业就有更多的余地兜售"平易近人"的东西。有位冲浪爱好者说,他要去普利茅斯大学学习"冲浪科学和科技",这门课程要求他"每周冲浪两次作为必修任务"。可以说,这种学位都是为了培养"低能工人"设置的"低能学位"。

在德国,著名的学徒制度正在消亡,而更多的年轻人正被迫进入一种"过渡性教育系统",就读很难传授长期技能的补习学校。学徒训练是高度专业化的,只有那些获得国家认可的

---

① 美国俚语中表示信息不对称的市场,即产品卖方对产品的质量拥有比买方更多信息的市场。

学校才能开设。比如，烘焙面包和制作糕点就是两门不同的学科。如果你想经营一家麦当劳，就必须学一门名为"系统化餐饮服务"的专业。但是，这些专精的学科划分让学生在毕业后也很难找到工作。2005年，超过1/3的毕业生在完成培训一年后，仍处于待业状态。这种工业化时代的训练制度如今显得过于僵化并无法在弹性经济市场中正常运作。

德国一直有些声音要求教育系统加强通用培训，以便让年轻人更容易改行，同时将开展培训的权限开放给更多学校。然而，德国教育系统的政策走向，却是在让更多年轻人变成朝不保夕者。孩子们10岁时就被分流进入三种类型的中学。最低档的是职业预校（Hauptschulen），过去就是负责培养新来学徒的，现在已经变成了差生"集中营"。很多学生毕业后都进入了过渡性教育系统。现在的学徒主要来自中等的学校，名为实科中学（Realschulen），这种学校以前是培养白领的。顶级的文理中学（Gymnasien）现在也提供学徒培训了，尽管它们本该将学生送进大学。为培养年轻人适应社会的能力，教育系统自身也正在调整。

在德国，即便年轻人进入了劳动力市场，也还是要被不断地分流。科层制设定了四条职业生涯的道路，一旦你选定了其中一条，往后余生就很难再更换跑道了。其中一条道路是为拿到"德国大师"（Meisterbrief）[①]这种最高级别职业资格证的人

[①] 德国的工匠资格证书，只有经过正式的职业教育培训，才有可能取得。主要存在于工业4.0、自动化和智能制造等领域。持证人士负责控制、监视和维护工业制造过程，具有很高的声望，还可以申请到德国的高校继续深造。

保留的。在这种壁垒分明的体系之下,那些早年间一步踏错,没能跻身特权之路的人,免不了抱憾终身。

德国的教育体制正在辜负年轻人。经合组织2001年编制的比较数据显示,德国15岁青少年的成绩几乎比其他所有工业化国家的青少年都差。超过1/5的青少年阅读或计算能力有障碍,而且有很多青少年辍学。德国有的地方已开始进行教改,消除职业教育和大学教育之间的等级制度,但进展非常缓慢。相反,德国教育往三条道路分流的机制其实在让更多年轻人沦为朝不保夕者。

分流机制在美国也发展起来了。美国人一直轻视职业教育,认为它过早磨灭了年轻人的可能性。上大学才能让人获得高薪并全面发展。到2005年,只有1/5的高中生会选择职业训练,而1982年的时候这一比例还有1/3。但是社会对劳动力的需求一直在变的情况,对那些"追逐学位的人"不利。奥巴马政府的经济顾问委员会似乎意识到了这一点,建议增设两年制的技术学院学位。一些州正试图恢复学徒制,并扩建"职业学院",将学术和技术方面的课程体系同劳动经验相结合。时任美国总统奥巴马希望每个美国人都至少进行一年的职业训练。社区大学被寄予了新的厚望。一个将中等程度学生分流至两极的机制正在成形,让年轻人为低阶的打工生活做好准备。

年轻人的"不稳定劳动陷阱"

刚从高校毕业的年轻人面临两种"不稳定劳动陷阱"。其一是债务陷阱。这些毕业生如果想要发展具有职业认同的事业，就需要进行长期的行动规划。但当他们毕业时，除了拿到文凭，还欠下了学贷，一旦挣到了钱，他们就会发现国家认定的债务执行人早就等着收钱了（当然没挣到钱也是要还债的）。许多年轻人发现，他们能找到的都是临时性低薪工作，无法偿还债务。这些工作无法和他们所学专业或志向匹配。他们耳闻目睹了成千上万的同龄人从事着无法学以致用的工作，但没有选择权，也无法在工作中培养出自己宝贵的职业认同。潜在雇主可能会因为年轻人的债务问题而质疑他们的可靠性，这让"不稳定劳动陷阱"愈演愈烈。

在东京，学生如果没有还清学贷就会被列进黑名单，一旦留下可疑记录，招人的企业肯定会查出来，他们找工作时受到的限制就更多。可谓一步错步步错。总的来说，年轻人在多种愿望之间左右为难，花费多年时间学习拿到了文凭，总想从事一份专业对口的工作来实现抱负，但现实情况却是他们需要收入。这就是第二个"不稳定劳动陷阱"。需要生活和还债，有的人就得从事临时工作，但这样可能不利于职业发展；有的人则选择咬牙挺住，不随便将就。结果，那些拒绝从事没有发展性的临时工作的学生，就会被贴上懒惰鬼和寄生虫的标签。那些接受工作的学生，人生则开始走下坡路。

今天的年轻人对工作的态度是否与他们的前辈不同？关于这个问题众说纷纭。政客们说年轻人想要获得更多"工作与生活的平衡"，这可真是说与不说都一样的陈词滥调，难道还有人希望自己的工作和生活不平衡吗？那些属于"Y世代""千禧世代"或"iPod世代"（大致生于20世纪70年代中期的一代)的人,据说与"婴儿潮"一代(1946—1960年出生的一代)或X世代(出生于20世纪60年代至70年代中期的一代)相比,没有那么高的物质追求,对工作也不那么投入。但这可能只是反映了年轻一代找不到好工作,而"不稳定劳动陷阱"又相当普遍的现实。当一份工作本身朝不保夕,很多人就无法全身心投入其中,这在心理学上和经济学上都说得通。

美国的一些研究发现,大多数年轻职工都说自己对雇主相当忠诚(Hewlett et al., 2009)。但其中一份研究在调查了两家公司中读过大学的员工后发现,89%的Y世代和87%的"婴儿潮"一代都认为弹性工作很重要,超过2/3的人希望在某些时候能够远程工作。在这两代人中,只有极少数人认为自己"以工作为重",而且大多数人都不认为工作是通往幸福的道路。这两代人的态度其实是类似的,只是在不同的现实环境下产生了不同的反应。这些研究聚焦的是那些成功得到稳定工薪工作的人,按理来说,他们应该要比没有稳定工作的人更愿意投入工作。

英国的一项研究(Centre for Women in Business, 2009)同样发现,年轻的专业技术人员自称对公司忠心耿耿,但其实是一种有条件的忠诚,他们一旦发现晋升受阻,就会立马跳槽。在他们看来,父母这辈人曾经如此信任一个"组织"却仍然遭到背叛,自己可不想再经历这种失望了。有的人认为,经济衰退对Y世代而言是一次必要的"现实考验",他们从小就觉得"什么东西都是自己应得的"(Tulgan, 2009),唯一的区别是,经济危机让如今的年轻人更强烈地感受到,自己和这个"体制"的对立。

总之,"不稳定劳动陷阱"告诉我们:年轻人的壮志和人力资本培养体制注定无法走到一起,后者不过是在用一纸虚假的"发售说明书"将就业资格证卖给追求文凭的人。市场上大部分工作都不需要人们在学校待这么多年,如果我们继续把学校教育当成就业准备班,这只会制造紧张和挫败情绪,最终导致年轻人在求职时幻想破灭。

实习生"热"

与此同时,一种专为年轻人设计的新型不稳定工作正变得越来越普遍。过去的试用期制度及学徒制至少能在原则上让受雇者成为正式员工,但实习生连这样的保障都没有。人们经常说,实习是获取有用经验的方式之一,它提供了一条可能的途径,让你可以直接或间接地拿到一份稳定的工作。但实际上,很多雇主只是将实习生当作招之即来、挥之即去的廉价劳动力。即便如此,年轻人还在激烈地竞争这些无酬或是薪酬极低的实习岗位,希望自己能忙碌起来,积累技能和经验,拓展人脉,兴许还能撞上一份不易获得的工作。

在有的国家,实习正在成为中产阶级青年的一种"成人仪式"。美国甚至还出现了"虚拟实习生",这些实习生为一家或多家公司远程工作,主要从事的是调研、销售谈判、市场营销、平面设计或社交媒体开发方面的工作。虽然这能让学生借此接触未来潜在的工作领域,一旦岗位合适就可以随时投入工作,但也可能让他们与世隔绝,丧失人脉关系。

在美国，实习生每月可领取大约400美元的失业救济金，只要他们对外声称自己正在求职。而成为实习生也可以掩盖失业的事实，让整体就业率和个人简历都变得美观。联邦法律禁止雇主使用实习生代替正式员工，但这其实难以核查。为了避免法律纠纷，一些企业规定只有拿到学籍的学生才可以来实习。所以，有的年轻人报名上学只是为了让自己获得实习机会。此外，失业的年轻人现在也在加入实习工作的市场。有人建议这些申请实习的人要说自己正在跳出舒适圈，寻求事业上的改变，或是为了学点东西，而不要自陈失业，无事可做（Needleman, 2009）。真的是凄惨透了。

实习制度已经悄悄影响了劳动力市场政策。2008年，韩国推行行政人员实习计划，为大学毕业生提供临时岗位，吸纳他们在政府部门或公共机构实习，最长可达11个月。但这些实习生并不算公务员，不受《劳动基准法》和《国家公务员法》的保障，而且政府禁止用人部门在实习结束后继续雇用这些人，因此他们既不能转为全职员工，实习工资也远低于最低工资。虽然他们可以参加员工培训（主要也是远程的），但是大部分人也就只能待5个月而已，离规定的11个月的上限差得很远。

英国的实习生主要来自中产阶级家庭，这些家庭可以供养他们的子女在简历上"多写点东西"，并且能为他们找到一份真正的工作铺路。要想获得"体面的工作"，越来越多的应征者需要"工作经验"（无论这些工作是否有报酬），导致有些人甚至把媒体界或者某些优势行业的实习机会拿来拍卖。虽然不付薪水就聘用员工是违法的，但在实习生中，这样的事情比比皆是。2009年的一次法庭判例［尼古拉·维塔（Nicola Vetta）状告伦敦梦影业公司］裁定，尽管维塔同意在这家电影公司工作期间只报销些杂费，但她依然享有领取国家最低工资的权利。从法律上讲，人们无权"同意"一项本身就违法的安排。但这样的事情其实已经司空见惯了。

实习制度威胁到了那些已经或将要沦为朝不保夕者的年轻人。就算拿到工资，实习生们从事的也是廉价而欠缺发展性的工作，而且还会连累其他将来可能入行的人，挤压他们的工资和就业机会。虽然实习可能会给少数年轻人带来一点竞争优势，但这更像是买彩票，而且就算如此，他们还是需要家里人补贴生活费才能过日子。

最后补充一点，实习制度并不是发达国家和中产阶级年轻人的专利。本田公司在佛山的大型变速器制造厂曾发生过一场停工运动，结果人们发现，全体员工里有1/3是实习生。就像在其他地方一样，朝不保夕的实习生都是正式劳动力的替代品。

代际冲突

当工业化国家的年轻人进入劳动力市场，他们的工资原本就很低，要缴的社保费却水涨船高，以养活越来越多领取养老金的人。人口统计数据结果真是让人绝望。在老龄化趋势最严重的日本，1950年，每10位职工就要供养1位领取养老金的老人，到2000年时，这个数字变成了4人养1人，预计到2025年时，2位职工就要负担1位老年人的养老金。日本社会保障预算的70%以上用于老年人，只有4%用于儿童保育（Kingston, 2010）。我们之后再讨论老年人正在面对什么，现在先来看看这个情况对年轻人的影响。

为竞争低阶工作机会，21世纪的年轻人不仅必须付出更高昂的代价来获取更多文凭（这对很多人而言不过是正在消失的海市蜃楼），而且就算成功获得工作机会，他们也要像今天的职工一样，为已经退休的老职工们支付养老金。由于老龄化等因素，养老金的成本也越来越高，政府于是想出两个办法，一方面提高在职员工的缴费比例，一方面延迟退休。政府还在削减将来要发放的国家养老金的实际价值，让这笔交易对在职员工而言更加不划算。于是，眼下在职员工必须要承担更多风险——将更多的社保缴款存到固定缴费计划中（也就是说，养老金给付水平不是固定的，大家缴纳的费用被放到一笔投资基金里，将来的养老金会随着基金涨跌而波动）。员工们总是被要求将钱投到养老基金里，这些基金总是号称代表他们的利益进行投资，却未必能在未来给予他们预期的收入。

缺乏发声渠道，以及2008年经济大衰退后

如今的年轻人进入劳动力市场时，总是焦头烂额，很多人饱受地位挫折的折磨，觉得自己失去了经济安全，不知该如何发展一番事业。除了这种困境，很多国家的年轻人还面临着失业问题。金融雪崩重创了年轻人，数百万人丢了饭碗，更多人连工作也找不到，那些找到工作的人则发现，他们的工资还不

及公司里的老员工。到2010年，西班牙青年（16—24岁）的失业率超过40%，爱尔兰为28%，意大利为27%，希腊则为25%。美国青年的失业率更是达到了惊人的52%。在全球范围内，年轻人被踢出劳动力市场大军的人数比例是成年人的三倍。很多失业的年轻人要么回家待着，要么回到学校继续进修，这就让文凭的游戏越来越"内卷"，市场上的工作根本不需要这么高的学历。

在日本，金融危机让更多年轻人沦为朝不保夕者，企业不再提拔新员工成为中高级管理层。以前，大学生们每年3月从学校毕业后，开始成为工薪族，终身都在一家公司上班。20世纪90年代泡沫经济时期，就业机会一度被部分冻结，但在2008年之后，企业缩减工作岗位的情况更为普遍。2010年，超过1/5的大学毕业生压根找不到工作。日本工薪族模式已经崩溃了。近一半的大中型企业表示，他们根本不打算招聘任何正式员工。大学毕业生们必须要调整自己对未来的期许，现在雇主对于舍弃雇佣制这份社会契约已经越来越心安理得了。

除了在劳动力市场上进退失据，年轻人也无法融入能够宣泄不满的主要机制，因而也无法通过发声来为自己争取一个更加稳定的未来。加强正式员工应得的权利，乃是20世纪工会运动和社会民主运动的成就之一，却让年轻的朝不保夕者对工会产生敌意。在他们看来，工会只是在保障资深员工的特权，而这种特权年轻人却指望不上。在西班牙、意大利这些以前的工会主义阵地，年轻人都果决地抛弃了工会。但说句公道话，工会也希望把福利覆盖范围扩大到临时工，只是并没有成功。

工会发现，工资降低、职缺减少，也会进一步伤害它们的合法性，以至于那帮社会民主主义政客借此和工会划清界限。甚至连工会领袖自己都感到迷茫。2010年当选美国劳工联合会和产业工会联合会主席的理查德·特鲁姆卡（Richard Trumka）也承认，如今年轻人"一看到工会，就好像看到父母那个年代经济制度的遗迹"。

今天的年轻人在生产过程中很难形成集体性的联合组织，部分原因是他们本来就属于弹性劳动力，在临时岗位上工作，隔着屏幕远程工作，等等。世界上大部分城市游民都是年轻人，他们总是匆匆忙忙地奔波于各种公共场所之间，前脚从网吧出来，后脚又钻进一个"办公休闲两不误"的地方。来自"圣不稳定联合组织"（San Precario Connection）[1]的亚历山德罗·德尔凡蒂（Alessandro Delfanti）就说："我们这代人已经失去了在生产领域内引发冲突的权利了。"（Johal, 2010）这当然不假，但是年轻人还是需要用某些方式发出集体的声音。

前路暗淡

如今，年轻人面临多重挑战。很多人都陷入了"不稳定劳动陷阱"，教育体系的商品化也让不少人在一段时间内陷入地位挫折中。尽管对有些人而言，短暂地成为朝不保夕者不过是毕业后的一段小插曲，之后就可以华丽转身，成为有钱的白领领薪阶级甚至精英阶级。但对大多数人来讲，未来给他们许诺

---

[1] 意大利不稳定劳工运动组织，参加者主要是零工、临时工、兼职工和各类短工。

的只是一大堆没有职业发展前景的临时工作。越来越多的人所受的训练不过是为了提高就业能力,想尽法子让自己显得既懂规矩又会变通,但这些东西,却与他们真正想做的工作无关。

有些人不堪重负。教育与不稳定工作之间产生了冲突,一些人从此不再追求稳定工作,成为某些意大利观察家所说的"另类工作者"或"知产阶级"(cognitariat),他们四处漂泊、放荡不羁,牺牲了安定的生活,以换取创造性和自主性(Florida, 2003: 35)。但这种生活方式只适合少数人,而且是一桩浮士德式的交易,他们为追求现在的自由和刺激,将来是要付出没有养老金,缺吃少穿的代价的。即便如此,越来越多的人开始对这种生活方式动心。

沃伦·巴菲特有个"雪球理论"。人生就像滚雪球,人们越早确立自己的特长和志向,就有越多时间壮大自己,让自己的资本滚动起来,积累规模和力量。如果风华正茂的岁月都被耗在朝不保夕的工作中,个体发展技能的潜力就会遭到永久性损伤。这可能才是让年轻人最愤怒的原因。他们发现自己的未来不但会继续被这种持续的不安全感笼罩,而且在他们看来这种困境根本不是必然发生的,而是人为造成的。

总之,年轻的朝不保夕者抱怨教育制度不再能照亮自己前进的道路,抗议生活如此商品化。这里的冲突非常明显:一边是商品化的教育过程,另一边则是异化的工作,这些工作不需要很高的学历就可以做。他们都将生活看作一场正在上演的地位挫折悲剧,讲述了大家是如何成为天涯沦落人的。不过,年轻人还是不愿重蹈父母那代人的覆辙,拒绝劳工主义时期的单调乏味的工作生涯。这一点，值得我们重新思考。

老年人："牢骚满腹的人"和"笑嘻嘻的人"

世界正在"老龄化"，这个严肃的观点如今已经家喻户晓。当然也有人认为世界正在"年轻化"，因为尽管人们的寿命越来越长，老年人口比例也提高了，但是"老家伙们"能够保持活跃和精力充沛的时间也比以前更久了。我们经常听到，现在70岁的人状态和以前50岁的人一样好。虽然这个说法可能是某些人的一厢情愿，但大体上也没错。

当年轻人还不知道自己的未来在何方时，老年人则完全陷入困顿之中，有些人乐于糊涂，有些人却老来凄惨。过去几十年，社会上哪里都不需要老年人，总是让他们在经济衰退时提前退休，而现在却反过来要求他们工作更长时间。

20世纪80年代初，新自由主义迎来了第一波经济衰退，发达国家的政府纷纷将老年人推到经济阴影之下，让他们申领丧劳津贴，尽管很多人依然年富力强，政府却向他们发放特别的失业津贴，或让他们提前退休，为了释出职缺给年轻人。尽管当时的政客们自鸣得意，但这个政策并没有达到目的，而且代价高昂。它结出的苦果是，很多人在法定退休年龄之前就退休了。到2004年，在经合组织国家24—49岁的人群中，76%的人正在工作，而50—64岁的人中只有60%还在职。

与此同时，发达国家的年轻女性停止生育；社会的生育率跌破了正常繁殖率（reproduction rate）①。一时间，各国政府惊觉，养老金变成了定时炸弹，因为要退休的人比劳动力市场新进的年轻劳动者还要多，而养老金池子里的钱都要靠年轻劳动者来贡献。一场危机正在酝酿。

养老金的缓慢耗尽

公民退休以后可以申领养老金，这是现代世界的奇迹之一，尽管它只在历史上持续了很短的一段时间。这项制度也是全球化造成的一种幻觉。在工业化国家，曾经有几年，扣除税收和社会保险费，强制性储蓄的养老金收入平均可达个人退休前净收入的70%，低收入者的养老金收入甚至可达之前工作收入的80%。2005年，荷兰的平均净养老金收入超过了在职员工净收入的中位数；在西班牙，养老金所得替代率超过了80%；在意大利、瑞典、加拿大和法国，养老金所得替代率在60%以上；德国和美国的养老金所得替代率亦接近60%。经合组织的主要国家中，只有英国和日本的养老金所得替代率仍低于50%。英国政府的养老金已降至极低的水平，以至于2012年又恢复了过去养老金和工作收入挂钩的制度，而这个联动机制曾被撒切尔政府中断。

一道很简单的算术题，就把政客和养老基金分析师们吓到了。2010—2040年，全球65岁及以上人口的比例将翻一番，达到14%。在西欧，除非开放移民流入，否则这一比例将从

---

① 亦称再生产率，指种群中每一个体平均产生下一代的个体数。

18%上升到28%以上。到2050年，世界90亿人口中的1/5将超过60岁，目前这些发达国家的比例到时候更将高达1/3，近1/10的人将超过80岁。发展中国家目前已经有4.9亿60岁以上的老年人；到2050年，这一数字将上升到15亿。联合国估计，到2050年，全球新生儿预期平均寿命将从2010年的68岁上升到76岁，发达国家将从77岁上升到83岁。而且，由于女性平均寿命比男性长五年以上，到时候老年女性的人数将会远高于老年男性。

还有些人对寿命延长持更乐观的态度。他们估计，人类的预期寿命是每年延长三个月，因此到2050年，长寿命国家的预期寿命将远超90岁。不光如此，老年人也越来越能保持活力。65岁以上老人的丧劳率有所下降，各种毛病一般到生命最后一年才会集中暴发。将来我们会看到更多活跃的老年人。

问题在于过去的养老金制度已经跟不上21世纪的变化了。1935年，为防止老年人陷入贫困，美国推出了社会保障（国家养老金）计划，当时的退休年龄是65岁，而平均预期寿命只有62岁。但到了现在，美国人的预期寿命已上升至78岁。美国因此在1983年立法，让退休年龄于2027年前逐步推迟至67岁。但事实上，如果没有其他进一步的改革，养老金覆盖的退休年限仍会比20世纪30年代长得更多。这不是危言耸听。而且，其他发达国家也会遭遇类似的问题。

我们想要分析这样一个重要事实：人们在名义上退休后还会继续活很多年。在2017年，经合组织估计，其成员国的男性退休后预期还可以活14—24年，女性则还可以活21—28年。

这数字不但比1970年高出50%，而且还被低估，因为经合组织是用2007年的预期寿命来计算的，而不是用未来的数字。养老金在财政上无法维持。

根据国际货币基金组织的说法，金融危机造成的损失和老龄化危机的成本相比就是小巫见大巫了。这个结果根据三个因素得出，一是当前的养老基金压力，二是现行的劳动力参与模式会持续，以及老年人口抚养比（old-age dependency ratio，这个比例是用15—64岁的人数除以65岁及以上的人数得出）的上升。在欧盟，老年人口抚养比将从现在的4，降至2040年的2。换言之，现在4个劳动者缴的钱养1位退休人员，将来就是2个劳动者养1位退休人员了。而且，15—64岁的人也不是人人都有工作，因此真实的财政负担会更重。如果把这一点也算进去，眼下的抚养比可能还不到3，到2040年的时候甚至会小于1.5。粗略说来，如果每个人退休后都领养老金，那么每3个劳动者就要供养2位65岁以上的老人。

但这个比例可能也无法维持，退休的概念和养老金制度都是工业化时代的产物，将退出历史舞台。面对财政危机，各国政府纷纷开始行动，他们取消了提前退休的制度，停发和年龄挂钩的丧劳津贴，减少养老金里的政府负担部分，推迟申领国家养老金和全额国家养老金的年龄。个人缴费比例和可申领养老金的年龄都在提高，而且女性要填的窟窿比男性更大，要拿到国家养老金，个人的缴费年限越来越长；如果想拿到全额，要支付更长的时间。在有的国家，尤其是在北欧，提取国家养老金的法定退休年龄如今与国民预期寿命挂钩，随着人们平均寿命的延长，医学突破一次次发生，养老金的最低提取年龄也因此推迟。

这种趋势等于在撕毁过去的社会契约。但实际情况更加复杂，政府确信养老金存在财政缺口，他们也同样担心老龄化对劳动力供给的影响。许多政府正在想办法让老年人继续工作，而不是回家领取养老金，因为他们觉得劳动力马上就会短缺（虽然这在经济衰退时期显得有点匪夷所思）。要想解决这个问题，那就得让老年人也去从事不稳定的工作。

从提前退休到退而不休

如此一来，政策制定者就打开了一扇方便之门。不稳定岗位越来越多了，特别适合老年人从事这些工作；反之，在市场上工作的老年人一多，又会制造更多不稳定岗位。这样一来，过去人们提早退休的长期趋势被扭转过来了。

英国就是一个很好的例子。莱斯·梅休（Les Mayhew, 2009）观察到，50岁之后还在劳动的人口比例大幅下降，因为这个年纪大概是可以开始申领私人养老金的时候。到64岁，只有不到一半的男性和不到1/3的女性还在劳动。大部分人在这个年纪还很硬朗，而且50—70岁群体的健康状况一直在改善。一个人越健康、受教育程度越高，老后从事经济活动的可能性就越大。梅休估计，平均而言，现在人们的健康状况足以让自己在现行的65岁退休后继续工作11年。这些还能工作的老年人是一个巨大的劳动力池。

很多老年人实际上已经在继续工作了，只是没有留下官方记录。其中不少人都是彻底的朝不保夕者。事实上，老年人早已成为驱动壮大朝不保夕群体的一股力量。他们已然成了廉价劳动力的来源，工资低、福利少，很容易被解雇。在某种意义上，他们的地位和本书后面要提到的移民群体差不多。但也有个不同之处：很多老年人还挺乐意过这种狭义的"不稳定"生活。光是被人需要，往往就能让他们心存感激。这个群体中有许多人都会报名成为志愿者。据专为老年人服务的活动组织"关爱老年人"（Age Concern）估计，在这个名义下，老年人每年对英国经济的贡献高达300亿英镑，这还没有算上他们照顾孙子孙女的贡献（以及照顾子女，这样的人数量越来越多老的第二代一起操心）。

老年人从事的主要是兼职的、临时的和自雇工作。美国和欧洲的民意调查发现，除了法国和德国，其他国家大部分"婴儿潮"一代的老年人都希望延迟退休，借此获得更多养老金，而且大部分人都想从事兼职工作。2007年欧洲晴雨表（Eurobarometer）①的一项调查发现，61%的美国人宁愿自雇也不愿找工作。24岁以下的欧洲人和美国人一样，也热衷于这种相对自由但冒进的工作方式，不过年纪大的欧洲人还是更倾向于找份工作安稳度日。除了年龄差异，国家间的情况也不尽相同。大约57%的葡萄牙人更愿意自雇，而比利时人中只有30%喜欢这种工作方式。

---

① 代表欧盟委员会和其他欧盟机构定期进行的一系列民意调查。调查涉及欧盟成员国各类热点问题。

现在的政策风向越来越倾向于让老年人退休后仍留在劳动力市场里。尽管各国的态度有所不同，但年轻人和老年人都很积极地看待这个变化。在英国、丹麦、芬兰和荷兰，几乎90%的人对欧洲晴雨表的调查员表示，如果老年人想要工作，社会就应该帮助他们找到工作。相比之下，55%的希腊人对此持反对意见，在希腊、塞浦路斯、匈牙利、意大利和葡萄牙，大多数人认为老年人会抢走年轻人的工作。

在2008年后的经济衰退中，各国政府纷纷采取了与20世纪80年代截然不同的做法，他们限制老年人申领丧劳津贴，提高提早退休的门槛，借此鼓励老年人继续留在劳动力市场。因为金融危机冲击了很多老年人的养老金储蓄，导致他们都推迟了退休计划。

有一点值得注意，在2008年后的经济衰退中，老年人的就业率并没有像年轻人那样大幅下滑。在美国，受养老金缩水等因素的影响，老年劳动力的供给量反而增加。一项调查发现，50岁以上的受访者中，有44%的人想推迟退休，其中有一半人还打算在原来预计的退休时间基础上多干三年。现在，美国1/4以上的劳动力都在55岁以上，这反映出老年劳动力大幅增加的趋势。雇员福利研究所的年度调查发现了惊人的变化。2007年，17%的人计划在60岁之前退休；而到2009年，这一比例只有9%。计划在60—65岁退休的人数也减少了，打算在65岁以后退休的人数比例从24%升至31%，而那些希望终身不退休的人从11%跃升至20%。人们的心态转变非常大。这已经不能用20世纪每次经济衰退都会出现的"次级工作者"

(secondary worker）效应①来解释，而是一个全新的问题。

老龄化也让代际关系变得更加尴尬。在工业化社会，年轻人和壮年群体只需要照顾他们的孩子，不用照顾父母，因为父母已经故去或者来日无多，即使活着也不会提出很多需求。如今，许多年轻人自己的生活都风雨飘摇，更遑论赡养父母，毕竟这种状态可能还要持续很多年。而且，晚育的趋势可能让将来的他们要同时抚养孩子和照顾年迈的父母，他们的处境因此就更为艰难。

如今的老年人基本不指望养儿防老。这就促使更多的人投入劳动力池中，甘愿成为朝不保夕者。但国家并不是中立的，在他们眼里，失去家庭支持的老年一代可能会成为一种财政负担，有的政府不愿承担这种后果。人们担心，"4-2-1"规则将越来越普遍，一个子女要承担赡养两位父母和四位祖父母的责任。此外，随着地域流动性增加，三代同堂的情况难以为继。

在其他国家，政府将更多希望寄托在"有工作能力的"老年人身上，指望他们来照顾其他体弱的老年人，并让女性背负"三重重担"，一边照顾小孩、老人，一边工作，最后再让社工和护理院兜底。

接受政府补贴的一代

老年人并不在意是否能创出一番事业，也不需要长期的雇

---

① 指经济不景气时，因家中主要工作者被解雇或减薪，家中原本收入低、工作不稳定的工作者进入劳动力市场以补贴家用的现象。

佣安全，他们的存在让朝不保夕群体更为壮大。这让他们对年轻人和其他朝不保夕者构成威胁，因为老年人可以毫无压力地接受没有前途的低薪工作。年轻人发现手里的工作看不到出路，往往会很失意，但是老年人不会。尽管如此，他们还是可以分为"牢骚满腹的人"和"笑嘻嘻的人"这两类。

"笑嘻嘻"的老年人只是为了老有所为。他们有养老金兜底，贷款也都还清了，有医疗保险，后代也已长大成人独立生活。只要孩子们愿意，他们甚至有余力为孩子搭把手或给予他们经济支持。不少老年人这样做其实是为了追寻一种耐人寻味的"工作与生活的平衡"。

我们通常认为，只有照顾孩子的年轻夫妇才会在意工作与生活的平衡。但对老年人来说，一些别的诱因同样很重要。曾有位 56 岁的前市场总监告诉露西·凯拉韦（Lucy Kellaway, 2009），退休后他又开始当邮递员，这让她感到很困惑：

> 不过他后来又说了一些事情，让我觉得还是有道理的。这份新工作让他每天都可以"重启大脑"。意思就是，当他每天下午 1 点下班到家后，直到第二天早上 7 点半，都不需要再去想工作的事了。以前上班的时候，办公室里的事情让他时刻处于焦虑的状态，搞得神经紊乱，注意力完全无法集中在任何其他事情上。于是我就开始明白，为什么他如此热爱这份新工作。邮递员这份工作在客观意义上的好坏并不重要，从事这份工作比担任高级经理舒服得多就足够了。他喜欢拖着大邮包上路的感

觉，因为现在的他知道另一种生活是什么样子。他明白，有些事情是多么令人痛苦，比如耗费自己生命的工作，只是在逼迫别人做他们不愿做的事，还要为自己无法改变的事承担责任。

很多老年人对此都有共鸣，哪怕从事一些毫无职业发展前途的工作，他们都甘之如饴。老年人从事临时工作，刻意掩藏自己的专业能力和经验。就这样，对于那些试图在职场上晋升的年轻职工来说，老年人成了前所未有的竞争对手。

另一方面，"牢骚满腹"的老年人没有养老金可兜底，贷款还没还清，有的人连能够哭诉的家人都没有。他们急需用钱，害怕自己流落街头，成为"流浪汉"或"流浪妇"，为了活下去愿意从事任何工作。这份求生欲望就让他们对其他朝不保夕者构成威胁。无论是"牢骚满腹"的人还是"笑嘻嘻"的人，为应对养老金危机以及长期劳动力短缺的风险，政府都会帮助这些老年人和年轻的朝不保夕者抢饭碗。

第一，政府正在对私人养老金（以及某些公共养老金）的投资行为提供补贴。由于担心螺旋式上升的养老金成本，各国政府开始采用税收激励的办法，鼓励大家投资私人养老金（就是为这些私营养老金机构减税）。和大部分补贴一样，这些政策违反了公平原则，相当于在贿赂那些有能力的人投资符合自己长期利益的事。从公平的角度来看，这种做法很难说有什么正当性。这项补贴让老年人更有条件和年轻人竞争。那些五六十岁的人从政府补贴项目里获得养老金收入，可以毫无压力地接受低薪工作，毕竟养老金也不是由雇主支付的。而且他们还更愿意去从事那些不用登记在册的工作。

第二，政府鼓励企业留住老员工，甚至鼓励聘用年迈的新员工。一些政府甚至会推出相关补助。在日本，超过退休年龄多年的人还在工作挣钱正成为常态。像日立这样的企业还会特地返聘很多60岁以上的员工，但只支付较低的工资（只有一般员工的80%），这些员工在公司里既没有地位，也无法累积资历，而政府却还在补贴企业这种用工方式。

第三，老年人是保护性监管发生效力的最后阵地之一。从工业社会遗留而来的年龄歧视，到现在依然相当普遍。政策制定者正在与此作斗争。美国首开先例，在1967年制定出《就业年龄歧视法》，目的是为40岁以上的人提供平等的就业机会。这个法案后来经过修订，允许企业为大多数岗位设置强制退休年龄。在法国，政府对任何解雇老员工的企业征收相当于一年工资的"德拉兰德税"（the Delalande contribution）。但这样的税赋反而让企业不愿聘用老年员工，政府只好在2010年将其废除。尽管如此，欧盟指令下的许多国家依然会对就业年龄歧视的公司罚款。

如果你相信劳动者的生产力会随着年龄增加而下降，那么你就会知道，那些反年龄歧视法案只会让雇主使用其他策略摆脱那些生产力低下的劳动者。虽然政府可以通过补贴老年人来弥补老年劳动者生产力低下的问题，让就业机会均等，但是在第三产业的体系中，各个年龄段的劳动者生产力差别不会太大，因此，试图平衡就业机会差异的政策实际上可能会增强老年人的竞争优势。国际应用系统分析研究所的维加德·斯基尔贝克指出，不少工作的生产力确实在劳动者步入中年后下降。虽然"3D工作"[肮脏（dirty）、危险（dangerous）、要求高（demanding）]可能减少了，但更多的工作需要调动认知能力，就这方面而言，50多岁的人确实在走下坡路。此时，人的"流体智力"，包括数字技能和适应新奇事物的能力都会下降。不过幸运的是，对老年人来说，"晶体智力"，也就是常识、经验和语言能力，要到年纪非常大的时候才会衰退。在事业上曾积累经验和能力的人具备长期从事边缘劳动的人所没有的能力，这让前者在很多服务性工作中颇具竞争优势。

更关键的是，老年人不需要年轻人渴望的各种企业福利，比如产假、托儿所、医疗保险、住房补贴、健身房会员卡之类的东西。老年人的用工成本更低，让年轻人和雇主谈判薪资待遇时更为不利。

一些美国企业正在把手伸向即将退休的"婴儿潮"一代，给予诱因让他们承担更多工作，或利用他们申请减税。比如，通信设备制造商思科公司就把两个内部机构协同了起来，一个是名字高雅的"领袖传承网"（其实都是快退休的员工），另一个是名字不怎么惊艳的"新员工小组"，目的是以老带新，传承知识。很多老年人因此付出了更多"为获得工资的劳动"，劳动强度增加，公司美其名曰"传帮带"，实际就是帮公司廉价培训新人而已。

随着领取养老金的人越来越多，而帮退休人员负担养老金的劳动者就会越来越不满，特别是他们想到自己老后还未必能享有前辈的待遇，便更为不满。于是政府开始推行多方负担的养老金体系，让雇主支付企业年金来补贴因公共养老金池不断缩水而留下的缺口。国家开始推行终身储蓄方案，这在理论上对朝不保夕者和专业技术人员都适用，让他们在需要的时候领到一笔津贴，增加收入保障的来源。但在实践中，这种变化可能反而让更多人丧失安全感，因为他们无法定期储蓄或足额缴费。最后，人们无法存下充足的钱应对养老金危机，目前社会保险制度给予的交叉补贴也相当有限。

除了养老金本身面临风险，养老基金也有破产或投资失败的概率。金融危机后，这种事已经发生过了，正是老年人承担了这些风险。这也可以部分解释为什么每次经济衰退时老年人要重返劳动力市场，推高了失业率，拉低了工资水平。

另外，鼓励老年人投入劳动也可能为国家带来其他成本。出去工作的老年人越多，可以承担无偿工作的老年人就越少。很多退休老人以前会做志愿者或是从事照料工作，比如在家照顾孙辈或体弱多病的父母，等等。同样，如果让这些老年人去打零工，也会带来额外的成本。但最大的问题还是，相比年轻劳动者，老年人还是能得到补贴，而且也更愿意接受朝不保夕者的身份。要解决这种代际紧张关系，需要进一步的改革，本书会在第七章提出一些建议。

少数族裔

少数族裔是否有很大的可能沦为朝不保夕者？目前尚无定论。我们在这里提到他们，是因为这个群体面临着很高的劳动力市场门槛。不过也有证据表明，少数族裔会努力将自己的职业衣钵代代相传，常见的渠道是家族事业，或是族内的相互联系和人际网络。

但是，并非所有少数族裔都是这样。我们会发现，尽管2008年美国的经济衰退被说成是"男性大衰退"，但受冲击最严重的群体是黑人男性。到2009年底，美国有一半的年轻黑人男性失业。这个惊人的统计数据还是把服刑人员排除在劳动力之外后得到的，当时，在监狱里的黑人囚犯数量几乎是白人的五倍。

美国黑人男性必须承受各种残酷环境的折磨：很多人都有案底，居住在高失业率地区，缺乏做小生意所需的人脉关系，受教育程度也低于社会平均值。2010年的时候，只有大约一半的成年黑人有工作，年轻的黑人男性中，更是只有40%的人在工作。而成年白人男性的就业率却有59%。而且，就算都失业了，黑人的失业时间也还要比其他族裔平均多出五周，这让他们丧失更多技能、更多积极的态度和更多人际关系的优势。黑人创出一番事业且不让自己沦为朝不保夕者的概率太低了。

"残障人士"：一个重构中的概念？

"残障人士"这个概念总是让人非常难过。平心而论，我们每个人都有某种程度的损伤或身心障碍。多数人身上的问题（身体、精神、心理上的）终其一生都不会被注意到，也没人会在意。但是，还有很多人因自己特殊的损伤受到注意，而影响了别人对待他们的方式，因而遭受苦难。

如今这个可以实时诊断和通信的电子化世界更容易辨认和分类一个人的缺陷，并为某些人贴上永久的标签。这就意味着，更多人都在被这种方式评估，然后被分类、治疗或刻意排除。社会上矗立着一道若隐若现的歧视之墙。

残障人士就是这样沦为朝不保夕者的。人们一旦被当成异类，他们就只能选择一些不稳定的生活方式，而且也更容易被逼入那样的处境。随着老龄化社会的到来，越来越多的人即将进入老后失能时期，他们延长的寿命，也让其他人有更长时间注意到他们的身心障碍。

随着社会对残障人士的日益关注，政府开始制定一系列政策。就劳动力市场而言，他们创建制度化的配额体系、设立专门的工作场所、颁布反歧视法、推出工作场所机会均等修正案，等等。此外，他们还更加积极地从人群中筛选出符合要求的穷人。20世纪80年代，很多国家采取丧劳救济的办法，制定宽松的认定标准，将失业者完全从劳动力中排除。但到了21

世纪初，补贴账单堆积如山，政府对补贴政策的可持续性存疑，着手在医疗上重新定义残障，想方设法让更多残障人士变得"适合雇用"，并推动他们就业，以此来降低申领补贴的人数。很多人因这种政策沦为了朝不保夕者。

以公共讨论中很少谈到的"偶发性身心障碍"（episodic disability）这个词为例，这一现象是残障和朝不保夕者之间的关联性越来越强的原因之一。全球几百万人偶尔出现健康问题是很正常的事，比如偏头痛、抑郁症、糖尿病和癫痫。但这些患者很容易成为世界弹性劳动力市场的受害者，雇主不仅不想雇用他们，更是迫切希望摆脱这些"表现不佳"的劳动者。很多人只好在不稳定的岗位上屈就，陷入劣势和不安全感交织的不稳定循环之中。这可能会加重他们的病情，还可能引发新的问题。现有的福利体系也会使偶发性身心障碍者碰壁，因为福利制度会以他们具备劳动能力（当然他们确实有）为由拒绝他们的申请。社会上绝大多数人都想工作挣钱，但在雇主看来，有那么多更"可靠"的人可用，为何要雇用这些身体不太利索的人？

罪犯：高墙后的朝不保夕者

朝不保夕群体中还有一群数量庞大的人：出于各种原因而被判刑的罪犯。如今，罪犯的数量攀上历史新高。服刑人数的增加，也是全球化的特征之一。越来越多的人被逮捕、指控和监禁，沦为被剥夺重要权利的失权者，大多生活在朝不保夕的处境中。这和功利主义重新抬头，惩戒犯罪分子热潮的兴起有关。此外，监控国家的技术能力，以及安保服务、监狱和相关活动的私营化也对此推波助澜。

与20世纪70年代的福柯、大卫·罗斯曼（David Rothman）和叶礼庭（Michael Ignatieff）三位学者的预测相反，监狱不仅没有衰亡，反而成了一种更庞大的机构和政府的政策工具。自20世纪70年代以来，比利时、法国和英国的囚犯数量翻了一番；希腊、荷兰和西班牙则增加为三倍；美国的囚犯人数增加为之前的五倍（Wacquant, 2008）。在意大利，每天都会出现700名新的囚犯。监狱是一张孕育朝不保夕群体的温床，一座提前测试不稳定生存方式的实验场。

如今，每50个美国人中就有超过1人有前科，因而无法享有完整的社会权利。在已提高定罪率的国家，比如英、法，正在把居民视为犯了罪的失权者。英国监狱中大约有40%的狱友曾经在所谓的"照料体系"里待过，出狱后也往往因有前科而找不到工作，又因失业而再次犯罪回到狱中。

刑事处罚会让人陷入不稳定状态，惶惶不可终日，只能从事缺乏发展前途的工作，难以维持长期稳定的生活。几乎在每一件事上，他们都遭受双重惩罚，除了因罪有应得的事情吃苦头，出狱后也很难正常地回归社会，这等于是在加重惩罚。

不过，监狱里的朝不保夕者也在增加。德里郊区有个印度最大的、已经私有化的监狱综合体，它利用囚犯生产各类商品，并将很多东西放至网上贩卖，这里有最便宜的劳动力，他们8小时轮一班,每周工作六天。拥有大学文凭的犯人每天大概能赚一美元,其他人的薪水则少一点。2010年,英国新任司法大臣宣布要延长监狱里的劳动时间,他希望罪犯每周工作40小时。在美国,报酬微薄的监狱工作早已司空见惯。想必那些高墙外的朝不保夕者肯定都很欢迎罪犯们将这些烂工作抢走。

本章小结

朝不保夕者的背景各异,不仅限于本章提到的这些群体。我们在思考这类人的时候,应将不同类型的人考虑在内,他们的不安全感程度各异,对不稳定生活状态的态度也不尽相同。

全球各地朝不保夕者的增加,与四种显著的变化同时发生。其一,女性逐渐在职场上取代男性,以至于大家都在谈论劳动力市场的"阴盛阳衰"。男性因此沦为朝不保夕者,而女性却要背负"三重重担"。其二,老年人重返职场,领着国家补贴从事不稳定工作,压低了年轻人的工资水平,抢走了他们的工作机会。至于年轻人,他们面对着地位挫折、没有发展前途的工作,以及那些外国人的工作竞争。后面我们还会提到,如果他们坚持等待更好的工作机会,就有可能被妖魔化为懒惰鬼,这是一种没有出路的困境。

同样值得注意的是,从比例上看,越来越多的成年人似乎具有某种被社会认定的残障,这让他们更有可能跌入不安全且没有职业前途的工作中,国家甚至还会补贴这种工作。最后,出于各种原因，被刑事定罪的同胞也越来越多，他们以后除了成为社会底层的朝不保夕者，没有太多别的选择。接下来，我们要讨论朝不保夕者中人数众多的马前卒：移民。

第四章　移民：受害者、反派还是英雄？

移民在全世界的朝不保夕者中占了很大的比例。他们是朝不保夕者增加的原因之一，同时也有可能成为朝不保夕者增加的主要受害者，他们被社会妖魔化，被当成问题的替罪羔羊，但这些问题其实并不是他们造成的。除了极少数人，他们所做的一切都只是为了改善自己的生活。

"移民"一词本身就带有历史包袱，各种移民的经历和作风也都不同。有些移民像游民，四海为家，被迫或已习惯了漫游，总希望"有一天"能安定下来。真正的游民其实知道自己要去哪以及为何而去，但当代游民就更为机会主义。另外还有一些"回力镖移民"，离家去别处赚钱或是积攒经验，计划尽早返家。还有的移民就像那些难民和寻求庇护者，从离家之初就想找机会移居外地。

20世纪中期，当时各个经济体之间还比较封闭，全球人口的流动性一度下降，但随着全球化的发生，人口开始大规模流动。如今，每年有10亿人跨越各国国界，而且这个数字还在增加。根据国际移民组织的数据，2010年全球有2.14亿国际移民，占全球人口的3%。因为非法移民的数量难以统计，所以实际数值可能比这个数字更高。此外，世界上可能还有7.4亿人是"境内"移民,包括大量进入工业化城市的农村流动人口,他们与国际移民有许多共同特征(House, 2009)。

尽管2008年金融危机后,移民合法迁入工业化国家的速度降低,但此前,移民的规模以每年11%的速度增长(OECD, 2010a)。如今澳洲每4个劳动者就有1人是移民,爱尔兰的比例则是1/5。在欧洲,也有1200万公民背井离乡,前往其他欧盟成员国居住。

目前,美国仍然是移民的主要接收国。在21世纪的最初十年,每年有超过100万的"合法"移民入境美国,可能还有50万的"非法"移民流入。如今,美国1/8的人口是移民,近1/6的劳动者是非本国出生的,这创下了自20世纪20年代以来的最高纪录。过去,美国精心设置的进入门槛导致移民在劳动力中所占比例从1910年的最高纪录21%降至1970年的5%。但到了2010年,这一比例又回升到了16%。在加州,每3个劳动者中就有超过1人是移民,而在纽约、新泽西和内华达,这一比例超过1/4。尽管移民主要从事农业、建筑业、餐饮业、运输业和卫生保健行业,但还有1/4受过高等教育并拥有博士学位的劳动者出生于海外。

除此之外,其他国家也开始大量接收移民。1970年,移民人口占总人口10%以上的国家只有48个,2000年的时候已经增至70个了。在德国,8200万人口中有1600万具有移民背景。在一些城市,1/3以上的居民是移民,其中一半以上是儿童。在其他欧洲国家,移民在人口中的比例也在上升,这或许与本国国民的低生育率有关。在英国,每10个人中就有1人是移民，21世纪的最初十年见证了有史以来规模最大的移民潮。按照目前的趋势，本世纪下半叶，"白种"英国人可能会成为少数族裔（Coleman, 2010）。

在现代，并非所有移民都是从欠发达国家迁移至发达国家的。如今的移民在大体上有1/3是从欠发达国家移民去了发达国家，1/3是从一个发达国家迁移至另一个发达国家，还有1/3则从欠发达国家迁移至另一欠发达国家。有很多像南非这样的国家，同时出现大量人口输入和流出。此外，虽然移民的形象目前还有所争论，但如今的移民具备下列七项特征，反映了全球化变迁的趋势，也助长了朝不保夕群体的壮大。

第一项特征是非法移民的数量达到了历史高点。很多政府默许非法移民，它们一方面声称正对此进行限制，另一方面又为这种用后即弃的低薪劳动力供给大开方便之门。美国拥有世界上最多的非法移民，2008年估计达到了1200万人，比2000年增长了42%，其中超过半数的人来自墨西哥。非法移民引发了许多彼此冲突的政治反应。2006年，美国众议院通过了一项将"非法移入"定为重罪的法案，该法案却在参议院受阻。到了2007年，参议院也想通过一项类似的法案，但未能成功。2009年，美国的两大工会联盟推出一项计划，试图将非法移民纳入秩序的轨道，并发起了一场合法化运动，不过还是没能成功。改革的倡议者们认为，把移民的影子经济放到台面上，将增加税收，让非法移民不再被虐待，提高所有人的工资，促进经济增长。但政客们立法的政治意愿仍然薄弱。毕竟，非法移民大军能带来的利益实在巨大，把移民合法化的企图说成是在危害全体公民安全的民粹主义者也实在太多。

世界其他地方的非法移民在增加，引发的反应与利益冲突也很相似。非法移民劳动者不光是廉价劳动力供给，而且在必要时或违抗命令时，就可以被解雇和驱逐出境。企业或家庭的工资和酬劳支出表上不会出现这些人，当经济衰退时，他们就会消失在社会的角落和缝隙中。经济繁荣时，因为雇主雇用很多不在统计数据里的人，生产力也出现了惊人的增长；而经济衰退时，这些移民则能制造出一种奇迹，让就业率的降幅"神秘地"低于产出和需求的下降幅度。非法移民劳工真是名副其实的劳动力"影子后备军"。

第二项特征是移民中"循环迁移"（circulation）的比例越来越高。这和20世纪早期的上一波移民高峰形成了鲜明对比，当时大多数移民都到了新国家定居。现代循环迁移的人觉得自己是流动的，四处奔波只为从事临时工作，心里想着要赚到钱，汇给亲戚。

第三项显著特征是移民中女性比例的提高（OECD, 2010b）。女性经常独自背井离乡，她们在国际移民中的比例攀至历史新高。长期以来，在各国境内"移民"中，女性所占比例一直很高，在一些国家中甚至超过了一半。有确凿的证据表明，世道险恶，其中贩卖人口和卖淫最为突出。此外，还有令人悲哀的"家庭照料链"，也就是农村女性从村里前往城镇或国外去照顾别人的家人，然后把自己的孩子交由别人来照顾。许多女性移民要找人担保，又往往背负债务，因此很容易遭到伤害和虐待，也没有任何保障，只能生活在阴影之中。有些家庭和文化不给年轻女性选择的机会,就把她们嫁给可疑的、不知在何处的夫家,这种婚姻造成了不正常的流动。然而,和男性一样,很多女性之所以选择背井离乡,都是为了追求更好的生活。

第四项特征是全球化让跨国学生增加。留学生虽然不是新鲜事,但近年来它的规模急剧扩大。可能受到美国反恐措施的影响,更多学生如今选择前往美国以外的国家。2001—2008年,全球留学生的数量增长了50%,但在赴境外留学的学生中,选择去美国的人数却从28%降至21%。

第五项特征是跨国公司内部的人员流动。这种现象也有很长的历史了。例如,中世纪的大型商业银行也是这样做的。但在今天,系统性流动却覆盖了整个公司,从高管到基层员工,大部分层级的员工都有可能被外派。外派可能会打断员工本来的职业生涯规划,给人带来一种喜忧参半的混杂式体验。

第六项特征更令人不安,难民和寻求庇护者从未像今天这样多。目前合法安置这些人的方法,都继承了第二次世界大战前和二战时期政府处理大规模流离失所者的做法,后来的1951年联合国《关于难民地位的公约》(*Convention Relating to the Status of Refugees*)就是这样诞生的。人们以为,和其他战后重建事务一样,难民问题也是个可以在短期内解决的问题,这些做法是为了帮助难民日后返回母国或前往其他地方重新定居。不过如今的环境恶化、压迫和国内冲突让越来越多的人不顾他国越来越高的进入门槛而依然选择逃离母国。很多人因此陷入长期的社会和经济不安全状态之中。

据联合国难民署称，2009年全球有超过1500万名难民，其中大多数位于亚洲和非洲，另外有100万名寻求庇护者在等待有关机构的处置。由于战乱，还有大约2700万人在自己的国家内部流离失所（Internal Displacement Monitoring Centre, 2010）。在全球范围内，一场悲剧正在上演。数百万人在肮脏的旅馆、拘留所、营地或荒野中苦熬岁月，失去了尊严、技能，甚至是人性。

越来越多的人滥用上述《公约》中立意高尚的**不遣返**原则（non-refoulement，任何缔约国都不能将面临危险的人遣返回国）。在有的国家，处理难民申请的平均时间已延长至15年以上。难民们进退维谷，被目标国家拒之门外，只好困在过境国家，处境日渐恶化。在很多国家，大多数公民赞成提高移民入境门槛，相比于处境更好的经济移民，他们更敌视难民和寻求庇护者。

最后一项特征是一个新的流动人口群体——"环境难民"的出现。根据估计，到2050年，将有2亿人因海平面上升、气候变化等环境恶化问题而被迫离开家园（Environmental Justice Foundation, 2009）。2005年的卡特里娜飓风引发了美国历史上最大规模的人口迁移。两周内，150万人逃离了墨西哥湾沿岸，人数是20世纪30年代因为"灰碗"（Dust Bowl）[1]事件而迁徙的三倍。五年后，新奥尔良城有一半的人口还在外漂泊。这次灾难可能只是更多类似事件的一个先兆。

---

[1] 即沙尘暴重灾区。

第四章　移民：受害者、反派还是英雄？

总之，移民的数量正在增加，状况也正在改变，移民的处境越来越不安全，沦为朝不保夕者的人也越来越多。此外如今移民问题也开始"去地域化"（de-territorialisation）。这个不怎么光彩的词，指向一种不怎么光彩的趋势。现在，越来越多"看着像移民"的人在本国内遭到骚扰性质的检查，他们被警察和民间私警拦下，被要求自证身份，还要自证是守法的良民。

2010年，美国亚利桑那州颁布SB1070号法案，授权警方的执法行动可以"去地域化"。该法案规定，警方一旦怀疑有人从事非法活动，就可以要求他们出示证件证明自己是合法移民。该法案的支持者认为，这并非在进行"种族定性"（racial profiling）①，但这个法案显然让警察有权盘查任何一个看似是移民的人。发生在亚利桑那州的事情，如今也正发生在世界上的许多其他角落。

新型失权者

虽然前面提到各种类型的移民，比如游民、"回力镖移民"、非法移民、难民、想在外国定居的人，等等，但是我们还是忽略了一个存在已久的概念：失权者。失权者并非公民。在中世纪的英国和其他欧洲国家，君主或统治者可以自由授予

---

① 警察及其他执法者在执法过程中，以种族、肤色、族裔、国籍或种族起源为依据对某人进行调查或确定某人是否与犯罪行为有关的做法。

入境外国人一些本地人或公民与生俱来的权利（但并非所有权利），这些外国人就是失权者。一位失权者可以花钱拿到官方颁布的"特许证"，在国内购买土地或者从事贸易活动。

　　普通法中的失权者并非完全的公民，其地位类似于今天的"在本国的外国人"；它沿袭了古罗马的理念，允许失权者居住在国内，但无权参与当地的政治生活。后来，这个词有了另一层含义，用来指称经常光顾某一地方的人，例如经常泡夜店的"夜店失权者"。另外，它还被用来指称美国废奴前不具有奴隶身份的黑人。

　　所有跨国移民其实都是失权者，有的群体拥有一部分的公民、社会、政治、经济和文化权利，但不拥有所有权利。从正在持续建设的国际权利机构可以看出，失权者的种类繁多。其中处境最不安全的人，要数寻求庇护者和非法移民。他们拥有某些公民权（如免受攻击的权利，但这些权利源于属地原则，只要在该国境内的人就能拥有），但没有经济和政治权利。合法的临时居民更安全一点，但他们也没有完整的经济或政治权利。最为安全的，是那些通过正当程序获得完整公民权的外国人。这种分层体系都源自每个地方的特殊语境，即使是在欧盟这样的单一区域中，各国的分层方式也不尽相同。

　　双重国籍和多重身份，让失权问题更为复杂。移民可能会因为担心自己失去母国的公民权，而不愿在居住地国家入籍。某人可能有权住在某个国家，但不能在当地工作，反之，某人可能有权在另一国工作赚钱，但如果工作合同结束，就不得居住在该国。有的法学家将这种状况称为"跨国性的失权身份"

(cosmopolitan denizenship)(Zolberg, 1995)。

不过，失权者这个概念依然有用，它可以界定人们在社会中能做什么以及不能做什么。这条光谱的一端是寻求庇护者，他们实际上没有任何权利。随着这群人的人数增加，各国政府只会让他们的处境更为艰难。他们常常遭受羞辱，被当作罪犯对待。稍微有点能力的人为了求生，就过上朝不保夕的生活。很多人干脆放弃希望，眼看着自己的生命消磨殆尽。

接下来要讨论的则是非法移民，他们拥有基本的人权，但缺乏经济、社会或政治权利。通常，他们别无选择，只能在朝不保夕的生存状态下苟且偷生，比如很多人从事影子劳动。美国有数百万非法移民，在缺乏工作权的情况下依然被雇用。他们生活在被驱逐出境的威胁中，无权享受社会保障，比如申领失业救济金。在西班牙，数百万非法移民撑起了这个国家巨大的影子经济规模。其他大多数国家的情况可能都差不多。

还有一些人获准临时居留，但签证类型限制了他们的合法权利范围。他们可能拥有某些社会权利，比如有权享受企业和国家福利，或许也有权加入工会或商会等经济组织。但他们几乎或根本无权提高自己的社会经济地位，也没有政治权利，这就导致他们几乎没有机会融入当地社会。典型的失权者即指向这一群人。

再往光谱的另一端走，是拿到长期居留权并且可以正式自由选择职业的外国人。他们的处境可能相对安全，但也面临经济和社会权利方面的结构性限制，比如，居住地国家可能不承认他们的职业资格证。他们原来可能是工程师、建筑师或牙医,在某国获得资格,但不能在另一个国家开张执业,只因两边的标准不能互认。就这样,全球数百万拥有专业技能的移民不能人尽其才,被迫从事低阶工作,成为"大材小用"的朝不保夕者。

这种问题,主要是由职业资格证制度的发展方式造成的(Standing, 2009)。仅在德国,就有超过50万的移民因政府不承认他们的专业资格而无法执业。但这种现象是全球性的。职业资格证的发放一直是限制和影响人口迁移的办法之一。任何人到纽约街头,就会碰到拥有律师执照和博士学位的移民出租车司机。在美国、澳大利亚和加拿大这样的联邦制国家,你只要从一个州或省移动到另一个州或省,就会发现自己成了失权者,丧失使用专业技能或是从事贸易活动的权利。但是职业资格证不被承认的问题在跨国流动上更为普遍。职业资格证制度已经成为全球劳动过程的一部分。迄今为止,在剥夺全球各地越来越多人的经济权利上,它已经成了一种强有力的方式。

通常,迁入地也会从法律层面禁止这些失权者担任公职或参政,他们合法受雇的可能性不大,只能从事自雇工作。如果他们平时表现得不太像守规矩的"安善良民",可能就会因为危害公共安全而被驱逐出境。这就限制了他们融入当地社会的机会,强化了他们作为"外来者"的地位。法国和德国将权利分为三个层级,本国公民享有全部政治权利,其他欧盟国家公民享有部分政治权利,第三国(非欧盟成员国)国民则完全没有政治权利。在英国,有些来自英联邦或爱尔兰的第三国国民也被纳入第一或第二阶层。

第四章　移民：受害者、反派还是英雄？

各国政府一直在给合法移居增添更多必要条件，这个过程就让更多人沦为岌岌可危的失权者。此外，失权者可能在法律上拥有某些权利，但事实上不具备。在发展中国家，这种糟糕的例子越来越多。

在印度，理论上每个人都应该享有平等的权利，但从法律、政策或实际状况来看都并非如此。比如，城市贫民窟的居民耗费数年才拿到选民资格和定量供给卡，但可能依然无权使用城市自来水和下水道。而且，也没有任何明文规定一个人要等上多久才能享受当地的居住权利。印度境内的移民确实有权在国内任意地方工作和生活，但因为每个邦的资格规定都不一样，他们可能无法送孩子去当地学校上学或者拿到定量供给卡。该国的失权者也和非正式劳动者高度重叠。比如，在城市贫民窟的那些家庭作坊里劳动的人无权用电。而街头小贩则被当作罪犯对待。至于"非公民"，比如来自孟加拉国或是尼泊尔的家庭劳动者，完全没有任何权利。

和20世纪初不同，今天的移民不但没有成为当地的新公民，反而陷入了某种**去公民化**进程。很多人不仅没有融入当地，反而被剥夺了不少公民权利——包括当地人拥有的权利、在母国时本来拥有的公民权利，以及随法律地位而生的权利。很多人在新的国家还无法获得职业公民权，因此被禁止在自己的本行执业。不仅如此，他们也无法拿回一开始就被剥夺的权利，这让他们更容易受到剥削，甚至无法成为无产阶级这种稳定的劳工阶级。他们被招之即来，挥之即去，无法享受国家或企业福利，雇主可以轻易地辞退他们而免受惩罚。如果他们进行抗争，有人就会动用警力来惩处他们、给他们定罪并驱逐他们。

上述现象显示出劳动过程的碎片化，不同类型的朝不保夕者拥有的权利各不相同，社会收入的结构也各不相同。这种差异影响了他们在社会中的身份。本地居民可以对外展示多种身份，合法移民可以只展示最为安全的身份，而非法移民则不能展示任何身份，以免暴露。

理解了失权者的概念，我们再来讨论人们如何对待特殊的移民群体，移民又在朝不保夕群体壮大的进程中扮演怎样的角色。

难民和寻求庇护者

先从难民和寻求庇护者开始分析。下面的例子就能清晰地说明他们的困境。据一份议会和卫生服务监察专员出具的报告（2010），负责难民事务的英国边境管理局积压了25万份申请庇护的待办案子。很多人的案子一拖就是好几年。某位2000年就获准无限期居留的索马里人直到2008年才收到他的证件。这些人生活在经济阴影下，生活停滞不前。他们背负失权者的身份，饱受煎熬，每周领取少得可怜的42英镑补贴，还不能合法工作，而且工党政府后来还收紧了对这些寻求庇护者的援助。这可真是制造从事影子劳动的朝不保夕者的秘方啊。

非法移民

妖魔化"非法移民"已成为民粹主义者对朝不保夕者产生总体不安全感的反应之一。民粹主义者声称，本地劳动者的苦难应归因于非法移民，而不是劳动弹性化政策以及不断缩水的社会援助。2008年再次当选意大利总理时，贝卢斯科尼发表的第一项声明就是誓言打击所谓的"邪恶军团"，他用这个词来称呼那些非法移民，并立即颁布了一项法令，授权民间自行成立私警团体。这些组织毫不掩饰他们对非法移民的敌意。另外，他还在全国各地发起了驱逐吉卜赛人的行动，将他们从聚居区逐出意大利。

2010年1月，在意大利半岛鞋尖位置上的卡拉布里亚大区，非洲移民因抗议工资被拖欠而上街，事后，他们的临时住所被推土机夷为平地，许多人被立即驱逐出境。这些人本是当地黑手党招募到自己底下农场干活的廉价劳动力，自从金融危机后，黑手党就不再支付他们工资。他们的抗议活动本身可能就是黑手党煽动的，黑手党明知抗议活动的后果，结果这些非洲人遭到民间私警的枪击和殴打，当地居民还一片拍手称快。在这场抗议发生之前，非洲人就已遭受过当地年轻人多年的骚扰和攻击了。不过，意大利内政部部长罗伯托·马罗尼却在一次受访中表示，这些都是对移民"过度宽容"的结果。类似的针对移民的袭击，在意大利各地都有发生。

讽刺的是，具有移民背景的时任法国总统萨科齐居然还高举民粹主义的口号，下令捣毁"非法的"吉卜赛人营地，将他们逐出国境。这些人被"如期"送回保加利亚和罗马尼亚之后，很多人还誓言重回法国，因为他们拥有在欧盟境内自由迁徙的合法权利。从内政部部长那里流出的一份备忘录清晰地显示，政府将吉卜赛人当成主要驱逐目标的行为，很可能违反了法国宪法（Willsher, 2010）。但移民部部长埃里克·博森却在新闻发布会上宣称"他们有权在欧洲地区自由流动并不等于有权自由定居"。显然在他看来，既然叫移民，那就要不停地移动而不能停下来定居。可这还怎么能叫社会呢？

与此同时，在大西洋的另一边，一群身上文着宗教图案、穿着T恤的狂热人士拿起了武器，并在美国亚利桑那州和墨西哥的边境巡逻，用双筒望远镜观察着那些衣衫褴褛的亡命之徒。这些人中的大多数只是为了追求更好的生活而铤而走险。有的人确实携带了毒品，但一般都是被毒贩胁迫的。还有的人是"罪犯"。不过罪犯在每个族群里都有，并不仅限于移民。但是，在美国，妖魔化移民的现象却无处不在。随着朝不保夕的移民在美国逐渐增加，官员们开始突击搜查涉嫌雇用"非法移民"的工厂。尽管奥巴马总统下令停止此类突袭，但这种事情很容易死灰复燃。

亚利桑那州于2010年通过的州法规定，非法入境属于一种州内轻罪，同时联邦也将其定为一种民事侵害行为，这加剧了移民和"本地公民"之间的紧张关系，后者一直担心自己沦为朝不保夕者。这条法律要求当地警方在进行"合法接触"之后，检查那些引起"合理怀疑"的人是否具有移民身份，对无法拿出身份证明文件的人予以逮捕，这就为警察开了方便之门，让他们可以找个无关紧要的借口，随机把看着像西班牙人的司机拦下来。由此引发了西班牙裔美国人及其支持者的全国性抗议。但这件事也触碰到了民粹主义者的神经，让他们祭出所谓的"文化代沟"，对他人展开不加掩饰的种族歧视。亚利桑那州有83%的白人老年人，但只有43%的白人儿童。许多白人老年人都相信，他们是在为别人的小孩纳税。这就助长了茶党（Tea Party）以抗税为武器的民粹浪潮①，"婴儿潮"一代的男性在这些运动里特别活跃。类似的事情正在德国发生，因为在很多德国城市，大多数儿童已经都是移民的后代了。

大部分美国人似乎都支持亚利桑那州的新法律。根据一次全国性民意调查，受访者支持下列提案的比例分别如下：

提高雇主雇用非法移民的罚款	80%
将雇用非法移民的行为入刑	75%
要求警方向联邦政府报告非法移民	70%
派遣国民警卫队在美墨边境巡逻	68%
建造更多的边境围墙	60%
允许警方要求移民出示身份证明	50%
禁止非法移民儿童上学	42%
要求教堂检举非法移民	37%

以南非为首的许多其他国家，局势更为恶劣。数百万移民越过边境，前往南非城市，尤其是聚集在约翰内斯堡附近。他们来自津巴布韦、马拉维、莫桑比克和非洲大陆的其他地区，以及巴基斯坦等亚洲其他地区，移民总人口大概超过400万。大多数人没有工作签证，但必须谋生。要从政府手里获得工作签证并非易事，每天有成千上万的人长途跋涉到政府门口排队等

---

① 2009年初兴起的美国财政保守政治运动。该运动支持小政府原则，呼吁政府降低税收、缩减开支、弱化监管，以减少美国国债和联邦预算赤字。

候，只希望能拿到一份工作签证。

绝望的移民被迫从事着非法工作，工资低于当地最低薪资且没有任何福利保障，这就进一步造成很多南非年轻人无法获得符合法定薪资水平的合法工作了。移民黑工的存在拉低了工人的整体议价地位，壮大了朝不保夕群体，并让政客和经济学家以大规模的失业为由，要求降低工人的实际工资和劳动保护力度。实际情况是，南非的很多就业人口根本没有被计算在内，有关南非失业率高达40%的说法纯属无稽之谈。然而，2008年5月，冲突依然爆发了，城里的移民遭到野蛮袭击。数十人丧生，数千人逃离。自种族隔离制度结束以来，南非社会变得更加不平等，这些移民成了受害者。

临时移民和季节移民

还有不少其他移民虽然拥有合法身份，却依然很弱势，其地位之弱势让任何理智冷静的观察家都不禁怀疑，移民到底是否是政府为刻意取悦当地的一些利益集团、安抚当地工人而引进的，或是他们没有政治权利且无法投票而造成的。最近的一些例子可以说明问题。

英国就曾发生过多起事故，特别是2004年2月，有23名中国拾贝工人在莫克姆湾被潮水卷走，英国政府成立了一个雇主许可机构[1]，来规范劳务派遣行为。但是，平等和人权委员

---

[1] 英国非政府部门公共机构，专为防止流氓雇主虐待工人而设立，协助农业、园艺业、林业、拾贝和食品加工业人群工作。

第四章 移民：受害者、反派还是英雄？

会（2010）对英国境内的肉类和家禽加工厂做了一次调查发现，光这个行业就有9万名劳务派遣工人，政府显然没有足够的经费来真正管理这个问题。

调查发现，在英国现存的制造业中，某类规模最大的产业要求工人们在骇人听闻的工作条件下工作，工人们被迫在快速运转的生产线上站上几个小时，不能上厕所，还会受到虐待。孕妇受到的影响更是惊人，有的人流产，许多人受到公开歧视。工人们每16—17小时才能轮班一次，两班之间只能睡几个小时。有的时候，劳务派遣中介一大清早就闯入工人家中，把他们叫醒，因为超市的"实时化"管理总是在最后一刻才向工厂发出订单，这就给工厂造成很大压力，只好迫使工人随时待命。

英国劳动力中的1/3的人都是劳务派遣工，其中，70%是来自东欧的移民，还有一些来自葡萄牙。大部分人都说，雇主对派遣工更不友好，低薪和恶劣的工作条件让英国本地工人不愿成为劳务派遣工。某些英国工人告诉平等和人权委员会，这些劳务派遣中介只雇用移民的做法违反了《种族关系法》。另外，劳务派遣工之所以被虐待，也和政府的检查只是走过场有关。

令人失望的是，平等和人权委员会并不打算提起诉讼，只是建议该行业应自行改进劳动条件，这有点一厢情愿了。换句话说，这就是在任由朝不保夕者遭受虐待。2004年颁布的《雇主（许可）法》并未管辖到护理业和酒店服务业，但这两个行业的移民劳工人数恰恰是最多的。

同样在英国，2009—2010年很多东欧移民在经济寒冬中失业，因债务缠身而无家可归，当地政府开始对其进行遣返。在林肯郡的波士顿，2008年移民农业劳动者占到全城总人口的1/4。当农场里的工作消失时，很多人就此回国，但也有人继续留下来，希望找到新的工作。他们没有资格享受国家福利，特别是求职者津贴（其实就是失业补贴），这要求申请者至少连续受雇一年。隆冬时节，一些无家可归、身无分文的人只能住在临时支起的帐篷里。这一群体的患病率和轻微犯罪率都在逐渐攀升，政府把他们看作社会疮疤，准备将这些流浪的劳动力从当地社区里清除出去。波士顿当局请来了名为"犯罪减少行动"（Crime Reduction Initiatives）的"花衣魔笛手"，让这个由政府和地方议会资助的组织，负责解决社会混乱的病根。

"犯罪减少行动"合同里的工作说明足够温情：查明无家可归的人是否有资格申请补助，如果没有，就送他们一张回家的单程机票。有人可能会问，为什么政府要请一家专门打击犯罪的公司来承担这个任务？这看起来像是在将警务工作私有化。对此，负责人约翰·罗辛顿（John Rossington）对媒体表示："波士顿流浪汉问题严重，这些人大部分来自东欧。其中的绝大部分人并不符合领取补贴的资格，或弄丢了证件，没法证明自己具备申领资格。我们现在鼓励他们站出来，让我们可以确认他们的处境。"（Barber, 2010）"犯罪减少行动"明确了商业目标，直言遣返移民是为了帮政府节省开销。"这些人身无分文，极端弱势，特别是在寒冷的天气还得风餐露宿。一旦他们触犯法律或生病，纳税人所承担的成本比送他们回东欧的单程机票可贵多了"。

长期移民

在很多国家，合法定居的移民会因为文化差异而被妖魔化。这很容易催生出歧视性政策，引发仇外暴力行为。下面是两个比较悲情的例子，点明了更广泛存在着的趋势。

在20世纪50年代和60年代，德国引入了来自土耳其和其他南欧国家的数十万外来廉价劳动力，借此创造"德国奇迹"（德国复兴的代名词）。政府原以为协议到期后，这些外籍工人就会回家，于是确保他们无法从社会、政治和经济方面融入当地，给了他们一个不属于德国社会的特殊地位。而事实上，外籍工人却留了下来。这就为国内的仇恨情绪埋下了种子。由于低生育率，德国人口开始萎缩，民粹主义者高喊国家的未来会被外来人口主宰，描绘了一幅底层穆斯林移民拒绝融入德国社会的画面。于是这个最初阻止移民融入社会的国家，反过来责怪移民没有融入当地社会。

到了2000年，移民的后代可以选择加入德国国籍，只要他们在年满23岁之前提出申请即可。这说明德国想把外籍工人的身份从失权者过渡为本国公民。此前，德国对新生儿国籍的认定遵从属人主义[①]而非属地主义。然而，这个外籍工人体

[①] 以自然人的血统关系（即父母国籍）为标准确定其原始国籍，是由亲子遗传而取得国籍的法律原则。

系却埋下了冲突的种子。

其他欧洲国家也遭遇了同样的困境。德国本地人口正在减少，人口总数也在下滑，劳动力短缺的情况令人担忧，但只有少数德国选民同意政府用"受管控的外来移民"来解燃眉之急（Peel, 2010）。偏重商业利益的自由民主党（Free Democrats）原本想推行一套引进技术移民的积分制度，但基督教民主联盟（Christian Democrats）认为与其引进廉价劳动力，不如好好训练自己的本地工人，因此否决了这项动议。不过，2011年，德国还是首次开放了大门，接纳来自东欧的劳动者自由流入。现在，德国境内已有250万欧盟移民了，这个数量位居欧盟国家之首。

德国还推出了"全国外来移民融入计划"，增加了语言培训机会，现在公立学校里都引入了介绍伊斯兰教的课程。但是，本地人的种族偏见依然很严重。2010年，著名的社会民主主义政客蒂洛·萨拉辛（Thilo Sarrazin）说，柏林的土耳其人和阿拉伯人"既不愿意，也没有能力融入德国"。民意调查发现，大多数德国人都同意这种说法。萨拉辛此前被德国联邦银行董事会开除，不过他出版了一本刚上市就大卖的畅销书，声称他不希望自己的孙辈生活在一个充斥外来文化的社会里。这种状况和德国历史上的悲剧相比，有过之而无不及。

接着我们来看看法国的情况。第二次世界大战后的几十年里，法国跨境劳动力的问题都由私人公司负责处理，这些公司从国外招募工人来填补国内的劳动力缺口。这段时期，北非地区原本的法国殖民地正在去殖民化，许多马格里布人

(Maghrebian)①纷纷从摩洛哥、突尼斯、阿尔及利亚来到法国,他们在赴法移民中所占的比例不断上升,2005年达到了30%(Tavan, 2005)。几十年来,法国一直对本国公民和北非移民之间的冲突三缄其口。因为大多数移民都是有工作的年轻人,是社会保障体系中的净贡献者,而法国公民则是净受益者。政府却正在制造朝不保夕者。这些移民的工资低于法国工人,也比本地人更容易被辞退,部分原因是他们聚集在像建筑业这样的低技能职业上,此外歧视等因素也导致经济波动对他们影响更大。失业的马格里布人都没有社保缴费的记录,无法申请失业救济金,只能硬着头皮依靠需要经过经济状况调查的"最低安置补助"过活。然而,非法国国民必须持有居留证,并在法国居住五年以上,才有资格申请最低安置补助、住房福利和医疗保障。很多马格里布人因此被拒之门外。

法国政府曾默许非法移民在本地生根发芽,但1996年以后,许多来自马格里布和撒哈拉以南非洲的移民陷入了尴尬的境地,他们管自己叫**没有护照的人**。尽管他们在法国工作多年,但突然之间,他们的身份变得不确定了,甚至是非法的。于是**没有护照的人**组织了抗争,拒绝继续成为局外人,要求政府把他们的临时劳动合同改成正式合同。但此时,政府却对他们显示出了敌意。虽然有些人的身份被合法化了,但是成千上万的非法移民还是被遣送回国,光是2009年就遣返了2.9万人。2010年4月,法国移民部部长宣布,政府会继续驱逐那些

---

① 北非地区阿拉伯国家的代称,包括摩洛哥、阿尔及利亚、突尼斯、利比亚等国。

要求合法化的**没有护照的人**。

即便获得了法国国籍，马格里布人依然是失权者。他们虽然在法律上与本地人拥有相同的权利，但在实际生活中并非如此。以《劳动法》为例，法律虽然规定员工在就业期间享有平等的待遇，但对招聘时的歧视问题却放任不管。机会平等和反歧视委员会的一项研究指出，在巴黎，如果雇主从名字上就能看出你是马格里布人，那你获得面试的机会就只是其他人的1/5，而马格里布人大学毕业后获得面试的机会，也只是法国本地的毕业生的1/3（Fauroux, 2005）。这样看来，2005年末，第二代马格里布人会在巴黎郊外的高层住宅区发起抗议，就一点也不奇怪了。他们对体制感到深深的失望，体制在名义上给予他们平等的地位，实际上却造成了他们朝不保夕的处境。

这些例子（大都和欧洲腹地的穆斯林移民有关）表明，曾经受到欢迎的移民，即使在异国扎根，也会变成被妖魔化的局外人。他们正再一次遭到边缘化。

朝不保夕者，一支流动的劳动力预备队

人们原本以为，2008年金融危机后的大衰退会改变移民的流向，但要预测全球经济走向实际上没有这么容易。比如，2009年从英国返乡的移民规模相当大，来自东欧的欧盟新成员国的合法移民工人数量下降了50%以上。据预测，未来五年将有20万技术工人从工业化国家返回印度或中国。但与此同时，另一个重大的变化也正在发生。

随着经济衰退日益严重，就业总人口中的移民比例也在急

剧上升。即使本国人的失业率上升，企业仍在继续雇用外国人。2008年末至2010年末之间，出生于英国的就业人口减少了65.4万人，而移民的就业人口却增加了13.9万人。从这个现象中我们也能隐约看到，裁员因行业而异，本地工人阶级和低阶工薪族聚集的传统工业受到了重创。另一方面也反映出企业倾向于利用经济衰退来摆脱年龄更大、成本更高的长聘员工。此外，企业如今极易改用廉价临时工和那些"不在册"的员工。全球化的弹性劳动过程，已经摧毁了过去"后进先出"（last-in, first-out）的排队机制。如今，经济衰退加速了人们沦为朝不保夕者的势头，鼓励雇主雇用那些最听话的员工，让他们接受更低的工资和更少的福利。

尽管许多移民已被遣送回国，但是移民取代本地劳动力的事还是发生了，而且因此产生的额外成本最后都由政府买单。西班牙和日本提供了现金奖励，诱使移民自行离开。英国则帮移民购买了回家的单程机票。各国政府设法控制移民数量的时候，都遭遇了来自商业利益集团的阻力。

虽然政客们可能会摆出姿态，支持限制移民并把他们遣送回国，但商界仍然希望更多移民来充当廉价劳动力。在澳大利亚，一项调查发现，企业拒绝削减持有签证的技术移民数量而非本地工人。他们支付给移民的工资，还不到支付给（或者应该支付给）本地工人工资的一半。最后，工党政府站在了商界一边，同意企业在招人时可以不再优先照顾澳大利亚本地工人（Knox, 2010）。

在法国和意大利等低生育率、人口老龄化的欧洲国家，商业组织同样反对政府限制移民，尤其反对限制熟练工人移民。在英国，跨国公司游说联合政府，要求其撤回对欧盟以外技术移民数量设置上限的计划。有些人甚至提出具有道德争议的建议，要把限量的工作许可证拿来拍卖。

在日本，尽管一些政客的民族主义和反移民情绪日益高涨，企业却拥抱具有日本血统的韩国人和巴西工人，以及来自中国的债役工人。据估计，在美国，2005年，非法移民工人的数量占农业工人的一半，占肉类和家禽行业工人数的1/4，以及洗碗工人数的1/4，而许多企业都支持将移民的身份合法化，并反对将移民驱逐出境（Bloomberg Business week, 2005）。

资本欢迎移民，因为移民是廉价和逆来顺受的劳动力。对此，反对声浪最大的就是传统（白人）工人阶级和地位较低的中产阶级，他们受到全球化的挤压，正陷入朝不保夕的境地。

从排队变成排拒？

以往，人们会觉得移民是在排队等待工作职缺。这种说法在全球化时代之前还算是比较准确的。但如今排队机制已经失灵了，主要原因是劳动力市场和社会保障制度的变革。

弹性劳动力市场加上能够轻易潜入的国境，会使国内的工资水平下降到只有移民才肯接受的水平，低于习惯了较高生活标准的本地居民所能容忍的水平。在英国，护理业、酒店服务业和农业部门的工资不断下降，工作条件不断恶化，而这些都

第四章 移民：受害者、反派还是英雄？

是移民集中的行业，这就给其他行业造成了压力。英国前首相戈登·布朗2007年时强硬地表示"英国的工作要留给英国人做"，但并没有让状况好转。实际上，入境移民的数量还是增加了。移民拉大了社会的贫富差距，再加上廉价劳动力体系使富人从廉价的保姆、清洁工和水管工处获益。与此同时，国家开放了技术移民移入，企业就不太需要培训失业者的手工技能了，进一步恶化了本地人的处境。

还有一个原因导致了排队机制的失灵——劳工主义的社会保障体系正在瓦解。各国政府急着用社会援助取代社会保险，这样一来，长居本地的公民就发现，自己在申请补助和社会服务时失去优势。这极易激起他们对移民和少数族裔的怨恨，尤其在工人阶级聚居的衰败老城区，这种情绪可能更为严重。尽管工党部分成员把该党在2010年英国大选中的失利归咎于未能在移民问题上与白人工人阶级充分沟通，但他们没有发现或不愿意承认的是，他们自己创建的经济状况调查才是真正的主因。

经济状况调查摧毁了福利国家的支柱之一。社会保险制度的基础本该是职工通过缴纳保费来换取申领补助的资格，让那些在这个体系下勤恳工作多年的人得到回报。如果申领福利和社会服务还要提供经济困难证明，那么，那些原本对社保体系有贡献的人就要往后排了，移民的处境显然更糟。这种做法对于人数日渐萎缩的工人阶级而言很不公平。但讽刺的是，英国和其他社会民主主义者当政的国家，都在推进经济状况调查这项改革。

一项对伦敦东区的开创性研究（Dench, Gavron and Young,

2006）证明，英国改用经济状况调查制度，加速了工人阶级大家庭的瓦解。初来乍到的孟加拉国移民是最穷的族群，他们排在申请政府住房队伍的最前面，而传统工人阶级家庭被挤到了申请名单的后面，被迫搬家找更廉价的住所。

移民也在无意中造成了其他社会问题。人口普查不会摸排所有移民，因此，在移民集中的地区，账面上的人口总数会明显低于实际总数，于是，英国中央政府在学校、住房等方面投入的资金也会低于当地所需。据估计，2010年可能有超过100万移民"非法"居留英国。

因为排队机制已经失灵，各国正在寻求其他办法来解决移民问题。有的国家设计出复杂的方案以确定哪些职业劳动力短缺。到2010年，澳大利亚有106种"劳动力紧缺职业"。后来，政府又将这份清单改得"更有针对性"，集中到卫生保健、工程和采矿业。但这些措施并不奏效。在英国，只有那些市场紧缺的拥有"高级技能"的人才能拿到第一等级移民签证。然而，2010年，有调查发现，至少有29%拿第一等级移民签证的人在从事低技术工作（UKBA, 2010），这就是在"浪费人的才智"。

同时，英国公民资格也变得更难申请。2009年，英国开始效仿澳大利亚的做法，提出一项计划：移民要想为自己"挣得"护照，就需要积累积分。赚积分的办法有，从事志愿工作、讲英语、纳税、拥有一技之长、自愿移居至技能短缺的地区。改用积分制，政府就可以自由修改标准，无须再像原来一样，让任何在境内住满五年且没有犯罪记录的人自动获得公民权。一位内政部的人士表示:"接下来我们要更加严格地审批入籍申请,将来不会再有自动获得公民权的事情了,在英国工作也不等于就能拿到公民身份。"(Hinsliff, 2009)

这其实就是将移民变成永久的失权者,让他们更容易沦为朝不保夕者。工党政府还计划对临时移民实行积分制度,减少对欧盟成员国以外的人发放工作签证,把某些职业从劳动力紧缺名单中移除。2010年,新的联合政府将这些限制条件收得更紧了。

总之,因为过去的排队机制逐渐消失,各国政府无法或也不愿逆转已经推动的劳动力市场改革,于是都想要提高移民的入境门槛,让不具备公民身份的失权者变得更不安全。当国家不需要他们的时候,就会鼓励他们离开。很多见不得人的肮脏事就此产生。

发展中国家的廉价外来劳动力

城乡人口流动是国家资本主义的基础,最初,有大批人从英国农村涌入磨坊和工厂做工,后来这样的过程在世界各地不断上演,只是形式上略有不同。在当今正迈向工业化的经济体中,政府设置出口加工区,促进城乡人口流动,在这些地方放宽劳动管制,限制工会谈判,让签订临时合同成为常态,并向企业提供补助。这些事已经是众所周知。但是,人们不太了解的是,历史上最大规模的人口迁移如何被组织起来,又如何加速和重构**全球**资本主义。

全球资本主义的根基就是外来劳动力,这种模式最早诞生于新兴工业化国家。20世纪80年代,我多次前往马来西亚的出口加工区,参观摩托罗拉、本田和惠普等全球知名企业的工厂。那里的工人并没有形成无产阶级,而是临时的不稳定的劳动力。来自农村的数千名年轻女性住在简陋的工人宿舍里,每周工作时间长得令人难以置信,几年后,一旦她们失去了原有的健康和劳动能力,就得离开工厂。很多人离职时,视力已经严重衰退,背部也出现了慢性病变。而全球资本主义就是踩着她们的背部创建起来的。

在孟加拉国、柬埔寨和泰国等新兴市场国家中,全球资本主义不仅仍在运行,还接纳了跨国移民。2010年,泰国境内有300万移民,大部分都是非法入境,其中许多人来自缅甸。他们的移入让本地局势变得紧张,政府由此推出了一项登记方案,要求移民向其母国申请特殊护照以在泰国合法劳动,让他们在原则上也可获得政府提供的福利和服务。缅甸移民担心自己一旦回到母国便无法脱身,并不愿打道回府。所以,大多数已回国登记的移民都来自老挝和柬埔寨。对于那些没能在截止日期前登记的移民,政府就会逮捕他们,将他们驱逐出境。但在实际执行过程中,这项规定没有那么严格,因为泰国公司依赖移民劳动力从事低薪工作,并不希望看到数百万人被逐出国门。但即便是合法移民也会遭到可怕的虐待,任凭雇主摆布,无权组建或加入工会,不得自由迁徙,经常领不到工资,随时可能被解雇,甚至被本应该保护他们的官员欺负。

第四章 移民：受害者、反派还是英雄？

这些都是新兴市场国家中劳动力市场的现实。即便有不少抗议运动和国际机构可以采取更进一步的行动来扭转这些问题，但这些现象将会继续存在。

中国拥有一支前所未见的劳动力大军。大约2亿农民工被吸引到新的工业车间，通过中外劳动力中介，进入来自世界各地的知名跨国公司工作。这些流动人口成了全球朝不保夕者的一部分，被迫在风雨飘摇的状况中生活和工作。

2008年的金融危机打击了中国的出口，上千万农民工被企业裁员，但这些没有登记在册的劳动者不会出现在失业记录中，也无法申领失业救济金。很多人回到农村老家。还有的人只好接受降薪，失去工厂提供的福利。

中国农民工的处境并不让人意外。只要很多国际品牌愿意购买具有道德争议的商品，这些品牌的供应链就会以不达标的方式进行生产。全球最大的零售商沃尔玛每年从这些供应链采购价值300亿美元的廉价商品，让美国人过上了超越收入条件的优渥生活。其他企业也靠着压低成本制造出来的廉价物件，淹没世界市场。

数百万住在城里的农民工无法享受和城里人同等的孩子就学权利、医疗资源、居住权利和国家福利。虽然孩子的九年义务教育是免费的，但没有户口的外来劳动者只能让孩子去上私立学校，或者将孩子送回老家。由于私立学校一年的学费就相当于好几周的工资，数百万农民工的孩子只能留在农村，成了见不到父母的留守儿童。

与此同时，农民工和乡下老家依然保持联系，乡下老家提供了一些保障，包括拥有宅基地和耕种一小块地的权利。正因为如此，数百万人会在春节前后离开城市，回到老家的村子里，与亲人团聚叙旧，照料一下老家的土地。中国人民大学在2009年进行的一项调查集中反映了农民工内心的矛盾之感，调查发现，1/3的年轻农民工希望在农村盖房，而不是在城市买房。只有7%的人觉得自己是城里人。

因为不能出售老家的土地或住宅，他们就更难摆脱流动人口的身份。农民工与农村的联结让他们无法在城市扎根。农村地区实际上补给了工业劳动力，让工厂可以把农民工的货币工资压至足够糊口的生活水平线以下，全世界的消费者因而能够以低廉的价格享受到高档的商品。

过去几代社会科学家将朝不保夕者称作"半无产阶级"（semi-proletarian），但是朝不保夕者不可能成为无产阶级。在成为无产阶级之前，他们起码需要稳定的工作和定居能力。光这项条件就很难满足，除非社会矛盾积累到一定程度，否则朝不保夕者并不会成为无产阶级。

中国境内的人口流动是全球已知的规模最大的迁徙过程。它是全球劳动力市场体系发展的一部分。这些流动人口正在对世界各地组织劳动力和支付工资的方式产生影响。

新兴的劳务输出机制

全球化早期，一些以中东为首的新兴市场国家成了吸引世界其他地区移民的磁石。2010年,阿联酋90%的劳动力是外籍工人;在卡塔尔和科威特,这个数字也超过80%;沙特阿拉伯则为50%。在经济低迷时期,这些国家的政府就指示企业首先裁掉外籍工人。在巴林,80%的私营部门岗位都是由外籍工人担任,政府发放一份工作签证要收取200巴林第纳尔(约合530美元)的费用,每月还要向每名外籍工人再收取10巴林第纳尔。从2009年起,政府允许外国人离开原来提供担保的雇主,给予他们四周时间找到一份新工作,否则就必须离开巴林。

后来,这类移民越来越多,世界上最贫穷国家的人来到收入水平较高的国家,在令人不适和受压迫的环境中劳作。在这一过程中,数百万移民从事着保姆、洗碗工、水管工和码头工等工作,他们汇往家乡的工资总额,比国际社会提供的官方援助金额还要多。据世界银行估计,2008年,全球外籍工人从较发达的国家向欠发达国家总共汇款3280亿美元,是所有经合组织国家向欠发达国家提供援助总额的三倍。仅印度就从旅外工人处获得了520亿美元。

不过,这也引发了一种新现象:中国、印度与其他亚洲市场经济国家,开始有组织地大量输出国内劳动者。这种做法以前是小规模慢慢发生,比如当时的政府和企业会派遣一些人员到海外短期工作。全球化时代早期,菲律宾有组织地输出女佣和相关劳动力,因为家乡还有亲戚朋友等待,所以这些人不太可能滞留不归。如今,有900万菲律宾人在国外工作,约占该国总人口的1/10;他们从国外汇入的款项占到菲律宾国民生产总值的10%。其他国家也开始仿效这种模式。

以中国为首,许多国家的政府和他们的大型企业开始系统性地、成千上万地输出临时劳动力。这种劳务输出机制正在改变全球劳动力市场。只是印度的做法有所不同。结果,一支庞大的劳动力军团正在被动员起来,在世界各地流动。

中国的劳务中介也在蓬勃发展。2007年,劳务中介招募大量年轻的中国工人进入日本,劳动者开始打工赚钱后,劳务中介还要再向他们索取一笔高昂的中介费。年轻人以为可以去国外"学习"技能,事实上大部分人都在食品加工业、建筑业、服装业、电器业的生产线上从事苦役(Tabuchi, 2010)。他们被迫每周工作很长时间,薪水却低于当地的最低工资,还要受到本地人的敌视。在那里,就算碰到无视法律法规的行为,他们也无法得到制度上的支持。

很多人形单影只,被送到遥远的地方,住在公司宿舍里,不得远离工作场所,也不会说日语。他们整日担心自己无法挣够钱来偿还欠中介的债(相当于他们一年多的工资),就被遣返回国。如果无法还债,他们在老家(唯一的财产)可能就会被抵押拍卖(许多中介以此为担保条件)。虽然有的人确实能够学到一技之长,但大部分都沦为了全球朝不保夕者的一部分,更容易让当地雇主利用他们的不安全劳动条件,降低其他劳动者的待遇标准。

日本并非个例。2010年中,以社会民主闻名的瑞典也成了众矢之的。外界发现,数万名来自中国、越南和孟加拉国的移民被带到瑞典,其中很多人以旅游签证入境,在瑞典北部的森

第四章 移民：受害者、反派还是英雄？

林里劳动，采摘野生云莓、蓝莓和越橘用于制作化妆品、制造药糖浆和营养补充剂。采摘工人的低薪和恶劣的工作条件人尽皆知，企业还在通过劳务中介成批引进亚洲人。他们挤在肮脏的住处，缺乏基本的卫生设施，没有在寒冷的夜晚中能够御寒的衣服和毯子。有些人拿不到工钱，就把老板扣住，想让社会正视他们的遭遇。

瑞典移民局承认曾向4000名亚洲人发放了工作签证，但无法处理后续发生的虐待问题，因为这个机构没有相关权力。瑞典市政工人工会虽然争取到了把这些采摘工组织起来的权利，但由于劳务中介位于亚洲而无法与这些中介达成协议。瑞典政府的说法也差不多（Saltmarsh, 2010）。一位移民部发言人表示："政府很难对在境外签署的合同采取行动。"还有一种可能是瑞典的中产阶级自己想吃莓果？

以上这些冲突，只是冰山一角。这些劳务输出机制未来可能会改变全球劳动力市场生态。随之而来的是世界上某些地区针对华工的抗议和暴力，越南和印度等国也开始改革劳动法，限制华工的数量。

在印度，有超过500万印度人在海外工作，其中90%的人位于波斯湾。2010年，印度政府推出了一项计划，为海外工人提供以自行缴纳保费为前提的"归国和安置基金"，让他们在回国后就能领取补贴。此外，印度政府还建立了一个印度社会福利基金，向位于海外17个国家的"生活困难的"印度工人提供紧急援助。这其实是一种另类的社会保险体系，开了危险的先例。这个基金向受剥削与压迫的工人提供的福利措施包括：食物、住所以及遭到遣返时所需的协助和救济。但这些工人也并不是印度最贫穷的人。这项方案其实是在补贴那些愿意冒险的工人和雇用他们的国家，减轻了外国政府为移民提供社会保障的压力，同时降低了当地企业使用印度劳动力的成本。如果很多国家都效仿印度，会有什么后果？

目前，印度已经和瑞士、卢森堡、荷兰达成了社会保险的相关协议，也正在和其他拥有大量印度移民工人的国家谈判。此外，印度也和马来西亚、巴林和卡塔尔达成了有关雇佣方式、雇佣条件和工人福利的相关协议。这是全球劳动过程的一部分，其中似乎充满各种道德风险。

数百万移民被卷入作为国家外交和贸易政策的劳务输出机制。移民工人不仅降低了生产成本，还以向家乡汇款的方式促进资本流入自己的祖国。他们是极为廉价的劳动力来源，就像一支巨大的朝不保夕者的队伍，将"东道国"的劳动力市场也推向相同的方向。如果这种现象遍布越南、乌干达、老挝、瑞典和世界其他地方，我们就该将它当成一种迅猛发展的全球性趋势。劳务输出机制正在撬动"东道国"的劳动条件，而移民也加速了全球朝不保夕者的增长。

本章小结

移民是全球资本主义的马前卒。他们人数众多，为了有限的职缺你争我夺。大多数人不得不忍受工资低、福利少的短期合同。这个过程并非偶发的,而是全盘性的。长此以往,世界很快就会充满孤苦飘零的失权者。

民族国家的扩张带来一个后果,"人们既无法归属出生地的社群,也无法自主舍弃出生地的社群"(Arendt, [1951] 1986: 286)。今天的移民基本不会失去法律意义上的国籍;再不济,他们至少还属于人类的一分子。但是,他们移居至其他国家后,无法得到一份稳定的保障,也没有机会融入当地社会,更多的人"失去了公民身份",降格为实际上的失权者。

很多移民在新的国家成了"几乎不被接纳的客人"(Gibney, 2009: 3)。有的观察家(Soysal, 1994)认为,在后民族人权规范的影响下,公民和非公民之间的权利差异正在缩小。但更多人则看到,在法律规定的权利和真正在社会中实践的权利之间出现了越来越大的鸿沟(Zolberg, 1995)。由此可知,在一个弹性和开放的体系中,权利的兑现需要两种"基本安全":基本收入安全(basic income security)和发声安全(voice security)。失权者缺乏发声安全,因此总是在维持生计时保持低调,除非走投无路,否则并不想引起注意。本地公民享受着宝贵的安全,他们不会流亡或者被驱逐出境,尽管有时发声也要战战兢兢。但无论如何,公民可以自由进出自己的国家,而失权者却是前途未卜。

构成朝不保夕现象的元素结合在一起,加剧了本地人对移民和"外国人"的敌意,这些元素分别是:移民、靠税收维系的社会援助体系,以及以所得税为主的税制(主要从收入位于中位数的人群身上征收)。这种结构让纳税人感到他们是在为贫穷的移民买单。因此,这两者的紧张关系不只是种族偏见造成的,而是抛弃了"普世性原则"和"社会团结"精神的结果。

移民和本地人之间的关系日益紧张。根据2009年在六个欧洲国家和美国进行的一项民意调查,英国对移民最不友好,近60%的英国人认为移民抢走了当地人的饭碗。相比之下,美国持有这种观点的人数比例为42%,西班牙为38%,意大利为23%,法国为18%。在荷兰,大多数人相信移民提高了犯罪率。而认为合法移民不该享有同等福利的人中,英国人占比最高(占44%),接下来依次是德国、美国、加拿大、荷兰和法国。2010年的民意调查显示,世界各地对移民的态度都在恶化。

在发达的经合组织国家,移民还掉进了一个特殊的"不稳定劳动陷阱"。实际工资和有职业前途的工作岗位都在减少,引发地位挫折问题。那些失业者面对的是工资更低、更没有职业发展前景的工作。如果批评他们对工作只会愤愤不平,不愿跳出舒适圈,好高骛远,这是不公正的。但同时,移民则来自工资低、工作前景不明朗的地方,他们到达发达国家后,本来也就比较容易接受兼职性质的、短期的和职业天花板较低的岗位。政客们打出了民粹主义的牌,将问题归咎于本地人的懒惰,为严加管制移民、大幅削减失业补助提供了借口。为取悦中产阶级,他们一并妖魔化了两个群体,展现了现代功利主义者最机会主义的一面。引发冲突的并非"懒惰"和移民问题,而是弹性劳动力市场的本质。

第四章 移民：受害者、反派还是英雄？

对此，公共话语不仅背道而驰，反而越来越将移民形容为"肮脏、危险和可恶的"人，说他们"带来"了疾病和怪异的行径，威胁"我们的工作和生活方式"，不是被拐卖的"不幸受害者"，就是娼妓，要么是人性黑暗面的产物。结果，政府在这些不友善的态度下增派了更多的边防警卫，提高移民的入境门槛。比如有的国家开始引入积分制度，还有幼稚的公民入籍考试。民众将少数移民偶发的恶劣行径当成普遍现象，要求政府严加防范。最后，移民遭到越来越多的"有罪推定"。

在此背景下，民粹主义政客将民众的敌意之火煽得越来越旺，人们也担心经济大衰退会演变为长期的衰退。接下来，我们将回头讨论朝不保夕者的另一个问题：他们无法掌控自己的时间。

第五章　劳动、工作和时间挤压

如果不了解全球化市场社会如何影响了我们对时间的概念，我们就无法把握全球化变迁的危机，也无法理解朝不保夕者所背负的压力。

历史上的每一种生产体系，都是在特定的时间观念下运作的。在农业社会，人们根据季节和天气条件的变化来调整劳动和工作作息。要求当时的农民每天工作8小时或10小时相当荒谬。只要一场大雨，就可能让农民无法犁地或收割。时间不等人，但人类尊重它的规律和间歇性变化。在世界上的很多地方，人们依然过着这样的生活。

然而，工业化带来了对时间的严格管制。正如历史学家E. P. 汤普森（1967）用优美的文字记载道：新生的无产阶级被时钟捆住了手脚。人们必须遵循时间、日历和时钟来行事，一个全国性的工业市场社会出现了。在文学领域，儒勒·凡尔纳的小说《八十天环游地球》就描写了时间概念的出现所带来的奇迹。这本书出现的时机，以及它在维多利亚时代（19世纪70年代）引起的轰动，绝非偶然。倒退五十年，这部小说大概会被人当成天方夜谭。延后五十年，它就很稀松平常，无法激发读者的想象力。

当农业社会转型为以工业为主的全国性市场，后来又进一步变成由服务业带动的全球化市场体系，人们对时间的概念发生了两种变化。首先是，人类的24小时生物钟越来越不受重视。比如在14世纪的英国，不同地区都根据当地传统的农业习惯使用不同的时间。政府花了几代人的工夫，才统一了全国的时间。虽然如今我们都生活在一个全球化的社会和经济体系中，但因为各自位于不同的时区，时间依然没有标准化。中国曾将全国的时间都统一为北京时间，借此建构国家认同。其他国家为了提高商业活动的效率，也纷纷效仿。在俄罗斯，政府计划将11个时区减少至5个。

时区能够发挥作用，是因为在自然意义上我们的身体习惯了日光，在社会意义上我们也习惯了工作日的概念。人体的生物钟和昼夜变化一致，人类睡觉和放松的时候，就从一天的劳累中恢复。但全球经济无视人类的生理特点。全球市场是一台7×24小时运转的机器，它不需要睡眠或放松，无论白天还是黑夜，日出还是日落都能一直运作。在贸易竞争力和当代崇尚的神话面前，传统的时间概念是令人生厌的、死板的、碍事的，与弹性原则背道而驰。如果一个国家、企业或个人不适应7×24小时的时间文化，就要因此付出代价。如今"早起的鸟儿"也没有虫吃，而是"不睡觉的鸟儿"才有虫吃。

第二项变化和我们如何看待时间有关。工业社会开启了人类历史上一段独特的时期，这段时期只持续了不到100年，人们按照切分好的块状时间生活。这种时间规则让生活在工业化社会的大多数人都习以为常，也输出至世界各地，成为文明的标志之一。

当时的社会和生产过程都围绕着块状时间运转，此外，社会和生产过程还依赖固定工作场所和居家场所。人的一生，上学的时间很短，将大部分岁月都花在劳动或工作中，如果运气好，还能享受一小段退休生活。在工作的那些年中，人们日出而作，工作10小时或12小时，或根据松散的合同所规定的工时工作，然后下班回家。一开始人们还拥有假期，但工业化进程缩短了假期，并以一段段短期休假渐渐将其取而代之。尽管时间规划也是因阶层和社会性别而异，但问题在于，时间被切成块状。大部分人每天有10小时待在家里，10小时用于工作，剩下的时间则用于社交。因此，"工作场所"和"居家场所"的区分也相当合理。

当时的工作、劳动、玩乐是三件截然不同的事。它们各自的运行时间很明确，相互之间的边界也清晰，人们知道从何时开始，从何时结束。一个人（尤其是职场男性）一旦离开直接控制他的办公室，尽管已经累得筋疲力尽，只能随意命令家人，但也觉得自由无比。

工业社会及其催生的思维模式，塑造了经济学、统计学和社会政策。如今，工业社会逝去已久，但政策和制度的改变尚需时日。全球化时代出现的是一套非正式规范，它与工业时代的规范产生了冲突，后者仍然渗透在社会分析、立法过程和政策制定过程中。比如，标准的劳动统计数据都是干净易懂、让人过目不忘的数字，它告诉我们，成年人平均"每天工作8.2小时"（或任何可能的数字），每周工作5天，或者劳动参与率为75%，意味着3/4的成年人平均每天工作8小时。

但这些数字不光无法呈现朝不保夕者（或其他形态的劳动者）如何分配时间，而且有误导之嫌。我要在此呼吁，我们必须发展出一个"第三产业社会的时间观"（tertiary time）概念，用来分析第三产业社会（而非农业和工业社会）的时间分配问题。

什么是工作？

关于什么是工作，什么不是工作，每个时代的定义都有其特殊性。20世纪的版本也并未比之前高明。对于古希腊人来说，劳动是奴隶和手工匠的事情，不属于公民。但是，就像汉娜·阿伦特（1958）所说，那些做苦力的人尽管具有"雇佣安全"，但在古希腊人看来依然是可悲的，古希腊人认为只有不安全的人才拥有自由，现代朝不保夕者对这种观点想必并不陌生。

第一章曾提到，古希腊人认为工作是一种实践，是为了它的使用价值而发生的，亲戚朋友都住在附近，大家彼此照应——通过这类再生产活动，他们自己也有能力成为公民。工作关乎创建公民友爱（philia）。至于玩乐，则是用来放松的。不过与此不同，古希腊人还有一个"休闲"的概念，这个概念同时具有闲暇和学习两层含义，而且都无法离开城邦生活。在当时，知识来自沉思、静止和投入。亚里士多德就认为，适当的休闲须以某种程度的懒散（aergia）作为必要条件。

因此，失权者、手工匠和外邦人不具备公民资格，因为他们没有时间参与城邦生活。古希腊人的社会模式当然是有问题的，比如他们对待奴隶和女性的方式，划分出专门让公民做的工作，等等，但是他们用劳动、工作、玩乐和休闲划分时间的方式还是很有用的。

我在其他书中讨论过（Standing, 2009），古希腊之后，重商主义者和亚当·斯密等古典政治经济学家围绕着什么是"生产性劳动"聚讼纷纭。不过在20世纪初，学者们争论什么是工作，什么不是工作时简直愚蠢到了极点：照料工作都被认为没有经济贡献。剑桥学派经济学家阿瑟·庇古[①]（[1952] 2002: 33）就认为这很荒谬，他打趣道："要是这么算，如果一位男士娶了自己的管家或者厨子，国家经济就蒙受损失了？"换言之，在那个年代，判定劳动与非劳动，并不取决于做了**什么**，而取决于**为谁**而做。市场社会的逻辑在这里压倒了常识。

整个20世纪，人们把劳动（有交换价值的工作）奉若神明，而所有不属于劳动的工作则被贬低。因此，一切为了内在效用而做的工作不会出现在劳动统计数据或政客的论调中。这不但带有性别歧视，在其他很多理由上都站不住脚。它贬低了某些最有价值而且不可或缺的活动——培养自身能力或为子孙后代的再生产活动，以及为了维持社会参与所做的活动。我们

[①] 阿瑟·庇古（1877—1959），英国著名经济学家，剑桥学派正统人物及主要代表，福利经济学的创始人。

必须挣脱出这种劳工主义的陷阱,最需要逃离的人就是朝不保夕者。

第三产业社会中的工作场所

在进一步讨论工作的定义之前,我们先来回顾一下相关的历史演变。工作场所和居家场所之间的经典区别形成于工业时代。工业社会的劳动力市场规则、劳动法和社会保障制度直到今天还在发挥作用,工作场所在人们眼中就应该是个固定的地方。无产阶级工人会在一大早或者轮班的时候,去工厂、矿山、庄园和造船厂上工,白领领薪阶级则在稍微晚一些时候去办公室上班。但如今这套模式崩溃了。

正如第二章里提到的,某些观察家把今天的生产体系称为"社会工厂",以此形容当代的劳动以及对劳动的规训和控制无处不在。但如今的政策依然假定,工作场所、居家场所和公共空间之间泾渭分明。在一个以第三产业为主的市场社会中,这毫无意义。

现在引发很多讨论的"工作和生活的平衡"这个话题,同样有点刻意。越来越多的人(特别是朝不保夕者)独自生活、住在父母家,或不断更换短期室友和伴侣,居家场所已经不是心之所在了。同时,现在很多人也将居家场所当成工作场所的一部分。此外,还有些变化不易察觉,比如很多人将工作场所或周遭地区当成自己的居家场所。

第五章　劳动、工作和时间挤压

在很多现代办公室里，员工一大早就会穿着休闲服或运动服出现，用"上班"的第一个小时洗澡、整理仪容。这大概也是白领领薪阶级的一种隐性福利。他们把衣服挂在办公室里，在工作场所摆满居家生活的纪念品，有时候还把年幼的孩子带过来玩，"只要不打扰爸爸妈妈工作就好"，当然，孩子们肯定是无法做到的。吃完午餐，到下午的时候，白领领薪阶级就要睡个"充电的午觉"了，过去这都是在家里做的事情。至于一边上班，一边在耳朵挂着iPod听音乐，更是稀松平常的事了。

与此同时，很多原本不属于工作和劳动场所的地点，如今也成了人们工作和劳动的地方，比如咖啡馆、车内，或是家中。同步发生进化的还有管理术，缩小了隐私的范围，改变了薪酬体系，等等。传统的职业健康和安全规范，很难再适用于边界模糊的第三产业工作场景。那些拥有特权的白领领薪阶级和专业技术人员，可以运用各种小伎俩和专业知识来隐瞒自己真正的"工作量"，从这种模糊的边界中获益。

而那些将要沦为朝不保夕者的人，因为担心无法完成要求，必须增加劳动强度和时间。实际上，第三产业社会中的工作场所强化了某种形式的不平等，让朝不保夕者受到更多剥削的同时，却让拥有特权的人在工作安排上变得轻松，他们可以从容地花很多时间吃午餐、喝咖啡，或在专门用来社交的酒店里长袖善舞、八面玲珑。在酒精和咖啡的迷雾中，工作场所和玩乐场所已经难分彼此。

第三产业社会的时间概念

在一个开放的第三产业社会,工业社会的时间模式,以及大型工厂和办公大楼里严密的时间管理方法都已失灵。我们该做的不是叹息旧时光的逝去,而应该了解,传统模式的失灵带走了一种稳定的时间结构。如今很多个人服务都被商品化了,包括部分照料工作,导致我们已经失去了区分大多数人从事的各种活动之间究竟有哪些区别的能力。

长此以往,朝不保夕者可能会变成永动的陀螺,被迫在有限的时间里应付各种要求。虽然这不是该群体的独有遭遇,但他们承受的压力最为沉重。总之,该群体已失去对知识、职业道德和时间的掌控。

不过,我们尚未提炼出一个"第三产业社会的时间"的确切概念,但它造成的冲击的确已经到来。其中一个表现就是时间使用的"不可分割性"。如今,人们越来越无法在某段特定的时间内只做某件特定的事情。这与工作场所越来越不固定,工作和其他活动的边界也越来越模糊不谋而合。家庭活动由一些人在办公室里完成也很常见了,反之,将公事带回家做也很普遍。

我们也可以从需求方面来思考人们对时间的运用方式。在经济学教科书、政府报告、大众媒体和法律法规中,关于时间的标准表述非黑即白,分为"工作时间"和"休闲时间"。它们所谓的"工作"其实指的是"劳动",也就是签订了合同或直接获取酬劳的活动。如果以此来衡量工作时间,哪怕是赚取收入的工作,都有误导之嫌,因为我们还有很多和劳动没有直接关系的工作形态。这个非黑即白表述的另一端,休闲时间,也同样偏离事实。这些事要是让我们的古希腊祖先听到,肯定会嗤之以鼻。

劳动密集化

第三产业社会和朝不保夕者的处境有一个共通的特征:过劳的压力。有的朝不保夕者同时从事好几份工作,原因除了工资在下降,也包括保障收入或是管控风险。

很多女性原本就背负"三重重担",如今可能还要背上第四副担子。除了要完成照顾小孩、照料老人等工作,还得从事兼职。从越来越多的美国女性从事着一份以上的兼职工作,就可见一斑。日本的情况也是一样,女性和男性身兼数职的情况日益普遍,除了从事一份看似全职的工作,还得在下班后或是在居家时从事几份非正式副业。在每天工作8小时的基础上,他们还要再工作8小时或10小时。有位身兼数职的女性告诉《纽约时报》,像这样辛勤劳作,无非是为了多拥有一份保障而已(Reidy, 2010):"其实我也不讨厌目前的主业,但我还想拥有其他稳定的收入,而不是只能依赖公司。"

2010年日本的一项调查发现,在20—50岁的就业男女中,有17%的人正在从事某种形式的兼职工作。另一项研究则发现，近一半的就业者表示，他们有兴趣从事兼职工作，主要的理由就是改善收入水平和降低风险——在国家福利缺位的情况下，人们从事多份工作是为了防范风险，而并非为了发展职业生涯。如今的工作收益很低并充满失业风险，人们只得从事更多劳动，以防万一。

但是，过劳总归会损害身体健康。一项针对1万名英国公务员的长期研究估计，每天加班3小时或以上的人患心脏病的概率，比每天工作7小时的人高出60%（Virtanen et al., 2010）。而且，长时间工作会让人承受超负荷压力，增加罹患抑郁症和糖尿病的风险。压力会导致人们不愿接触社会，引发婚姻和性功能的问题，形成一个令人绝望的循环。

另外一份研究则提到了"爆肝工作"（binge working）的问题（Working Families, 2005）。虽然《欧洲工时指令》（*European Working Times Directive*）明文规定劳动者每周的最高工时不得超过48小时，但根据英国国家统计局的数据，除了偶尔加班的人，有超过100万人每周经常工作超过48小时，其中60万人每周工作超过60小时。另外，还有15%的人在"反社会"的时间点[1]工作。

雇主可能并未直接通过缺乏保障来促使劳动密集化，而只会怂恿和鼓励这种现象。相比于雇主，弹性的第三产业社会注

---

[1] 即非正常工作时间。比如，周末和工作日夜晚的时间都成了工作时间，让人无法参与正常社交活动。

定充满不安全感和压力,因此更能促成劳动密集化。政策制定者应该好好想想,劳动密集化,对社会而言是否健康、是否必要、是否不可避免。这不是呼吁政府要加强监管,而是希望推出更多激励措施,鼓励人们更好地掌控自己的时间。

"为获得工资的劳动"

工作其实是一个比劳动大得多的概念。要想在一个以第三产业为主的弹性劳动社会求生,人们必须付出很多"为获得工资的劳动"。这类"工作"虽然毫无交换价值,但必不可少,其存在也是合情合理的。

在劳动力市场中,有一种"为获得工资的劳动",朝不保夕者做得比其他群体都要多。比如,以临时工作维生的人就必须花费大量时间找工作,与政府官僚机构或越来越多的政府外包打交道。随着福利制度的重构,补贴申领程序变得越来越复杂,哪怕是最基本的津贴,申请人想要获得或者保留资格,都要经历一系列程序。这就耗费了朝不保夕者大量的时间,让他们精神紧张。他们被迫排队、通勤、填表、回答问题、再回答更多的问题,最后才能拿到一纸证明护身。所有这些折磨人的琐碎手续都是在浪费时间,但通常都被人们忽视。弹性劳动力市场让"流动"成为主流生活方式,在判断谁有资格获取补贴的时候,一系列复杂的手续就引发了各种错综复杂的道德问题。时间被耗在这种空转的事情上,朝不保夕者当然感到筋疲力尽,更没有精力去从事其他活动了。

对那些已经拥有工作的人而言,他们会从事另一种"为获得工资的劳动",并将其作为对主业的补充。比如,用下班后的时间来经营人脉、花费时间通勤,或者"在家""在晚上""花费整个周末"阅读公司或组织的报告。这太常见了。媒体经常会报道有关"工作"或"劳动"的国家统计数字或指标,但并不会报道上述现象在如今社会中的普遍性。可以肯定,人们为了在市场社会的大潮中求生,耗费了大量时间从事这类劳动。举例来说,有些"为获得工资的劳动"其实是"为保障生活的劳动",当社会、经济和职业不安全性日益蔓延时,耗费在这种"工作"上的时间就会越来越多。而某些"工作"则是为了"给自己留条退路"。此外,还有一些深谋远虑下的行动,比如积累自己良好的口碑,先发制人地阻止负面传闻的发生。

"为获得工资的培训"也是工作形式之一。一位管理顾问对《金融时报》(Rigby, 2010)表示,由于目前技能的寿命越来越短,人们每年应投入15%的时间在培训上。投入培训的时间大概取决于一个人的年龄、经验,以及在劳动力市场中所处的位置。如果一位朝不保夕者年纪尚轻,而且只是想拓宽选择面或维持现状,也应多投入时间参加培训。

第三产业社会中的技能

如果一个社会里的大多数经济活动都是在操纵人们的观

念、符号和服务,那么,机械性的流程和任务就不是最重要的了。关于"技能"的技术性定义也会因此变得混乱。在第三产业社会中,除了那些靠花费多年时间求学、拿到正式职业资格证或从学徒制中获得的本事叫"技能","肢体语言"和"情绪劳动"(emotional labour)也是"技能"。

一般来说,无论在哪个特定领域接受培训,朝不保夕者预期的投入回报率总是要比别人更低,但参加培训的成本并不低,占据了他们实际收入(储蓄)或潜在收入(储蓄)的很大一部分。相比之下,白领领薪阶级或专业技术人员的职业发展轨迹更加清晰(参加培训的经济回报也值得期待),他们明白哪些事情不需要自己操心。劳动变得弹性和不安全的不良后果之一是,人们自主投入培训的平均收益降低了。

职业道德培训就是一种正在增加的"为获得工资的培训"。医生、建筑师、会计师等职业人群必须投入时间参加学习,学习内容是专业圈子里受到认可的、符合伦理的职业道德规范。这种要求将来还会扩大到其他职业,甚至可能成为执业的必要条件或被纳入全球认证体系,这可能会带来比较积极的变化。

另一方面,朝不保夕者面对的却是"**为**获得工资的培训"(并非在获得工资过程**中**的培训),比如,调整自己的个性、提高就业能力、经营人脉、四处搜集信息,来保持个人对某些领域最新发展状况的熟悉程度。之前那位建议"应该花15%的时间了解一点相关领域的知识"的管理顾问还补充道,"每年都要重写你的简历"。为了给人留下深刻的印象,人们费尽心思,耗费大量时间制造出一堆量产的简历,尽可能使其容纳更多内容以便于向雇主推销自己。其实这种做法恰恰是反人性的：既要你展现出个人特质，又要你循规蹈矩，符合标准化的流程和行事方式。如此令人窒息的环境，朝不保夕者何时会奋起反抗？

工业时代，"标准雇佣关系"都是在工作场所内发生的，但如今这种绑定关系正摇摇欲坠，引发了一系列的敏感问题，包括纪律、控制、隐私、健康和安全保障，以及谈判组织的存在意义也令人存疑。工业时代模式逐渐瓦解的关键问题还在于，"技能"的定义也越来越模糊。很多评论家滥用"技能"这个词，然后把"技能短缺"挂在嘴上。这类说法在第三产业社会中没有什么意义。除非我们知道人类能力的极限在哪里，否则市场上的技能将永远短缺。而且，世界上没有一个国家能够测量出其人口的技能储备情况，光以受教育年限这种标准指标来评估人们拥有的技能并不准确。园丁或者水管工没有接受过中学或大学教育，就代表他们没有技能吗？多年正规教育也无法反映出一个人在朝不保夕的世界中拥有的生存所需技能。

有些人的意见正好相反，他们认为现代的市场社会"技能过剩"，数百万人拥有大量技能，但是没有机会大展拳脚或者精进提高。英国一项调查发现，近200万名工人存在"技能错配"的问题，他们拥有的技能和实际所做工作无法匹配。但这肯定只是冰山一角；大量的人拿着一堆用不到的资格证书和文凭，任凭技能在他们的脑袋里放着生锈。

多年来，经济学和发展研究类的期刊上一直有人争论"自愿失业"的问题。有些学者认为，很多人的失业是自愿的，他们的受教育程度比有工作的人高。学校教育本该产出人力资本，让人们更容易找到工作。如果那些拥有人力资本的人无法就业，那一定是因为他们自愿选择无所事事，等待更高阶的工作。尽管少数人可能确实符合这种刻板印象，但这种简化问题的思维有误导之嫌。事实上，在学校待太久，反而可能阻碍人们发展将来在不稳定经济体系中谋生的手段。例如，精明世故、经营人脉、获得他人信任、让他人产生好感，等等。这些都是朝不保夕者需要的技能。

第三产业社会还需要一种技能，即降低"自我剥削"的程度，最好保持在产出效率最高、又可持续的水平上。比如，在网上收集和分析信息（无论出于何种目的），比如，搜索、下载、比较资料和收发电子邮件等活动，都非常耗费时间。这类活动会让人上瘾，但也会让人感到疲惫和倦怠。因此我们要学会自律，不要一次投入过多精力，才能够细水长流。连续几小时盯着屏幕，会导致注意力不集中，让人无法在工作中专心解决复杂的问题和任务。

保持良好的个人仪态也是第三产业社会中的重要技能，这类技能属于某些社会学家所说的"情绪劳动"。保持良好的形象、露出迷人的笑容、适时表达幽默、逢人进行愉快的问好，这些都成为个人化服务体系所需的技能。这类技能可能和学校教育与收入程度存在关联。有钱人家的子弟往往会发展出更精致的个人技能，也接受了更多的学校教育，但培养这种技能的并不是学校教育。在很多国家，女性的相对收入比以前高，这可能是她们的受教育水平提高、反歧视措施以及她们从事的工作类型的改变造成的。但其实"反向的性别歧视"也是原因之一。毕竟消费者和老板都喜欢漂亮脸蛋。无论这件事是否令人反感,你都很难否认,长相好看的年轻人总比年老色衰的中年人有优势。

难怪现在医美行业的生意越来越红火。那些朝不保夕者或害怕沦为他们中一员的人发现,隆鼻、隆胸、注射肉毒杆菌或做抽脂手术成了一种潜在的收益型投资,也能改善生活品质。对个人来讲,如今消费与投资之间的界限变得模糊。青春和美丽成了一种可以靠后天改变或失而复得的东西。纯粹说医美是自恋或爱慕虚荣的表现,可能不是那么有道理。利益驱动的商品化市场营造出了一种"竞争"的氛围,调整自己的行为和外表,与之相适应,就是理性的选择。只是,这种"技能"并不稳定。容颜易老,青春难回。现在那些迷人的举止,也会变得令人生厌和老套。

工业时代,大家都相信,年轻人一旦掌握了一项技能,几十年后它就会带来回报,而且整个职业生涯的收入进项都能指望这项技能。如今的社会已经没有这种保障,因此,决定工作之余的时间该如何使用就是一项风险很大的决策。对于朝不保夕者而言,这就像买彩票一样,有输有赢,输多赢少。他们参加培训课程或者拿到大学学位之后,并不知道这是否能给自己带来回报,白领领薪阶级则有所不同,他们参加培训,是为了向下一步的职业生涯迈进。朝不保夕者在培训后获得了更多技能却无处发挥,受到了更严重的地位挫折,使得问题更为复杂。

第五章 劳动、工作和时间挤压

我该不该花时间来学这个？这管用吗？去年我花了很多时间和金钱来学却没有得到回报，今年还要坚持下去吗？我去年学的东西，现在已经过时了，还要花一样的价钱，承受同样的压力，再去上另一门课吗？在第三产业社会中，人们要保住一份工作，就得不断面对这些问题。

职业技能不安全问题在某些职业中更为严重。某些技能可能会让你花费多年才取得资格证书，然后你才发现这些证书已经过时或者又不够用。职业技能的加速淘汰严重冲击了很多朝不保夕者。这其实很吊诡。一份工作的技能要求越高，就越需要与时俱进，劳动者就越是要经常参加"再培训"。换言之，你参加的培训越多，你所掌握的技能就越有可能赶不上业界的进展。这大概就是所谓的"去技能化"。所以，技能的定义就有了一个奇怪的时间维度。我们的技能不但要像昨天一样好，也要保证在明天还能派上用场。面对技能随时要被淘汰，人们会产生几种反应：要么疯狂投入大量时间，更新自己的技能；要么意志麻木，认为无论参加哪种培训课程都无法带来确定的回报而无所作为。有些评论家只会为市场技能短缺发愁，无休止地呼吁每个人增加更多培训，然而这并没有什么作用，只会让人们更加怀疑自己的存在价值，这种社会氛围无助于培养能力；反而不断制造不满，给人们施加压力。

"为社会再生产而做的工作"

"为获得工资的劳动"还有许多其他形式，有些是合同劳动之外的补充，有些是创建劳动关系的必要条件。另外，越来越多的人在从事很多"为社会再生产而做的工作"（work-for-reproduction）。这个概念其实有两层含义。主要的意思是，在既有的环境中，人们为维持自己的劳动能力和生活条件，必须（或者认为自己必须）从事的一系列活动，这个概念应该和"为获得工资的劳动"进行区分。其中，财务管理就是一种颇具挑战性的"为社会再生产而做的工作"。白领领薪阶级和专业技术人员有能力聘请会计师，并依靠银行服务提供咨询和帮助。所需的花费，和他们的收入以及从专业服务中获得的帮助相比，并不昂贵。

朝不保夕者的收入波动可能会引发更严重的生活困难问题，对他们而言，理财服务帮不上太多忙，而且成本更高。很多人无法或不愿购买他们所需的服务，只能自己想办法解决问题。有的人被迫耗费大量时间，提心吊胆地处理自己的收入和财务事务。另一些人则选择完全放弃理财。英国的一项调查显示，900万英国成年人患有"财务恐惧症"，他们看到理财过程中要做出复杂的理性决定，就感到头疼无比。在一个第三产业社会中，人们可能会因为"财务恐惧症"从小康落入穷困，特别是在遭遇家庭财务压力的时刻。而且，这种成本在社会中并不是随机分布的，而是一种隐性的不平等形式，对朝不保夕者相当不利。

在日益重要的法律知识领域，朝不保夕者仍然处于不利地位。陌生人社会依赖契约，约束性的规定渗透到生活的各个角落。在一个由复杂的法律法规管理的社会，要当好公民，我们需要通晓法律，从可靠的途径获取知识和建议。尽管现在法条众多，人们不太可能掌握每一条适用于自己的法律，但朝不保夕者在这方面尤其弱势。白领领薪阶级和专业技术人员已将自己的地位优势转化成经济优势。朝不保夕者不光知识比较匮乏，也更可能受无知所困，比如，在刚开始做小买卖的时候碰上各种麻烦。

另一种"为社会再生产而做的工作"则和消费有关。如今自助服务发展极快，企业把工作外包给消费者，鼓励人们多用网站，少打热线电话；多用自助结账，少依赖人工收银。零售业、酒店服务业和卫生保健业在自助服务技术上已经投入数十亿美元，而且这块投资还在以每年15%的速度增长。这些企业声称，这样做是因为"消费者乐于被赋权"。实际上，这是在将企业应该承担的"劳动量"变成了"工作量"，然后加诸消费者。经济学家庇古大概也会取笑这件事：当国民总收入和工作机会减少的时候，总工作量却比以前增加了。

我们往往很难计算"为社会再生产而做的工作"或是照料工作会花费多少时间，因为这类工作包含了诸多项目，而且很容易填满了个人的所有可支配时间。各种压力冲突都在争夺时间份额。在很多社会中，照看孩子需要花费更多时间，商品化的托幼服务也变得更多。根据英国国家儿童局2009年的一项调查，超过一半的英国父母觉得生活节奏过快，无法抽出时间陪孩子玩耍（Asthana and Slater, 2010）。长时间的工作、漫长的通勤，加上各种各样"无法推脱的承诺"，还有大量的家庭作业，让数百万人身心俱疲。美国的一项调查显示，3/4的美国父母认为他们没有足够的时间陪伴孩子。每个人都感觉自己承受着社会压力，必须做得更多。但是，如果因为劳动或者其他工作的需要而疏于照顾孩子，他们就会付出长期的代价。比如，孩子在成长的过程中得不到社会化的滋养，这种滋养要靠代际的知识、经验和简单亲密感的传递来完成。

在年龄光谱的另一端，寿命到了70—90岁的人越来越多，照料老人也占据了人们的大量时间。某种程度上，代际互惠关系和责任感已经被削弱了，而且随着商品化服务的兴起，养老院等机构的发展，赡养工作也被商品化了。尽管如此，还是有很多人不得不投入大量时间来照顾别人。有的人是因为受到请托而付出大量时间，并超出了负荷水平。

虽然眼下社会依然将大部分照料工作加诸女性，并且经常要求她们随时待命，但是男性其实也正在被卷入更多的照料工作。尽管有的评论家不承认照料是一种工作，但对大多数人来说，这是一种具有经济价值的义务。主要原因有三点：其一，照料工作具有机会成本。其二，这让被照料者维持工作能力。其三，它也能降低整个经济体所需负担的成本，如果将照料老人的责任完全交给国家，政府的财政负担是很重的；或者连国家也不管，那么因照料而产生的长期医疗费用也会增加。

朝不保夕者可能会遭受身边人给他们施加的压力，不得不从事更多本不愿从事的照料工作。因为周围人觉得他们拥有富余时间，而且他们也需要和身边的人处理好关系，才能在将来需要经济或其他援助时找到人帮忙。从事这类工作只会让他们再次无法掌控自己的时间。面对这种风险个体化的环境，他们除了适应也别无他法。

另外，还有一种"为社会再生产而做的工作"：心理咨询。它崛起于充满变革危机的19世纪末，在全球化时代再次勃兴。社会鼓励人们利用心理咨询来战胜焦虑和疾病，寻求心理治疗，特别是认知行为疗法，以处理由缺乏保障的生活造成的压力和紧张情绪。

这就让朝不保夕者陷入窘境。一旦他们无法确定下一步该做的事，就有人劝他们接受咨询，其中也包括"就业能力培训"。人们把那些不知道自己要做什么或无法在一份稳定的工作中"安心上班"的状态说成是异常状态，甚至为他们贴上"实质上缺乏就业能力"的标签。媒体、电视连续剧和政客们炮制出的这些绰号我们可是耳熟能详了。这种思维的本质就是强调要改变人的个性和行为，而不是为人们创造条件，让他们以不同的方式生活下去。

所有这些要耗费时间的事情（劳动、"为获得工资的劳动"以及"为社会再生产而做的工作"），本身就让人充满压力。它们只是要求人们勤奋和努力，却不让人们知晓这种日子何时结束。很多人都是在缺乏保障的环境下从事这类劳动和工作的，无法预料经济回报，已知的机会成本却很高昂，一切都是因为急需用钱。

面对这种状况,人们反应各异。有些人可能因此疯狂将每天的可支配时间填满各种待办事项,结果耗尽精力,变得焦虑而浅薄。有些人被不确定性压垮,精神涣散,就好像自我毁灭的行尸走肉。最典型的结果可能是,大部分人感到压力倍增,勉强投入更多时间从事上述工作。

结果,人们不再有时间进行具有社会价值和个人价值的活动,比如,与家人共享天伦之乐。虽然分身乏术在过去不算新鲜事,但如今已成为一种常态。这是科技发展、社会富足、生活商品化,以及人们不再在固定地点从事特定活动造成的结果。

有很多人在讨论多线程工作,也就是同时处理多项任务的能力。传统观念中,女性往往比男性更善于多线程工作,不过最好不要把这话当真,因为女性平时就得同时处理许多工作和劳动,所以她们才更懂得如何才能得心应手地"应付"眼前的事情,或者做出"够好"的决定。最近还出现了一个新词,叫作"超级多线程工作",潜台词就是"用更少的时间做更多的事"。但研究表明,多线程工作的人更难集中注意力,很容易因为新信息分心。此外,当人们必须认真思考某件事的时候,他们会将这件事记得更牢。多线程工作让人无法认真思考任何事情。因此,朝不保夕者还有另一个困境:他们知道自己无法掌控时间,却对此无能为力。

年轻人和"连接性"

某些社会运动者认为，网络和社交媒体的"连接性"（connectivity）是朝不保夕者的典型特征之一。前几代人肯定无法想象今天的年轻人与网络的连接程度，以及所衍生出的一整套生活方式。开机、上线、永远在线，不光是年轻人，其他群体比如我们，也正花费越来越多的时间建立和维持自己与网络的连接。寂静无声的时刻濒临破灭，"连接性"无处不在。

2010年，脸书的用户已超5亿。其中，超过一半的用户每天都会上线；全球各地的人每月花在脸书上的时间达7000亿分钟。推特也有1.75亿注册用户，每天产生9500万条推文。全球有50多亿手机用户，在某些国家，手机保有量甚至超过了总人口数。在美国，大约1/3的青少年每天发送超过100条短信。

围绕网络的利弊问题，人们可能还要争论多年，很可能没有定论。不过，还是有几个问题值得注意。人们最关心的就是"集体注意力缺失综合征"。持续不断的互联互通在强化弱连接的同时削弱了强连接。当电话或短信响起，私人谈话或是其他活动都将被打断。查看和回复邮件也会分散注意力。脸书和其他社交媒体把我们和未曾谋面的"朋友"联系在一起，侵入了我们原本的现实生活，让人们丧失了耐心和意志力，变得更为躁动不安。

每天在网络上投入大量时间是朝不保夕生存境况的特征之一。研究显示，社交网络可能会让人觉得更加压抑，因为它正在取代人与人的真实交往。在英国，网络成瘾者的人数甚至是嗜赌人群的两倍。年轻人尤其没有自控力，一项调查显示，网络成瘾者的平均年龄只有21岁（Morrison, 2010）。这项调查总结道："网络对一些人来说就像毒品，让他们舒缓痛苦，保持平静。上瘾会影响一个人的工作表现，有些人为了上网，连家务也不做了。"

持续的"连接性"不仅会生产不稳定的精神，由于朝不保夕者无法掌控自己的时间，也无法固定行程，因此，更容易在网络世界中分心，对上瘾也更缺乏抵抗力。"连接性"本身其实不是问题，在怎样的环境背景下使用网络才是问题的关键所在。

休闲时间受到挤压

劳动、"为获得工资的劳动""为社会再生产而做的工作"日渐繁重，也吞噬了我们的"休闲"时间。商品化市场社会最糟糕的结果之一是，人们不再敬畏休闲，不再尊重具有再生产能力和创造性的"无所事事"。承担高强度工作和劳动的人发现自己的大脑和身体都被透支，下班后几乎没有精力再做其他事情，连思考都变得费劲，只能沉浸在被动的"玩乐"中。人们只是呆呆地看着屏幕，或是隔着屏幕和人聊天，这就是他们的放松方式。当然，我们都需要某些形式的"玩乐"，但如果劳动和工作过于繁重，我们可能就会丧失精力和想法，无法参加更加积极的休闲活动。

据马克·阿吉亚尔（Mark Aguiar）和埃里克·赫斯特（Erik Hurst）估计（2009），尽管当代美国女性的劳动参与率提高了，但她们每周的休闲时间比1965年还是增加了4小时，男性则增加了6小时。但是，休闲时间不等同于有偿劳动之外的所有时间。尽管其他社会群体也面临压力，但朝不保夕者哪怕只是为了最起码的生存，都要从事大量"为获得工资的劳动"和其他工作，才能在低阶市场安身立命。

真正的休闲时间面临三个方面的挤压。过去，人们想放松自己，会参加高品质的文化和艺术活动。比如，欣赏优美的音乐、戏剧、美术作品和伟大的文学名著，了解我们自身或所在社群的历史，这些活动都需要用"黄金时间"（quality time）来实现。意思是不被打扰，不会感到心神不宁或紧张，也没有劳动或工作的羁绊而因此失眠的时间。如果失去了休闲时间，人们就更不会有黄金时间。朝不保夕者如果从事上述活动，甚至会产生内疚感。就像有的评论家建议的那样，久而久之，他们就认为自己应该把时间用来经营人际关系，不断升级人力资本。

还有哪些诱因能让人们将时间花在休闲活动上呢？这个问题如今甚至影响到了大学校园。当政府总想让大学和学院变得更"商业化"并要求他们盈利时，这些学校通常就会将目光投向没有赚钱前景的人文社科领域。2010年，英国米德塞斯大学宣布将关闭哲学系。所有伟大的教育家都会认为,一所大学没有哲学系是一件讽刺的事吧。

更令人气馁的是,古希腊人眼里"真正的休闲"(schole),如今被挤出了我们的日常生活,人们无暇参与公众生活(这是公民组成要素的一部分)。朝不保夕者基本告别了政治生活,而且他们并不是被剥夺政治生活的唯一群体。他们可能偶尔配合造势表演,或投票给一位魅力十足的候选人,但这不是稳定持续的参与方式。这种至关重要的休闲活动,被劳动、工作、娱乐时间挤压。太多的人觉得他们没有足够的黄金时间来处理"最好留给专家"的复杂问题。而让许多人的态度很容易转变为无论遇到何事都保持一种"超然的中立",轻视教育和学习的功能,转而依赖情绪和偏见解决问题。不仅如此,这个社会还想方设法不让朝不保夕者在休闲时间参与政治活动——然而这是最具有人性特质的基本活动。面对这种情况,有哪些诱因能激励他们积极投身于此?

时间挤压的第二方面是不同的人支配时间的能力极为不平等,这是第三产业市场社会总体性不平等的其中一种形式,部分原因是时间是一种具有生产力的资产。朝不保夕者必须听候调遣,随时准备被潜在雇主征用他们的劳动力。那些泡网吧的人,在家中、酒吧或是街角游荡的人,看似"有的是可以随意支配的时间"。然而,很多时候他们只是无法制订或维持如何以其他方式分配时间的策略。他们看不清一个明确的未来,因此,他们一旦离开工作岗位,时间就被虚掷了。这种时间使用方式,表面上看似是无所事事,实则是弹性劳动力市场的特质之一。只要市场希望朝不保夕者一直处于"待命"状态，他们就被剥夺了规划时间的权利。

贬低休闲活动，尤其是工人阶级休闲活动的价值，是劳工主义最糟糕的遗产。传承价值的教育活动越来越少，导致年轻人逐渐脱离他们身边的文化，丧失对他们所在社群的社会记忆。"街角社会"（street corner society）的概念已经成为一种遍布都市的意象。人们不知该如何运用时间，"闲逛"成了大家主要的时间使用方式。有人称这种困局为"休闲的匮乏"。物质上的匮乏限制了年轻朝不保夕者的休闲活动，他们囊中羞涩，也没有职业社群，更无法在稳定性的庇护下好好地支配自己的时间。这就助长了他们对包括工作和劳动在内的所有活动的厌恶态度。这是一个"不稳定劳动陷阱"。仅仅为了基本生存，人类就需要足够的公共空间，但紧缩政策却连这类公共空间也要侵蚀。毕竟，在新自由主义者看来，这些东西就是"奢侈品"，因为它们对增加产出或促进经济增长没有直接贡献。只有当朝不保夕者威胁到了社会稳定，这种评估事物价值的做法才会引发人们的反思。

随着朝不保夕者的优质公共空间逐渐萎缩，人们的攻击性行为将被助长。虽然全球化和电子技术可能会让认同跨越纯粹的地域藩篱（Forrest and Kearns, 2001），但是这并不能取代人们对实体空间的需求，毕竟人们要移动和相互交往。领地意识是人类的特征之一，并刻在我们的基因中。如果为了谋求发展而压缩或者剥夺人们所需的实体空间，最后一定会结出苦果。

工人阶级的"休闲事业"已经凋零了（Macdonald and

Shildrick, 2007），原因不仅是缺钱，也包括社会制度的动摇。在英国，包括工人俱乐部和公共场所在内的休闲事业都成了撒切尔治下激进新自由主义政策的牺牲品。法国的小酒馆也一样，它们是巴尔扎克笔下的"人民的议会"，如今却大都关张。

随着工人阶级的教育机会和休闲事业的萎缩，有的人为打发时间或争取某种社会地位，就去犯罪和吸食毒品。轻微犯罪可能比单纯的闲逛更刺激。在新自由主义的信条中，消费成为衡量成功与否的标准，助长了顺手牵羊和入室盗窃的行为，用瞬间的成就感平衡长期的剥夺感和失败感。对年轻男性而言，处处都是"不稳定劳动陷阱"。身为男性，面对不安全的生活，他们可能用这种办法来得到片刻的、低级的"尊严"（Collison, 1996），但日后当然得因此付出代价。

"惯习"（habitus）能反映出某人的阶级属性，某人的活动区域、生活方式决定了他"要做什么，不做什么"（Bourdieu, 1990: 53）。朝不保夕者的生活方式和工作方式匹配，同样短暂、弹性、投机，很少有人能够构建出稳定的道路。人们可能会因为恐惧和焦虑营造出的不安全感，而缩进一个更逼仄的空间，这一缩，生活就很难再走上正轨了。在一个充满弹性和不安全感的社会中，人们更容易虚掷光阴、无所事事，而不是利用时间自我精进，为今后的发展做好准备。

再回头思考工作场所这一概念的瓦解所造成的影响，它中断了朝不保夕者的生活机会，让生活中的任何角落都成为他们的工作场所；任何时间，甚至几乎所有时间，都变成工作时间。而且，就算不在工作场所工作或劳动，他们也无法拥有**自**

主权，到头来可能还是提线木偶。而且，统计数据也会骗人，"工作时间"并不等同于"实际的工作时间"。模糊两者间的区别会让人认为自己正在进行"自由劳动"，但事实并非如此。就像雇主有办法让劳动者从事无偿的"为获得工资的劳动"，他们也可以将工作和劳动任务挪到正式工作场所之外。

这是权力关系造成的。某些劳动无法让人获得工资，人们却不能自主决定是否要做。这种劳动是免费的（free），却是不自由的（unfree）。哈特和奈格里（2000）在一项影响深远的分析中指出：服务性劳动是免费的、"非物质的"（immaterial）、"无法测量的"（outside measure）。但事实上，这类劳动可以被量化，而且量化的标准还会被那些参与劳动关系协商人士的议价能力影响。因为生活缺乏安全感，弹性劳动文化盛行，朝不保夕者目前处于弱势地位，让雇主拿走"为获得工资的劳动"带来的大部分收益。这个问题该如何解决，目前还看不到出路。不过，"服务性工作的'难以测量'"和"'为获得工资的劳动'不好计算"，毕竟是两码事。

本章小结

朝不保夕者面临时间的压力。他们必须投入越来越多时间从事"为获得工资的劳动"，但这些工作并不能提供一条通往经济安全的可靠道路，也无法帮助人们开启工作内容与头衔相符的职业生涯。劳动密集化和对工作时间日益增长的要求，让朝不保夕者始终有种被消耗殆尽的感觉，正如某位女性所说，脑袋里已是一团糨糊了。

多线程工作、无法系统而富有意义地控制时间，也无法沟通过去和未来，只能苟活于当下，这就是第三产业社会的生活形态。当一个人陷入不稳定化的生活状态中，他就和工作绑定，无法思考职业发展。我们面对眼前的各种信号，注意力四处移动，无法集中。多线程工作降低了每件任务的生产率，碎片化的思考方式已经成了我们的习惯，让我们更难以从事创造性工作，更难以全身心投入需要专心致志、深思熟虑和持之以恒的休闲活动。休闲被排挤出人们的日常生活，人们靠被动玩乐放松心神。下班后不停地在网络上连线互动，是朝不保夕者的"精神鸦片"，正如啤酒和杜松子酒是第一代工业无产阶级的饮品一样。

如今的工作场所无处不在，它们渗透到了生活的每个角落，却又让人无法辨认，无法提供安全感。即便朝不保夕者确有一技之长，这些技能也有可能消失，不再能帮助他们获得一种稳定的身份，也无法帮助他们维持有尊严的生活。这种不健康的环境，很容易让人变得机会主义和玩世不恭，让社会变成彩票中心，由运气决定一切，而朝不保夕者承担了极高比例的失败风险。

与此同时，生活中的休闲时间也被挤压得岌岌可危，导致民主的式微。人们通常对政治活动漠不关心，只有魅力十足的新面孔出现，或发生了重大事件，才会被激发出一些短暂的回应。接下来，我们就要讨论这个问题。

第六章 『地狱的政治』

新自由主义国家一般都信奉新达尔文主义（neo-Darwinist），它们崇尚竞争，鼓吹个人责任的最大化，厌恶任何阻碍市场力量的集体事物。国家的主要作用是制定法律和加强法治。但是，法律从来都不像一些新自由主义者所描绘的那样，会缩限自己的管辖范围。它是侵入性的，会控制不合群的事物，限制集体行动，甚至会延伸成为华康德①所说的"对越轨者的公开诅咒"（2008: 14），其中最容易受到伤害的是"街头混混""失业者""寄生虫"、生活不如意的人、有性格缺陷和行为缺陷的失败者。

达尔文主义有句经典名言："适者生存。"市场将这句话化作具体现实。它具有一种令人不安的倾向，将挣扎求生的人视为异类和祸首，惩罚、监禁、驱逐他们。有很多政策和制度在设计之初就把人当成潜在的不合群者和顽劣之徒。比如，为获得申领国家福利的资格，"穷人"必须证明他们不"懒惰"，或定期送他们的孩子去上学。

---

① 华康德（1960— ），美国加州大学伯克利分校社会学教授，英语世界中介绍布迪厄理论的学者之一。研究议题有犯罪、贫困等。

朝不保夕者徘徊在一个摇摇欲坠的地带,周遭环境很可能让挣扎求生的他们转变为越轨者和高风险人士,轻信民粹主义政客和煽动家的谗言。这就是本章希望讨论的主要问题。

"圆形监狱社会"

要分析朝不保夕者如今所处的社会结构,"社会工厂"这个词已经不太准确了,"圆形监狱社会"(panopticon society)可能更贴切一些。如今社会中的各个领域,都和杰里米·边沁在1787年写的那篇关于"圆形监狱"的论文所设想的一样(Bentham, 1995)。在一个表面上是"自由市场"的社会,不仅有着政府**施用**的各种监控,更有国家的限制,只**允许**人们从事某些行为。

先来回顾边沁的观点。他被称为"功利主义之父",主张政府应该促进"最多人的最大幸福"。这就为某些人制造了便利,他们可以为了守护大多数人的幸福,而将少数人彻底推下悬崖。为此,边沁朝着一个可怕的方向,设计出一种理想的监狱。这种监狱是环形建筑,由犯人的牢房围成一圈,中间有一个用于监控的瞭望塔,警卫在瞭望塔中俯瞰囚室里的囚犯们。警卫能看见犯人,但是犯人看不到他。囚犯们因无法得知自己是否在被监控而感到恐惧,因此,他们就以被监控的状态行动。警卫的权利也正源于此。边沁称之为一种"选择的结构"(architecture of choice),他的意思是,狱方可以借此诱导囚犯的行为，让囚犯按照狱方的意愿行事。

边沁的观点关键在于，囚犯看似拥有选择的自由。但若没有做出**正确**的选择，即努力劳动，他就只能"就着凉开水啃烂面包，失去所有可以交谈的对象"。狱方还将每个囚犯单独关押，以防他们"串通一气"。边沁与新自由主义者都很清楚，集体能动性会威胁到"圆形监狱计划"。

福柯在20世纪70年代吸收了"圆形监狱"的概念，并以此为喻，分析社会如何制造"温驯的身体"（docile bodies）[1]。边沁认为，他的"圆形监狱"设计可以广泛地用于建造医院、精神病院、学校、工厂、济贫院，甚至所有社会机构。他的设计被世界各地采纳，无意中还衍生出21世纪的公司城镇（company town）。

侵犯隐私

"圆形监狱"的技术正在逐步侵入我们的生活。首先我们来看看生活中的一个重要问题：隐私或亲密空间，这两者为人们保有秘密和珍贵的情感与空间提供条件。但如今它们都濒临消亡。

什么东西属于隐私？这是法律解释的任务，但如今的法律实践倾向于缩小隐私的范围，让"圆形监狱"的趋势开始长驱直入。监控摄像头无处不在，使用范围从警方扩大至私人安保公司、企业和个人，使用目的也不仅限于私人观看。我们来看

---

[1] 即肉体并非被暴力驯服，而塑成于隐性控制。

一个小例子。有位居民住在旧金山一个治安状况不佳的社区，因为担心街道的安全，于是在十字路口装了一个摄像头，并开设了一个任何人都能访问的名为"亚当的街区"（Adam's Block）的网站，用视频直播家门口的情况。但该网站因侵犯邻居的隐私权而引来了威胁和投诉，最后只好关闭。可后来，又有其他人在同一片区域偷偷装了摄像头，换上新名字继续直播，声称"这是为了加强公民打击犯罪和维护人身安全的能力"。据说，美国很多地方都有这种邻里网络摄像头。

谷歌在2007年推出了街景服务，此举引起了北美和欧洲数据保护监管机构的注意，原因是有人沿着谷歌摄像头的运行路线，通过不安全的无线网络非法（但显然不是刻意违法）获取了个人信息。在谷歌街景服务中，人们的住房、车辆，乃至各种活动全都一览无遗。除了委婉地要求谷歌将图像进行模糊处理，人们也别无他法可以拒绝拍摄。很少有人会去页面上检查谷歌街景到底拍摄了什么内容，而且就算检查，也不知道下一步该怎么办。

像脸书这样的社交媒体也正在蚕食隐私的范围，因为用户（大部分是年轻人）自己就在有意无意地将生活中最私密的细节透露给"朋友"和很多其他人。网络定位功能则更进一步，它让用户甚至可以提醒"朋友"自己所在的位置，当然，还会让企业、警方、罪犯和其他人都知道自己所在的位置。脸书的创始人兼首席执行官马克·扎克伯格曾对硅谷的企业家们表示："人们现在自愿分享的信息比以前更多、种类更杂，而且更加公开，也不在意谁能看到……社会约定俗成的东西也与时俱进了。"

监控活动让我们想起"警察国家"（police state）的形象，当然，监控本来就源于警务活动，强化了警方和被监控者间的差异。监控还会引发"反向监控"（sousveillance），让被监控的人反过来监控那些监控者。2009年，伦敦发生了抗议二十国集团峰会（G20）的示威活动，业余人士用手机拍摄的一段视频显示，有个警察殴打一个无辜行人并致其死亡。这提醒我们，警察可未必是保护你的人。当反向监控的力量逐渐增长，警方的监控将变得更为主动，那些监控警方的人就对警方构成了威胁，成了警方要处理的对象。

现在的技术能力可以轻易侵犯隐私，深入窥探我们的生活，让"圆形监狱"的机制和目的都逐渐扩散到日常生活的各个层面。如今，就连人体也无法逃离被监控的命运。美国制药公司生产的新药丸一进入体内，就可以向医生发送服用者体内的数据。有人觉得这种技术有益处，而且服药与否是个人的自由选择。但如果这种趋势延续下去，那些不愿接受体内检测的人也许就得负担更高的健康（或其他）保险费用，甚至还可能被拒保。将来这种监测技术可能就具有了强制性，或者由保险公司强制执行。

在网络上，监控就是一门生意，从人们的网页搜索、社交媒体页面以及其他互联网活动中采集而来的信息，一直在源源不断地流入商业公司。起先，人们使用社交网络可能还是为了"友善地相互偷窥"。但如今，这种活动变成了"共同参与的相互监控"，夹带着商业或更险恶的动机。一个网络监控社会正被建造起来。

美国国家宽带计划（Federal Communications Commission, 2010）指出，现在每家企业都可以建立个人"数字身份"（digital identity）档案，这个档案"包括网络搜索、访问网站、点击流数据、电子邮件联系人和内容、地图搜索、地理位置和移动路径、日历事项、手机电话簿、健康记录、教育记录、能源使用记录、照片和视频、社交网络活动、到访地点、饮食习惯、阅读记录、娱乐偏好和购买历史"。大多数人不清楚自己的哪些信息正在被收集，也不清楚哪些人可以访问这些信息。

2007年，脸书推出的"脸书灯塔"（Facebook Beacon）广告服务，会自动采集并向"好友"发送用户的线上购物记录。后来Moveon.org这一组织发起了反向监控行动，迫使脸书将该功能修改为除非用户主动打开，否则该功能不会启动。2009年，"脸书灯塔"广告服务在遭到人们关于隐私权的集体起诉后下线。但是脸书仍然从用户浏览的报纸、发送的信息和个人博客等其他渠道收集用户信息，借此"为你提供更有用的信息和更为个性化的体验"。出于懒惰和无知，大多数用户都接受了脸书的默认隐私设置，将自己的私人信息敞开，任凭观看。美国的一项调查显示，45%的雇主会查看未来员工的社交网站资料。美国以外的用户也会在不知情的情况下，同意自己的个人数据被跨境传送至美国进行处理。用户对于网络何时会利用自己的数据以及如何利用并不知情。

网页上的隐私控制并不奏效，电子系统对隐私的侵入更难以抵挡，并为国家提供了极为强大的工具来建造"圆形监狱"

系统。在这种状况下，朝不保夕者是最弱势的群体，因为他们的许多行为都会受到监控和非议，还比其他人更容易因此受害。

另外，无证监听（wiretapping）现象也在蔓延，监控着我们每一个人。反恐战争拉近了"圆形监狱"社会和我们的距离。美国国家安全局已经将先进的数字身份识别和监控技术部署到全球各地了（Bamford, 2009）。这个机构现在已经可以肆无忌惮地非法监控我们对电子设备的使用及通话记录。

"圆形监狱"式的学校教育

"圆形监狱"式的学校教育很早就开始了。目前的中学和大学都在使用电子设备进行教学、监督、训导和评分。有位瑞典商人发明了一套几乎完全自动化的教育系统，供数千名瑞典学童使用，这套系统还被输出到国外，取得了商业上的成功。使用这套系统的学童受到严密的监控，每周却只有15分钟能见到老师。英国前首相托尼·布莱尔对这套系统兴趣甚浓，将它引入伦敦的学院型中学[①]中。

美国的一些学校为学生提供了装有安全软件的笔记本电脑，这款电脑上的摄像头可以被远程激活，如此一来，校方就能在学生不知情的情况下监控他们。2010年2月，费城郊区的某学区发生了一桩集体诉讼：有所学校指责学生"在家中沉溺

[①] 1997—2010年由工党政府设立于经济贫弱地区，取代原有功能不佳的社会学校的政府补助型学校。

于不当行为",学生们群情激愤,合力将学校告上法庭。这无疑是在侵犯学生的公民权利。这种技术除了方便敲诈勒索,还强化了"圆形监狱"的能力,培养出温驯的心智和身体。纽约市南布朗克斯区的一所中学在笔记本电脑上安装了软件,以便校方查看屏幕上显示的任何内容。这所学校的副校长每天都会花点时间观察学生的使用行为,利用"照相亭"程序(Photo Booth)的摄像头,躲在一面虚拟镜子似的计算机屏幕后观察他们。他在一档纪实节目中坦言:"我很喜欢给他们捣捣乱,然后拍下他们的照片。"

大多数人并不知道自己是否已经受到此类监控。显然,那些费城的学生起初就被蒙在鼓里。事实上,这些技术的存在就是为了监控人们的行为,就算将来这些学生长大成人,当年留存下来的数据依然可以被访问和取用。这就是正在发生的事情。

招聘、裁员以及职场纪律

"圆形监狱"式的措施也正在成为企业和组织招聘用人、规训员工、提拔和裁员的策略,这些做法基本上没有遇到任何阻力。而且它以非常难以察觉和多样的方式严重侵害了朝不保夕者的生存机会。

信奉新自由主义的国家往往声称反对劳动中的歧视,宣扬机会平等是精英政治的本质。国家对电子监控、保险市场、获得资助的行为心理学研究所衍生的歧视性技术和做法往往视而不见。由此产生的歧视只是以更幽微的运作方式继续在性别、种族、年龄和受教育程度上给予人们差别待遇。目前最新的歧视科技叫"基因图谱"。这项关键的研究是在集权主义治下的新加坡完成的。研究表明，拥有某种特殊基因（HTR2A）的人，情绪比较稳定，更有可能成为温驯的劳动者。这项开创性的研究传达了什么信息？要不要干脆在临时工身上植入HTR2A？还是直接淘汰没有HTR2A的人？

激素水平也会成为歧视的原因。日本的一项研究表明，压力激素皮质醇（stress hormone cortisol）浓度较低的人，比那些压力激素浓度较高的人更容易接受工资较低的工作，安心等待日后加薪。如果你在招聘临时工的时候知道了他们的激素浓度，那么你会选择哪位？还有一种激素叫睾酮（testosterone）。睾酮浓度高的人，支配欲与冒险精神都比较强。在大部分工作（尤其是不稳定的工作）中，雇主并不希望员工因为地位低下，或是受到较多控制而感到受挫。新加坡的研究表明，睾酮浓度过高会降低人们的团队协作能力。确定一个人的睾酮浓度并不难，用口腔拭子采样就能得到结果。如果不太方便，企业也可以要求求职者必须完成一些"性向测验"（aptitude tests）。

朝不保夕者必须小心翼翼，因为生活方式会影响他们的睾酮浓度。如果你的生活比较跌宕起伏，睾酮浓度就会升高；反之，如果你的生活平淡如水，睾酮浓度就会下降。如果你想找到工作，那就请你将自己的睾酮浓度压低。有人可能觉得这些话是在危言耸听。但请思考这项基因研究因何而诞生？除非限制这些研究的用途，否则对人的行为进行筛选的现象只会越来越普遍。《经济学人》（2010c）曾兴高采烈地讨论这种科技，认为它让"管理科学变成了一门真正的科学"。恰恰相反,它更可能迈向社会工程学(social engineering)[①]。

除了上述这些进展,越来越多的美国企业直接筛除拥有不良信用记录的求职者,认为他们将来肯定是危险员工。因此,过去和工作无关的行为会影响你将来的前途。各家企业正在系统性地推进这项工程,比如通过窥视求职者的社交网络页面来评估其性格特征、过去是否有不良行为以及人际关系,等等。这就是不公平的歧视。人们在一段时间内出现"不良信用"可能有很多苦衷,比如,生病或遭遇家庭变故。将人的前途命运交给那些粗糙的相关指标,让它们在暗中筛查求职者可能的行为,实在是有违公平。

前文曾提到,企业要求求职者花费大量时间制作简历,到达一定程度后会引起求职者的抵制。不过,求职者究竟会如何发动反抗?他们是否会生着闷气拒绝服从?他们会不会发动"原始的叛乱"?比如用伪造的材料淹没审查机构的信箱?或者,通过有组织的行动,发起一场政治抗争?组织一场限制人格审查边界的运动,制定公司令行禁止的准则?最后这种抗争方式可以成为一枚荣誉勋章,让同情朝不保夕者境遇的人对此肃然起敬。这些人会肯定朝不保夕者为夺回隐私权而拒绝公司的肆意侵犯行为所作的努力。

第三产业社会中的企业除了会在招聘中利用隐私筛选求职

[①] 通过政府、媒体或私人团体等渠道,大规模影响特定群体的文化、人际关系、价值观的做法。

者，还会在工作场所中利用"圆形监狱"的手段监控员工。国家工业资本主义在世界各地催生出很多公司城镇，在美国就有超过2500座（Green, 2010）。这种家长式的城镇在当代延续了下来，尽管形式有所变化，有些甚至演变成了巨型产业园区。比如，国际商业机器公司和百事可乐都在偏远地区建立了城镇规模的产业园区。这些地方都是市场社会下"圆形监狱"的"展品"。

2010年初，有消息透露，华尔街的许多公司聘请了美国中央情报局现役特工来"兼职"培训自己的经理人，帮助他们掌握"战术性行为评估"技术。这套技术指出，要想检查员工是否诚实，就得察言观色，辨识员工的行为线索，比如坐立不安，或者经常使用一些像"说实在的""坦率地讲"这种修饰性的词，等等。

如今，职场上的隐私正逐渐消失。大多数美国企业都要求新员工签署电子通信政策知情同意条款，放弃他们对公司电脑上任何内容的隐私权或所有权。存在公司电脑上的任何内容都属于公司。换言之，你留下的所有笔记、照片和草稿都不属于你。此外，企业现在热衷于裁员后让员工立刻离开而非在公司继续工作几日，以防员工在此期间下载电脑里的信息、联系人列表，等等。

根据美国管理协会和电子政策学会2010年的调查，2/3的美国雇主会用电子设备监控员工的互联网使用情况。这种远程控制让员工浑然不知自己是否遭到了监控。性骚扰、诽谤老板、泄露商业机密等行为都是监控目标。

管理人员现在可以通过查看电脑屏幕，捕捉键盘的敲击记录，识别员工经常逛的网站，还能用带GPS功能的手机、网络摄像头和微型摄像机追踪员工的位置。刘易斯·莫尔特比（Lewis Maltby）在他2009年出版的《公司能这样做吗?》（*Can They Do That?*）一书中提到，公司的财务压力让企业想要加强对员工的控制、降低运营成本；同时，这种做法也没有遇到多少阻力。许多本地商店或网络零售商，都在售卖这种监控器材和软件，追踪员工的摄像头也是随处都能买到。低成本的监控就是如此简单。

斯马什（Smarsh）是众多生产监控系统的企业之一，一万多家美国公司都是它的客户。斯马什首席执行官曾大言不惭地表示"企业员工应该预设自己会被监视"。一项全国性调查发现，每两名员工中，就有一人听说过有人因不当使用邮件或网络而被解雇。很多人还说过有人因不当使用手机、上班时用即时通信软件聊天，或者误发短信而被解雇。企业除了在招聘和日常规训员工时使用监控，现在连裁员时也越来越会采用监控手段了。如今的监控已经相当直接、具有个人性和侵入性，以后还会变本加厉。

英国工党政府似乎很喜欢一种监控员工的方法，即邀请"客户"对服务提供者进行在线打分。这就好像指名道姓羞辱一样，是一种以污名化的卑鄙手段控制劳动者的方式。卫生大臣还推出了一套让病患为医生评级的方案。如果一个社会不断要求享受服务的人提供反馈，那意味着专业技术人员的能力不被信任。不光是医生，如今的教师也要接受类似评分系统的监控。有的学生以不负责任地诋毁和羞辱教师为乐,教师们难道应该默默忍受着吗?这些系统会伤害专业技术人员,并将他们推向朝不保夕者的道路。面对这种情况,专业技术人员何必冒着被人在网上羞辱的风险,认认真真做事呢?索性就取悦"客户"吧!这种做法营造出一种人人拥有权力的假象,却牺牲了了责任感和专业操守。很快,我们将迈入一个人人都能为其他人打分的互相监控的时代。

家长式自由至上主义国家

在社会和经济政策领域,现在有一种新观点叫行为经济学(behavioural economics)①,它催生了家长式自由至上主义(libertarian paternalism)。卡斯·桑斯坦(Cass Sunstein)和理查德·塞勒(Richard Thaler)在2008年出版的《助推》(*Nudge*)一书颇具影响力,这两位芝加哥大学的学者都是奥巴马的顾问和朋友,他们在这本书中认为:人们会因过载的信息而作出不理性的决策,因此必须有人引导公众,助推一番,才能帮助人们作出对自己最有利的决定。虽然两位作者没有提到这种看法源于边沁,但他们提出,政府应该创造一种"选择的结构"。

奥巴马上台后,任命了桑斯坦执掌白宫的信息与规制事务办公室。与此同时,英国保守党领袖大卫·卡梅伦要求该党议

---

① 经济学的分支之一,将行为分析理论与经济运行规律心理学认知科学结合,研究理性、趋利避害等心理如何影响人类在经济活动中的决策。

员们也读读《助推》，并在2010年当选首相后在唐宁街筹建了行为洞察团小组（Behavioural Insight Team），聘请塞勒担当顾问。该小组很快被称为"助推小组"。这支小组的目标就是引导公众为促进"社会"利益作出"更好"的选择。

但是，引导公众的选择总是会出问题的。我们如何能确信那些"助推者"能够找到对个体最好的选择？今天习以为常的智慧在日后可能会成为错误。而看似不太明智的政策或措施，一次次地成了后来的通行做法，反之亦然。如果公众在引导下做出了错误决策，或因此酿成了悲剧，谁该对此负责呢？

我们举例来说明"助推"的运作机制。2010年，英国国民医疗服务体系向国民发出了一封信，邀请他们加入"摘要照料记录"（summary care record）计划，这份记录整合了英国国民个人的全部病史，并向每位医护人员开放。于是，收到这封信的国民面前就有一个设计好的"选择环境"，要么选择退出，要么自动参加。然而这封信里并未附上申请退出的表格，如果国民不想参加，必须登录一个网站，找到并下载一份表格，打印出来，签好字，寄给自己的全科家庭医生，请他们跟进办理。政府故意提高了办理的门槛，增加国民选择退出的成本，推定每个人都同意他们的做法。

那些最不可能退出这项计划的人，就是没受过良好教育的人、穷人和被数字世界排斥在外的人（其中大部分都是无法使用网络的老年人）。截至2010年，英国65岁以上人口中，有63%的人家里无法上网。英国政府为了迫使更多人上网，推出了"数字包容倡导者"（digital inclusion champion）计划。如今，无法上网的代价也越来越大。实际上，已经有人因为无法上网而遭受了损失。

很多政府都喜欢保持过时的国家家长主义作风，将公民幼儿化，并将某些朝不保夕者妖魔化。2009年，英国商业、创新和技能部发布了一份《家长激励指南》(Parent Motivators)，给家里有失业毕业生的父母。这份居高临下的册子显然认为，毕业生无法自己做出基本的决定。有位评论者总结道，社会首次将20多岁受过教育的成年人"正式地幼儿化，更重要的是，此举不太可能消除人们对许多现代学位价值的日益怀疑"(Bennett, 2010)。该部门还发布过不少类似的指南，比如《防患未然》《赶紧逃：教你如何避开恋童癖者》《热浪》《好爸爸卡片：如何成为一名好父亲》，以及《让人终身受益的早餐食谱》。

那些咨询心理学家花着公款编出来的《家长激励指南》指出，孩子失业，家长也要负一部分责任，还建议家长要表现出"严厉的爱"。其中一位作者说："如果你把家里的生活安排得太舒适了，孩子们为什么还要出门工作？"这句话倒是承认了，出门工作本身一点都没有吸引力。但是，国家显然沉醉于用家长式的态度来指导国民，而且还助长了对部分朝不保夕者的妖魔化，并将他们说成是不懂得如何处事的人。

我们可以举出许多行为经济学和家长式自由至上主义影响朝不保夕者生活方式的例子，特别是巧妙地设计出一套"选择和退出"的规则，提高退出难度，让大部分人只能"选择加入"。如今还有个流行的说法，叫"条件限制"(conditionality)，各种"有条件现金转移支付"(conditional cash transfer,简称 CCT)方案①如雨后春笋般快速增长。在拉丁美洲,这类政策工具很流行,最突出的大概是墨西哥的"进步计划"[Progresa,现在叫"机会"(Oportunidades)]和巴西的"家庭补助金"(Bolsa Familia),截至2010年,后者惠及了5000多万人。目前,有17个拉丁美洲国家实施"有条件现金转移支付"方案。这些方案的本质在于,人们要想拿到小额现金形式的国家补贴,就必须让自己的行为符合政府期待。

现在,美国等发达国家也开始推行"条件限制"的福利政策了,而"有条件现金转移支付"方案在中东欧地区也已经被广泛采纳。其中设计得最复杂的一种要数"纽约家庭优惠机会"(Opportunity New York – Family Rewards),这项极其复杂的实验性方案,事无巨细地用经济激励和惩罚措施来引导人们做出或避免某些行为。这些"有条件现金转移支付"方案都假定了人们如果没有被引导,就无法做出对自己和社会都最有利的行为。于是,像世界银行这样的机构就相信自己能够改变人们"根深蒂固"的错误行为(Fiszbein and Schady, 2009)。它认为贫困源于贫困的代际传递,因此可以通过"有条件现金转移支付"方案,说服公众做出负责任的行为,从而打破这个恶性循环。

这种做法在道德上是存疑的。它就是边沁所说的"选择的

---

① 必须采取某些行为,如改善健康、接受教育或改善营养水平等作为受益者能够获得现金补贴的前提条件,减少贫困家庭的支出,促进其家庭成员人力资本提高的一种社会保护方式。

结构",不仅逐渐削弱了个人自由,而且还蚕食了每个人应该承担的责任。朝不保夕者需要注意,政府正在研究主要针对年轻人的"第二代有条件现金转移支付"方案。目前很多补贴方案都被加上了限制性条件,而且这些条件越收越紧。英国政府现在要求,医生必须上报领伤残补贴患者的劳动能力恢复情况,私下的医患关系本不该对外公开,现在竟也要受到社会监督。

我们应该担心这种趋势还会如何发展下去。在印度,家长式自由至上主义还不是最可怕的,该地推出了一项针对经济不安全的女性的现金补贴方案,当她们的第一个孩子成年后,国家会给予她们一笔补贴,条件是她们生完第二个孩子后必须绝育。这其实也是一种"选择的结构"。

让朝不保夕者"快乐起来"

与此同时,那些从20世纪90年代以来就一直主导社会政策的家长主义者,也开始使用功利主义思维,设法让人们过得更"快乐",以至于出现了一门"幸福科学",专门研究如何供应快乐,"快乐"成了一种准宗教般的、受人尊崇的事业。在法国和英国这样的国家,政府正在收集官方统计数据来测量人民的幸福程度。

假设有这样一个社会,政治家和他们的幕僚想让人们"快乐"。于是,他们把诱导人们劳动的功利主义话术打磨得越发

"精致"。加尔文派曾将资本主义神圣化,声称只有努力工作的人才能得到救赎。但如今,政客和评论家就更厉害了,他们说服我们相信:工作使我们快乐。这样的社会还真是前所未有。

"工作使我们快乐""工作决定了我们是谁""工作带给我们满足感",社会越是这样声称,我们就越感到分裂,因为大部分职业根本无法实现这几句话。这些说法让朝不保夕者倍感压力:工作应该使我们感到快乐,但为什么我们并不快乐?但凡头脑清醒的人都知道,工作根本不可能让我们快乐,工作只是获得收入的工具而已。我们大部分的快乐,都来自劳动以外的工作、休闲、玩乐以及因就业带来的稳定收入,而不是工作本身。

如果以此为前提来制定社会政策,我们就能够用更为平衡的方式来分配自己的时间。直觉告诉我,很多朝不保夕者其实都相当明白这一点。他们并非不想过上稳定和令人满意的生活,而是因为社会和经济政策不但无法提供基本安全,还剥夺了人们不可或缺的时间支配感。

以劳动和玩乐为根基的享乐主义式幸福观是危险的。无休止的玩乐只会让人感觉乏味沉闷。这种幸福感稍纵即逝,注定缺乏发展性。一旦玩乐够了,我们就停下来不知所措。从玩乐中获得的愉悦往往很短暂,依赖玩乐的人注定要失望。沉迷于享乐主义,终会反过来被享乐主义挫败——就如同在跑步机上快乐地前进,停下来发现自己还在原地。此外,享乐主义者最怕无聊。伟大的哲学家伯特兰·罗素深知无聊是人类生命的必需品,他在《闲散颂》(*In Praise of Idleness*)这篇文章里,将这个意思表达得淋漓尽致。行为生物学家保罗·马丁（Paul Martin）也在他的《愉悦的科学：性、毒品、巧克力》(*Sex, Drugs and Chocolate: The science of pleasure*, 2009）一书中指出，从玩乐和"愉悦"中获得的享乐主义式幸福，最终会让人上瘾，对不能带来愉悦的一切东西失去耐心。

人们对自己的生活点滴和人际关系感到满意时，就会产生满足感。不过，盲目崇拜快乐并非文明社会解决问题的良方。朝不保夕者必须警惕国家通过伪科学和所谓的"助推"重演现代版"面包和马戏"（bread-and-circuses）[1]。

心理治疗之国

为了设法让人们快乐，家长式自由至上主义者和功利主义者还盲目崇拜心理治疗，这种做法曾盛行于19世纪末社会大范围弥漫不安全感的时期（Standing, 2009: 235-238）。如今，这一领域的执牛耳者叫作"认知行为治疗"（cognitive behavioural therapy, CBT），发源于美国，如今已通过不怎么光彩的商业手段快速推广至全球。

英国政府在2008年金融危机之后，并没有解决造成国民压力和抑郁的结构性因素，而是动用认知行为治疗来应付表面

---

[1] 古罗马著名的讽刺文学诗人尤维纳利斯的著名警句，讽刺了当时的贵族用廉价的粮食（面包）和流行的娱乐（马戏）来安抚和拉拢平民的政策，平民因此不再关心政治参与。该政策也成了这些贵族获得政治权力的有效手段。

症状。政府宣称，数百万英国人正在遭受焦虑或抑郁的折磨，就好像这些人的症状和病根都是一样的。官方希望认知行为治疗师教导人们该如何生活，如何适应环境并作出合适的反应，以及如何改变自己的行为。政府启动了"心理治疗普惠化"（Improving Access to Psychological Therapies）计划，通过该计划，任何人都可以由医生转诊，接受国民健康体系提供的认知行为治疗。此外，政府还推出了"谈话治疗"方案予以配合，往地方职业介绍中心派驻了心理健康协调员。政府宣称，因为职业介绍中心将失业者送到全国各地的治疗中心，让他们接受了认知行为治疗，就业率也提高了，而且还省去了医生转诊的麻烦。既然已经有治疗办法了，那何必费心诊断病因呢？

政府拨款支付了最初的八个疗程的费用，并计划在五年内让任何"自首"的人都能接受治疗。他们还说，八个疗程就能"让英国人恢复正常"，至于真假，则很难分辨。政府并不想寻找让那么多人陷入困境的根源，反而让那些被错误经济政策所害的人相信自己需要接受治疗。

如果你的境况风雨飘摇，不断在就业与失业间摇摆，下顿饭钱还不知在哪，下个月睡哪也还没有着落，那么你感觉到焦虑是再正常不过的了。既然焦虑不是一件值得奇怪的事，为什么还要让人接受昂贵的医学治疗？这种治疗可能会将焦虑进一步恶化为抑郁。家长式自由至上主义的选择原则要在这里说得通，可是一场严峻的考验。如果让失业者自己选择，一边是八个疗程的认知行为治疗，另一边是直接将治疗的花销折成现金发给他们，大多数人会如何选择？问题是，"选择的结构"并不会允许失业者自己做出选择。

工党政府正在考虑,是否要求身有残疾的申请人在申领丧劳津贴前,先接受认知行为治疗,官方的说法是,"八周的疗程可以防止人们出现长期失能"。但是,由谁来决定哪些人"需要"接受认知行为治疗?长此以往,当权者就会宣布,除非人们接受认知行为治疗,否则就没资格申领津贴。此外,接受过治疗这件事,会被保密吗?换言之,因为他们很"弱势",会不会有人把他们接受治疗的事情告诉潜在雇主?

心理治疗本身并没有错。值得怀疑的是,它被国家当作社会政策的一个必要组成部分。"圆形监狱"国家将这个工具用得得心应手,创造"温驯的心灵",扼杀各种离经叛道的想法,比如有的失业者会拒绝接受卑微的、地位低下的不稳定工作。但这种想法并不被社会接受。然而,只有允许人们拒绝从事这些工作,雇主才会被迫改善这些工作的条件和待遇,才会因为这些工作不值得人类付出努力而设法消灭它。

工作福利制度和附带条件

家长式自由至上主义的诉求包含了让社会政策增加更多"附带条件",只要申请者按照国家规定的、表面上能让申请者获得最大利益的方式行事,他们就能获得政府补贴。比如,要求人们在享受补贴后的短期内,接受某些工作机会或培训,否则就会失去补贴,并有可能在他们某个线上数据库的记录上留下永久污点。

朝不保夕者还被提供了几种不同的"劳动福利"（labourfare），这个词常常被误称为"工作福利"（我曾预见这种说法，参见Standing, 1990）。"劳动福利"的其中一种形式是降低福利的吸引力，让人们宁可随便找份工作将就，也不想申请。美国自由意志主义者劳伦斯·米德（Lawrence Mead）[1]就很支持这种做法。2010年英国大选结束后，唐宁街就立刻邀请他为政府出谋划策。在他看来，"政府必须说服这些申请者将生活不如意怪到自己头上"（Mead, 1986: 10, 原文就是这样强调的）。该福利的另一种形式是，政府为那些刚失业的人或是失业数月的人提供一份工作，失业者如果不接受工作就会失去福利。这种理念已经存在很长一段时间，最早在斯宾汉姆兰体系[2]、《济贫法》[3]和济贫院[4]就已出现。

语言会塑造我们的认知。英国联合政府辩称，推出"工作福利"计划是为了"打破人们的失业习惯"。但是，没有任何证据显示失业者或其他需要帮助的人具有这样的"习惯"。反倒有充分的证据显示，很多人失业或是在劳动力市场的边缘挣扎，都与这种"习惯"毫无关系。他们只是做了太多不被劳工主义者认可的工作，比如照顾体弱多病的亲戚或孩子，才会陷

---

[1] 劳伦斯·米德（1943— ），纽约大学政治学教授，研究福利与贫困理论。
[2] 18世纪末、19世纪初，英格兰和威尔士试图缓解农村贫困问题的一种院外救济形式。
[3] 通常指1601年的《伊丽莎白济贫法》。该法承认解决贫困问题是政府应尽的责任，标志着社会救济制度的建立。
[4] 为穷人提供工作、为弱者提供生计的机构，起源于《济贫法》。

入困境。有些人间歇性出现健康问题，也无法持续稳定地工作。

为了中断这种所谓的"习惯"，政府宣布了一项强制性的工作活动，要求求职者每周工作30小时，持续四周。如果他们拒不接受或是无法完成工作安排，他们将被停发三个月的福利。政策的目的是让失业者和国家签订契约，以劳动换取失业期间的补贴。但这些工作具体是什么呢？清理垃圾，清除墙上的涂鸦。这类政策背后的动机暴露无遗。

英国于2010年11月发布的《福利白皮书》（*Welfare White Paper*）表明，全国正面临一场依赖福利的"国家危机"。据推测，英国有450万人在领失业津贴。英国就业和养老金事务大臣伊恩·邓肯·史密斯说，在过去10年中，近300万个工作机会流向了移民，可能是因为很多英国人"沉迷于"领取失业补助。他这个说法其实是将两件事强行关联在了一起。移民之所以能找到工作，可能是因为他们拥有特殊的技能，或愿意接受较低的工资，或在一个开放的弹性劳动力市场获得天时地利。有些人能就业，可能正因为他们不是公民，企业可以肆意解雇或是虐待他们。有的移民来到英国时已具有丰富经验，而年轻的英国工人因为乳臭未干，还缺乏历练。有些移民可能顶替了一些企业的年长员工，因为雇主认为后者工作效率不高。所有这些假设都可能确有其事。从社会福利的现状推导出移民"抢走英国人的饭碗"，纯粹是一种偏见。

至于英国人"沉迷于"国家福利的说法，就更是一种偏见。数百万人领取福利，是因为高企的失业率，大量人口只能靠从事临时工作和兼职工作维生（即将沦为朝不保夕者），或者由于残疾、患病、体弱等因素而收入低迷。政府本该出手解决人们眼前的贫困、失业、"不稳定劳动陷阱"问题。这些问题都不是所谓"沉迷于"福利的人造成的。

只要政府保留经济状况调查，众所周知的"贫困陷阱"就会继续存在，即便人们在收入增加后获得的补贴没有断崖式下跌，问题也不会消失。"失业陷阱"也将继续存在：当低阶劳动力市场的工资水平降得越低，失业津贴的所得替代率也就越高。与此同时，"不稳定劳动陷阱"正愈演愈烈。如果工作机会在一个地方，而失业者却生活在另外一个贫困地区，并且这些工作机会都是低薪临时或兼职工作，接受这些工作机会的风险就会变得很高。失业者如果接受了工作机会，就得斥巨资移动至工作所在地，还有可能失去赋予他们生活意义和身份认同的亲朋好友和人际关系，并放弃之前在老地方耗费数月才申请到的补贴资格。这些不利条件都要失业者自己承担，但是这个工作机会可能也就只能存在几周。

"不稳定劳动陷阱"的另一个成因则是，某些人因为被迫工作而对所有工作都产生了敌意。中产阶级抱有这样一种偏见：那些强加给失业者的工作有利于培养他们良好的工作习惯和对劳动的投入。

英国的工作福利制度会制造出更多朝不保夕者。它将成千上万的人故意扔进一些设计得很没有吸引力的临时岗位中，明知他们不愿意久待。即使这些"安置人的地方"是真正的工作，报酬也很低，而且会让其他同行更难争取到体面的工资。

不过，所有的工作福利制度都一样，我们本来就不能指望这些安置措施能创造"真正的工作"。为政府工作四周，真能"打破"失业习惯吗？可能还会适得其反，很多人并不愿意从事这些工作，反而会闷闷不乐，愤愤不平。况且，强制人们从事这类全职工作，也会阻碍他们去寻找真正的工作。

工作福利制度也无法减轻财政负担。它们代价高昂，行政成本很高，所提供的"岗位"生产率却很低。政府的主要目的是降低失业率，想出的办法却不是创造工作机会，而是打击失业者申领失业救济金的积极性。美国的研究发现，在20世纪90年代推行类似做法后，申领补贴的人的确减少了，但主要原因并非是人们获得了工作机会，而是人们在没有工作的情况下退出了劳动力市场。这个政策让穷者愈穷。

那些工作福利制度的拥趸忽视了基本的经济学原理。出于效率和抗通胀的考虑，市场经济体需要一定程度的失业率。失业者在寻找工作的过程中，会调整自己的预期和志向，但与此同时，其他人也会跟着调整自己的行为，参考依据就是失业者带来的工作机会竞争或改善自身生活的途径。

社会民主主义者和劳工主义者除了奠定了工作福利制度的基础，还提出了一种光从字面上理解就是灾难性的政策变体。他们主张所有失业者都应得到一份工作"保障"，借以有效确保每个人的"工作权"。实际上，他们就是想要尽可能扩大劳动和就业机会，视之为赋予人民权利，也是在帮助人们实现幸福和融入社会。然而，这种解释和我们看到的证据严重不符，很多人无法从工作中获得任何愉悦。他们被迫完成重复、无意义、肮脏且繁重的任务，只是为了赚取收入以维持生活，养活自己和家人。

在谈到英国政府工作福利制度的动议时，工党的影子工作与养老金事务大臣道格拉斯·亚历山大公开支持更严格的丧劳津贴测试，而且准备向丹麦模式学习，即由政府保障就业，要求人们必须接受政府提供的工作机会，否则无法领取福利。"这就是一种有条件的工作福利制度，"他说，"既能真正保障就业，也能制裁那些不接受提议的人。"亚历山大主张，这个方案和政府之前的做法不同，政府以前效仿美国模式，虽然削减了福利却又没有保障工作机会。他其实是在回应一位工党前领袖的批评，后者指责工党似乎站在"不负责任的穷人"一边，对抗"勤恳工作却被压榨的中产阶级"。但如果我们在处理政治问题时更有原则的话，就应该深入思考这个政策将会如何影响朝不保夕者。

工作福利制度的支持者认为劳动胜于工作。他们要求每个人都要就业，造成了一个苏联式陷阱：最后失业者都被当作寄生虫，而心怀不满的工人们也不会认真工作，就像讽刺笑话所说："他们假装付我们工资，而我们也假装在工作。"早在1835年，亚历克西·德·托克维尔就一针见血地指出，保证每个人都有工作，要么导致政府几乎接管整个经济，要么就出现强迫劳动。假如他活到今天，一眼就能看出事情正往哪个方向发展。

妖魔化朝不保夕者

自从经济大衰退以来,各国政府开始变本加厉地妖魔化那些全球市场经济的受害者。有四个群体成了目标:"移民""申领补贴者""罪犯"和"残疾人"。

妖魔化移民的趋势是全球性的,就好像他们是某种外来入侵物种。最糟糕的情况莫过于民粹主义政客煽动国内朝不保夕者的恐慌,将移民大规模驱逐出境。我们总是希望社会能有基本的理智防止此类事件发生。幸运的是,还有高昂的成本阻止狂热分子的意图。一项研究(Hinojosa-Ojeda, 2010)估计,从美国大规模驱逐非法移民的成本,将超过伊拉克战争和阿富汗战争的军费总和。但是,无证移民依然担心被遣返,只得接受更低的工资和更恶劣的劳动条件。

英国和许多其他国家的全国性报纸,都在煽动反移民情绪。由于这些报纸的受众面比地区性报纸更广,即便在没有移民问题的地区,人们也会读到关于移民问题的报道。虽然英国实际上只有10%的人是移民,但英国人普遍认为这个数字是27%。显然,全国性媒体将例外情况报道成了常态。"福利欺诈者"也是一样的。一旦媒体报道了一个靠补贴过活的人,那么全国读者都能读到,并以为这样的情况非常普遍。如果只是读**地区性**报纸,大多数人都不会知晓这类事情,更不会从中得出这样的结论。传播工具的全球化和商品化,加持了那些想要妖魔化他人的民粹分子。于是，政府只要随便挑选两个例子，就可以说大多数失业者都有某种"失业的习惯"，读者就会以为这两个例子代表了几百万人。

另一个被妖魔化的群体就是罪犯。本书之前曾提到，国家如何为越来越多的人罗织罪名。很多人只是无法适应市场社会，或因一时行为不慎而入狱。如今的公共就业服务已经成了国家的某种代理人，要求人们循规蹈矩、遵守纪律，这反而会迫使某些失业者违法。医生也正变成劳动纪律监督员，必须报告他们的患者是否在工作或拥有工作能力。游手好闲或者谎称有病的患者，就可能被"定罪"。面对令人不快的工作、不稳定的工资，朝不保夕者自然想要逃离或反抗。但是刑罚体系却压抑了这种动机，提高逃离或反抗的成本。监控技术现在越来越精密，长此以往，更多的人可能被捕并被社会贴上标签。

某些国家禁止囚犯在选举中投票。英国工党政府违反《欧盟法律》，一再推迟解除这条禁令。新上台的联合政府提议解除禁令，但在议会的自由投票中遭遇惨败。还有一些国家也禁止囚犯投票，美国甚至有许多州禁止有犯罪记录的人投票，这就好像给这些囚犯判了不准参与公共事务的无期徒刑。

一般来说，在以系统性经济不安全和焦虑为特征的社会中，妖魔化更容易发生。不安全感让某些人更容易利用恐惧的情绪，在"未知的未知"上做文章，花钱请视觉语言艺术家来刻意创作和操弄一些影像。人们心中的恐惧叠加在一起，引发了真正最应该害怕的危机。

第六章 "地狱的政治"

逐渐式微的民主和新法西斯主义

信仰民主价值和自由的人应该担心，随着政治的商品化，民主也正在式微，加入主流政党的人越来越少，大多数选举的投票率都在降低。这种情况对信奉进步价值的政党来说，打击尤其严重。

在英国，一份针对民众政治参与度的调查发现（Hansard Society, 2010），2010年初，只有1/10的潜在选民"热衷于政治"，还有1/10的人对政治"敬而远之并怀有敌意"。占比最高的选项则是对政治"毫不关心或不抱信任"，高达25%。只有13%的人能说出自己所在选区的国会议员的名字。大部分远离政治的人，都是年轻人（35岁以下）和工人阶级——好像都是现在的朝不保夕者。报告指出，对政治"敬而远之并怀有敌意"的人"难以打交道，希望他们回心转意出门投票，是不现实的"。动员那些对政治感到厌倦或冷漠的群体去投票，也很艰难。大多数毫不关心政治的人都倾向于投票给工党，而非保守党，但是工党上台后推出的政策又"恩将仇报"。

民主的式微、年轻人投票率降低以及政治风气右倾，这些趋势汇聚到了一起。2009年的欧盟选举中，平均投票率仅为43%，为1979年以来的最低水平。中左翼政党几乎在所有地方都表现糟糕。工党在英国只获得了16%的选票。右翼政党在各地都大获全胜。在匈牙利，社会党被赶下台，而极右翼的"尤比克争取更好的匈牙利运动"(Jobbik)①几乎拿下了和社会党同样多的席位。在波兰，执政的中右翼公民纲领党（Civic Platform）获胜。在意大利，中左翼赢得了26%的选票，比金融危机前的2008年大选少了7%，而贝卢斯科尼领导的自由人民党则赢得了35%的选票。2009年的德国大选投票率创下了71%的历史新低，右翼势力同样风头正盛。社会民主主义的政治力量在全世界都节节败退。

有个问题很明显，如今的政治家成了商品品牌，以阶级为基础的政治已经变得很不稳固，部分原因可能是社会民主主义者提出的方案无法适应全球化。结果是，各方都接受新自由主义的经济框架，而政治成了喊口号和形象塑造的游戏。社会民主的根基当然会遭到侵蚀。

2008年的美国大选看似是个例外，当时奥巴马成功地动员了那些具有进步诉求的年轻人。可惜的是，他被包装过头。他的社交网络顾问是从脸书聘请的。另外一位顾问施展巧妙的营销手段，打造了一个"奥巴马品牌"，该品牌包括一个形象标识（星条旗上的旭日）、专业的病毒式营销（奥巴马彩铃）、产品植入（奥巴马帮体育电子游戏打广告）、一段30分钟的专题电视广告片，一个战略品牌联盟（联合奥普拉②，最大限度扩大受众触达率；联手肯尼迪家族，借上档次的大人物为自己站

---

① 简称"尤比克"，匈牙利民族主义政党，该党自称是"有原则的、保守的和彻底爱国的基督教政党"。
② 奥普拉·温弗瑞（1954— ），电视谈话节目"奥普拉脱口秀"的主持人，节目平均每周吸引3300万名观众，并连续16年排在同类节目的首位。

台；再用几位嘻哈明星提高自己的街头声望）。后来，奥巴马还获得了美国广告协会颁发的"年度最佳营销者奖"，受到商业广告的模仿，比如百事可乐的"选择改变"（Choose Change），宜家家居的"拥抱改变"（Embrace Change），等等。

这就是商品化的政治，买卖转瞬即逝的图像和流行语，偏爱操弄符号而不处理实际问题。它用昂贵的公关和广告严重地异化了政治选举，把普通人难以感知和经历的政治运作方式当成商品贩卖，将一个真人打造成象征自由和改变的品牌，却没有实质内容。

奥巴马在一场灾难性的战争和经济濒临崩溃的情况下，战胜了实力较弱的共和党对手。他原本可以冒险对抗一下新自由主义的计划，但反而支持了国际货币基金组织这个替银行输血的机构，而且任命拉里·萨默斯为首席经济顾问，此人和他的政策正是次贷危机的罪魁祸首。尽管朝不保夕群体中有很多人希望奥巴马能照顾到自己的需求，但奥巴马却不曾这样做。这样的社会民主主义并无法想象真正的人间苦难。

全球化时代的某些腐败现象，在美国和世界各地都引发了怒火。回想一下前文讨论过的系统性滥用补贴。娜奥米·克莱恩（Naomi Klein）[①]等人将全球化时代称为"裙带资本主义"（crony capitalism）时代，这表明全球化本身并不是一个巨大的"自由市场"，而是一种让政客将公共财富交给私人企业，以换

[①] 娜奥米·克莱恩（1970— ），屡获殊荣的记者、专栏作家，著有《NO LOGO》《休克主义》《改变一切》。《纽约时报》称其为"北美左派运动的代表"。

取政治支持的体系。讽刺的是，极右翼团体也抓住了"反社团主义[①]分子"（anti-corporatist）的声浪。如果国家已被裙带资本所掌控，为什么还要支持"强国家"？传统社会民主主义者面对这个问题支支吾吾，因为他们已经接受了新自由主义的框架，没有对在其阴影之下壮大的朝不保夕群体施以援手。事实上，那些补贴资本的钱最后都被用于实现某些政治和经济目的。简单地说，即便政客或政党没有补贴强大的利益集团（比如媒体巨头），其他势力也会乘虚而入。如果不补贴那些金融投资者和"非永久居民"（为了避税而搬过来定居的他国富人），其他国家就会将他们吸引过去。整整一代社会民主主义者都赞同这种赤裸裸的机会主义，在此过程中让其信誉扫地。

除了社会民主主义行将就木，还有很多事更令人担心。缺乏安全感让人容易愤怒，愤怒的人情绪喜怒无常，容易支持那种制造仇恨和痛苦的政治。在欧洲，中左翼政党在推行工作福利制度的同时放任不平等和人们的不安全感加剧，如今遭到选民的抛弃。极右翼政党不断壮大，公然以恐惧吸引那些最缺乏安全感的人。

意大利在这方面首屈一指。贝卢斯科尼组建的联盟就想鼓动意大利本地的朝不保夕群体。该联盟的政治特质应该可以被称为"新法西斯主义"，背后是联起手来的两个群体，其一是外在于社会主流的精英阶级（代表人物就是贝卢斯科尼本人，

[①] 社团主义在历史上是一种政治体制。在这样的体制里，立法的权力交给了由产业、农业和职业社群所派遣的代表。

意大利首富，拥有全国最大的商业电视台），其二就是下层中产阶级和那些担心沦为朝不保夕者的人。2008年，贝卢斯科尼在重新选举结果揭晓的隔天就宣布，打算"击败邪恶军团"，其实就是要驱逐非法移民。他利用人们对法律和秩序的恐惧，发动了一连串的专制措施。强拆吉卜赛人的营地，采集他们的指纹；操纵议会通过法案，允许民间私警日夜巡逻；将"身份查验和驱逐中心"（identification and expulsion centres）羁押庇护者的时间延长至六个月，并推出一项政策允许政府在地中海上遣返尚未登陆的移民，将他们送到利比亚的拘留中心关押。贝卢斯科尼和他的同僚称司法系统为"肿瘤"，威胁要解散议会，因为后者是"无用的机构"。难怪人们称意大利是"不自由的民主"国家。

2010年，从前是新法西斯主义活动家的吉亚尼·阿莱曼诺（Gianni Alemanno）再次当选罗马市长，使种族主义袭击在罗马蔓延。几位社会科学家指出，实施种族主义袭击的年轻暴徒们不像20世纪30年代的前辈们那么注重意识形态，他们对身份认同更感兴趣，反对任何看起来与众不同的人。此外，这些暴徒都酗酒，这与放下对"美好形象"（bella figura）的痴迷转而追求失控时才能拥有的特殊自豪感有关。克劳迪奥·塞拉萨（Claudio Cerasa）在《夺取罗马》（The Taking of Rome）一书中讨论了政治右翼的崛起，他说阿莱曼诺是新法西斯主义的产物，却并未造成新法西斯主义的兴起。2007年，也就是他首次当选的前一年，1/4的罗马学生投票给了极右翼政党"庞德之家"（CasaPound）下属的一个组织"学生阵线"（Blocco

Studentesco)。当时的政治气候就已经这样了。

意大利的状况也开始蔓延到其他地方。在法国，右翼总统萨科齐在内政部部长任上就对移民问题采取了强硬立场，特别是在2005年巴黎和其他法国城市发生郊区骚乱后，他立即效仿贝卢斯科尼的做法。2009年，数千名移民被匆匆忙忙驱逐出境，2010年，大量吉卜赛人被驱逐到罗马尼亚和保加利亚。这位总统用这种办法来讨好他的核心票仓。法国的一部分朝不保夕者就倒向了极右势力。在2010年3月的地区选举中，白人工人阶级和年龄较大的朝不保夕者投票支持国民阵线（National Front），在第二轮选举中，该党在有自己候选人的12个选区中得票率达到17.5%。萨科齐的人民运动联盟（Union pour un Mouvement Populaire, UMP）被一个没有核心方向的中左翼政党联盟彻底击败，之后他进一步向右翼靠拢。在2010年的一次民意调查中，1/3的人民运动联盟选民表示，他们支持自己的党派同国民阵线签订联合选举协议。

极右翼势力已经在不少欧洲国家横行。对主流政治思维的最大冲击莫过于2010年末的瑞典大选，极右翼的瑞典民主党（Swedish Democrats）获得了巨大的胜利，而著名的瑞典社会民主党却吞下了几十年来最糟糕的结果。这标志着久负盛名的"瑞典模式"终结了。在其他地方，散播仇外思想的极右翼团体也在攻城略地。丑陋的"尤比克争取更好的匈牙利运动"，穿着黑色制服和长筒靴，也成功地把持了匈牙利政坛。在荷兰，自由党在2010年6月的选举中表现不俗，他们要求限制移民，减少针对小企业的琐碎管制，减税和提供更多的老年照料服务。在丹麦，民粹主义政党丹麦人民党（Danish People's Party）赢得了胜利，进一步收紧原本就是全欧洲最严苛的移民法，自由派领导的政府反而要靠主张反移民的政党来维持运作。在奥地利，极右翼的自由党在2010年10月的地方选举中，在维也纳获得了超过1/4的选票，选票数几乎是2005年的两倍。

英国国家党（British National Party）曾一度引发恐慌，在2009年的欧盟选举中大获全胜，但因其领导人的昏庸无能而内讧瓦解。如果你以为支持该党膨胀的暗流将随之被洗刷，那就太乐观了。还有一些同样让人不快的团体，比如保卫英国联盟（English Defence League）就迅速取代英国国家党的位置，某些中间派人士也沉默不语，不愿奋起反抗这种煽动国民反移民情绪的做法。

大多数欧洲国家政府推行的政策，为民粹主义创造了温床，英国也不例外。政府偏爱弹性劳动力市场，放任朝不保夕群体的壮大，对他们的不安全感或恐惧不闻不问。英国已经果断地将社会保障变成了基于经济状况调查的补贴，虽然可以优先帮到最困难的人，但也将排队等候多年、接近贫困的"公民们"推到补贴队伍（包括住房补贴）的后方。

缺乏资源的低收入群体受到去工业化进程的冲击，会产生反社会行为。他们被肮脏不堪的环境包围、饱受相对剥夺感的痛苦。这些地区吸引了高得不成比例的移民和低收入的少数族群，当地的"白人"或"公民"生活在多重恐惧之中，主要害怕失去手里仅存的东西。当弹性劳动力市场和经济状况调查共同造成了这种情况,谴责这些可怜人的反应和行为是虚伪的。政策制定者才应该对此负责,他们制定的政策助长了冲突并催生了极端主义。

工党政府却采用民粹主义的手段,启动一些试点,比如通过一家私人的商业安保服务公司,为失业的移民购买单程机票,送他们回家,还宣布了一项计划来帮助"传统社区"(其实就是低收入白人社区委婉一点的说法而已)。其他国家的政府也纷纷祭出民粹主义来解决国内问题。

美国茶党运动始于2009年,当时电视评论员里克·圣泰利(Rick Santelli)呼吁公众对奥巴马总统的财政政策表达愤怒。那些加入茶党的人反对现政府,要求国家减税并倾向自由市场。民主党首先受到冲击,后来共和党人因在减税和缩小政府规模上不够用力而遭到威胁。2010年,共和党全国委员会被迫采用了一项规则,敦促该党领导人支持那些通过茶党制定的10项标准来证明自己是具有右翼资格的候选人。

精英阶级为了自己的利益,和茶党维持着暧昧关系。他们成功吸引了与石油公司和华尔街有联系的团体支持自己(Fifield, 2010)。而部分精英阶级、日益萎缩的工人阶级以及部分朝不保夕者联合,一方提供资金和媒体报道,另一方则贡献群众和选民。除非主流政党能够保障朝不保夕者的经济安全和社会流动性,否则他们中相当比例的人将继续滑向危险的极端阵营。

茶党第一次全国代表大会上有很多关于非法移民、反对"盲目崇拜多元文化"和"伊斯兰化"的讨论。与会人士的T

恤上还写着"休想夺走我的自由、我的枪和我的钱"的口号。会场上还有出生地阴谋论者（Birthers）声称奥巴马是个来自外国的骗子。就像英国国家党一样，茶党指责移民冲击了美国的犹太教-基督教价值观。一位代表在热烈的欢呼声中说"这是我们的国家""把它夺回来"，现场并没有人申辩说国家从未被夺走过。

茶党高举新法西斯主义旗帜，想要一个小型的社会国家和威权政府。它的主要成员是因失业、生活水平下降的"愤怒的白人男女"。在2008年之后的两年中，2/3的失业发生在男性从事的"蓝领"工作中。愤怒的白人对"发钱"给人们的方式并不买账，民意调查显示，白人男性变得比以前更为保守。支持"持枪权"的人数比例从2008年的51%上升到2010年的64%。

美国右翼很喜欢福克斯新闻的主持人格伦·贝克（Glen Beck）。贝克承认，自己曾吸食可卡因和酗酒，并自称是"边缘性精神分裂症患者"。他的主要受众是那些受教育程度极低、政治知识匮乏的人。他在畅销书《常识：反对一个失控的美国》（*Glen Beck's Common Sense*）中，这样描述他的读者：

> 我想我应该了解你。你是一个"信念坚定""心地善良"的人。你努力工作，不乱花钱，你担心经济环境对自己的家庭会有影响。你并不是顽固偏执的人，但你早已不再对敏感问题发表意见了，因为你知道，如果捍卫自己的价值和原则，就会被贴上"种族主义者"或"恐同分子"的标签。你不明白政府怎么能要求你一再作出

牺牲,得利的却是银行家和政客们。亲爱的读者,格伦·贝克可以帮助你。他和你站在一起,说"休想再践踏我"。

贝克现在是得到数百万人支持的名人。昔日的边缘观点如今成了社会主流。传统的主流政客严重失语,除了经济增长和促进就业,没有别的话可说,也无法回应人们日益加剧的不安全感和不平等。在2010年的中期选举中,信奉进步价值的朝不保夕者无动于衷,远离了投票站。

在日本,朝不保夕群体也四分五裂。一大群愤怒的人,主要是年轻男性,正在加入那些被媒体称为"网络右翼"(Net Far Right)的团体,该团体的成员主要通过互联网组织起来,只有在示威和抗议时聚集。其中大部分人从事低工资、兼职或短期合同的工作。社会学教授铃木启介(Kensuke Suzuki)表示"这些人在社会中感到权利被剥夺,便寻找替罪羊,外国人首当其冲"(Fackler, 2010)。其中最大的一个团体叫"在特会"(Zaitokukai),这个名称是个缩写,冗长的全称是"不允许在日韩国人享有特权的市民会"(Citizens Who Will Not Forgive Special Privileges for Koreans in Japan)。2010年时,该团体的成员就超过了9000人,并一直步步紧逼,针对移民举办各种敌对示威活动,还以美国茶党为自己的榜样。

除非能够遏制政治的商品化,否则我们将目睹民主参与进一步式微,特别是朝不保夕者中的进步人士更会感到心灰意冷。如今的政治由市场操盘手主导。乌克兰2010年总统大选就是一个诡异的例子，维克多·亚努科维奇（Victor Yanukovich）获胜，他和乌克兰的政治寡头过从甚密，曾因盗窃和攻击他人而被判有罪。政治寡头们出资聘请了一家公司把他推销给选民。这家公司由美国共和党的军师保罗·马纳福特（Paul Manafort）领导，曾被聘为好几任美国总统的顾问。此前，亚努科维奇的支持率在民调中萎靡不振，曾在2004年被拒绝提名。然后这家公司开始重新包装他。与此同时，奥巴马的政治顾问大卫·阿克塞尔罗德（David Axelrod）创立的咨询公司，以及奥巴马竞选团队中的约翰·安扎隆（John Anzalone）也在替另一位主要候选人操盘。

在这个5000万人欧洲国家发生的诡异选战中，有三件事值得注意。其一，它很好地说明了什么是政治商品化；其二，这是一种全球化的变形，境外操盘手以商业化手段援助政客；其三，犯过罪的精英阶级还能在获得经济资助后摇身变成政治候选人。与此同时，大量乌克兰人在网上贴出广告，贩卖自己的选票。最后，美国共和党公司的得分超过了美国民主党公司。

全球范围内的政治商品化，对朝不保夕者构成的威胁尤其大。2010年，美国最高法院在"联合公民"（Citizens United）[①]诉联邦选举委员会一案中做出的判决，可能是美国最为倒行逆施的法律判例，这份判决后来成为全球先例，引发

[①] 一个保守派非营利组织，因计划在2008年美国总统选举前夕播出批评总统候选人希拉里·克林顿的广告《希拉里：一部电影》而被哥伦比亚区地区法院判处违法。后"联合公民"又提起上诉。

其他国家纷纷效法。法院裁定，任何企业、工会或同业公会都可以无限额地资助政治竞选活动，理由是这些组织享有与自然人同等的参加选举的权利。可想而知，随后的国会中期选举充满了刻意隐瞒资金来源的机构所资助的"攻击式广告"。右翼候选人获得的资金增长了六倍，大部分都流向了支持减税、增加企业补贴、弱化环境保护、撤销卫生保健改革，以及对跨境流动和移民采取更强硬立场的候选人。

这项判决一举削弱了一条民主原则，即每位公民都享有平等的投票权，每张选票权重相同。朝不保夕者成了最大输家。企业会投入资金资助选举，维护精英阶级和白领领薪阶级的利益；就算工会的力量不如往昔，但它还是会维护核心员工的利益；只有朝不保夕者没有强大的利益集团为他们发声。至少目前还没有。

总而言之，朝不保夕者必须警惕新法西斯主义思潮的崛起和社会规模缩小的压力。但眼下，这股潮流无法抵抗。某些人因社会和经济状况不佳而沦为朝不保夕者，因此在政治上也变得稚化。他们如此焦虑和缺乏安全感，很容易掉入民粹主义和威权主义的陷阱，被动员起来对付那些所谓"构成威胁的人"。很多朝不保夕者已然失去（或害怕失去）他们仅有的一切，于是只好发泄怒火、自暴自弃，因为他们没有一种"天堂的政治"将他们引向更好的方向。

本章小结

在外人眼里，朝不保夕者是需要监控、治疗和胁迫才能就业的群体。但是，家长式自由至上主义的工作福利制度，以及将心理治疗当成社会政策的做法，只会打乱人们自己规划职业生涯的尝试。精神障碍的诊断结果以及心理治疗的预后效果结合在一起，加强了不稳定性。这些政策无法抚平朝不保夕者的不安与愤怒，反而会加重症状。

监控正渗透到社会各个体系之中。它必然引发反向监控或反文化的实践，并产生一种反馈效应，招致更严密的监控。监控一旦被合法化，就根本不会消失。要想阻止这个趋势，只有组织阶级行动，积极予以抵制。

监控会助长侵略性行为，使得人们彼此猜忌。如果一位男性被闭路监视器捕捉到正在轻拍年轻女孩的脸颊，那么他究竟是在表达善意，还是具有性侵害意图？如果无法判断，为了以防万一，这样的"合法"盘查将会越来越多。人们对安全的需求永无止境，你会发现保护你的人往往也是控制你的人。最后，朋友间正常表达友谊的行为也会消失。同样的矛盾心理和疏离倾向也会影响商业活动。计时管理、出勤考核、计算绩效的手段，都是用来惩罚不愿墨守成规者的工具，而这些人可能最具有创新和创造精神。最重要的是，监控削弱了人与人之间的友谊和信任，让人们更为恐惧和焦虑。而最容易产生恐惧和焦虑情绪的,又是朝不保夕群体。

新自由主义国家的根基在于功利主义,归结下来,就是一个信条:通过惩罚、助推和监控,保障大多数人的幸福,同时胁迫少数人遵守多数人定下的规范。这将多数人的暴政带到了一个前所未有的历史高度。当底层人口还不算太多,他们的收入增长停滞而尚未缩水,功利主义者的方案还能侥幸维持。一旦朝不保夕群体开始壮大、收入断崖式下跌,人们对功利主义的论调和大量不平等现象的怒火就会暴发。

第七章 『天堂的政治』

如今，我们应该重访自由、博爱和平等的金三角结构，提出朝不保夕者所需的进步性诉求。良好的开端应该是复兴共和主义式自由（republican freedom），培育人们一致的行动能力。自由，只有在集体行动中才能彰显。

朝不保夕者想要自由和基本安全。如神学家克尔凯郭尔所说，焦虑是自由的一部分。焦虑是我们为自由付出的代价，也是我们拥有自由的象征。然而，除非我们借助安全、稳定和可控的环境来缓解焦虑，否则，焦虑可能会转化成非理性的恐惧，让人无法理性行事，无法形成一套关于生活和工作的连贯叙事。眼下的朝不保夕者就处于这样的困境中，想要掌控自己的生活，重建社会团结和持续的自主性，同时拒绝被传统劳工主义框架下的安全性和国家家长制作风束缚。他们还憧憬未来是一个生态环境得到很好保护的世界，空气清新、污染减少、物种重新复苏，因为环境的恶化也将严重损害朝不保夕者的利益。他们急切地想要复兴共和主义式自由，而拒绝商品化带来的异化的个人主义式自由。

尽管朝不保夕者还不是一个"自为的阶级"，但它是一个"正在形成的阶级"，正在逐渐确立自己的反抗对象和建设愿景。它需要重新唤起被功利主义者排斥的社会团结和普世性原则。有位功利主义的领袖就是这种自视甚高的代表,他直言不讳地对颇具影响力的《金融时报》表示"普世性原则就是在浪费资源"(2010b)。但事实恰恰相反,普世性原则比以往任何时候都要重要。只有它才能扭转日益严重的不平等和经济不安全,也只有它才能阻止在补贴中引入经济状况调查、附带条件和家长式的助推。当全球化危机造成工业化国家大多数人的生活水平下降,全世界都在调整政策以应付局面的时候,它也是可以用来维持政治稳定的原则。

对朝不保夕者而言,20世纪的劳工主义已经丧失了吸引力。在当时,社会民主的愿景是进步的,最后却走进了"第三条道路"(Third Wayism)①的死胡同。社会民主主义政客害怕提及不平等,更不敢解决不平等问题,他们拥抱弹性的不稳定劳动,漠视自由,将国家打造成一座座"圆形监狱"。他们以"中产阶级"自居,失去了朝不保夕者的信任,在他们的治下,不愿墨守成规的人境况更加艰难,越发岌岌可危。是时候用一种新方式来解决问题了。

我们需要一种新的"天堂的政治",它带有一些温和的乌托邦气息并以此为傲。现在恰逢其时,在每个世纪的最初几年里,新的进步愿景都会泛出曙光。19世纪早期有激进的浪漫主义者追求着新的自由;20世纪早期有一股进步思想的浪潮,为

---

① 在社会民主主义的基础上,肯定自由市场的价值,强调解除管制、地方分权和低税赋等政策。

工业无产阶级争取自由。现在尽管已经有点迟了，但是劳工主义信誉扫地，全球化的新自由主义模式在道德上已经破产，希望时刻已经到来，是时候建立一种能够将朝不保夕者从困境中解救出来的平等主义了。

很多事情在当下看来不可实现，但到了将来不仅变得可能，而且切实可行，这是我们在构想未来时要记住的。当货币学派旗手米尔顿·弗里德曼在1962年写下名著《资本主义与自由》（Capitalism and Freedom）时，货币学派和新自由主义还只是被嘲讽的对象。1982年再版时，弗里德曼在序言中写道："我们的基本职责是，找出现有政策的替代方案，让这些方案保持活力，随时可用，直到让政治上的不可能选项，变成一条必由之路。"（Friedman, 1982: ix）今天的进步思想也应持有这种态度。

第一项任务，就是要坚定地主张那些劳工主义和新自由主义者们否认的东西。要相信人们可以自己思考，做出符合自己最大利益的行动，也要相信他们会尊重他人。不该把他们当作懒惰鬼、潜在的犯罪分子、违法分子或天生自私的人。告诉那些奉行家长式自由至上主义的助推者们，管好他们自己的事就行，不要动辄就给人设计一个"选择的结构"。"圆形监狱"应该被严格限制。所有人都应该接受适当的教育，拥有属于自己的黄金时间，这能帮助他们自己做出决定。家长式自由至上主义者认为，大多数人并非因为被信息淹没而做出次优决定；他们作出这些决定恰恰是因为缺乏时间或精力筛选相关信息，也无法负担聘请专家给予建议的花销，更没有发声渠道来将自己的选择化为现实。

　　同样的道理也适用于就业问题。人们厌恶现有工作,不代表大部分人都不想工作。压倒性的证据显示,几乎每个人都想工作。工作是一种人类在世存有的基本条件。但这并不意味着每个人都要拥有一份职业,也并不意味着没有就业的人就罹患某种"失业的习惯"。

　　朝不保夕者身处系统性的不安全感之中。将这个群体划分成"好人"和"坏人"两种,实在是一种过度简化的想法。不过,他们中有部分人的确希望国家用政策和制度来应对这种不安全感,重新分配安全,为所有人提供发展才能的机会。这部分人(可能绝大多数是年轻人)并不盲信全球化时代之前的劳工主义雇佣安全政策能够解决当代的问题。

　　相反,那部分较"坏的"朝不保夕者,还在怀念想象中的黄金时代。他们感到愤怒和痛苦,因为目睹了政府为银行和银行家输血、补贴本就占尽好处的精英阶级和白领领薪阶级、放任不平等加剧,并让他们为这些代价买单。他们被民粹化的新法西斯主义吸引,猛烈抨击政府,妖魔化那些似乎受到政府袒护的人。除非"好的"朝不保夕者的愿望得以实现,否则会有更多人被拖入"坏的"朝不保夕者的圈子。事情如果发展成这样,社会将变得危险。不过,情况正在朝这个方向发展。

　　朝不保夕者首先需要经济安全,对自己的生活前景有一定的控制权,相信自己可以平稳度过冲击和危机。只有收入安全得到保障,经济安全才能实现。而且,弱势群体也需要"能动性",即让集体和个人的能动性代表他们的利益。培养这两种能动性都是当务之急,朝不保夕者必须制订一整套策略。

公正地对待失权者

朝不保夕者群体包含很多不同类型的失权者,他们能享有的权利各异,但都很有限。如果当地能够缩小失权者和本地公民的差距,有效维护失权者的权利,他们就能因此受益。即便一些政治团体想要挑唆各个群体之间的矛盾,但是朝不保夕群体内部的每个子群体应该都清楚,捍卫其他群体的权利,也就是在捍卫自己的权利。我们应该高喊"所有失权者,团结起来!"(Denizens Unite!),这个口号还不赖。要记住,失权者问题不仅是移民的专利。国家正在设法将更多公民降格为失权者,剥夺他们的公民权利。

最过分的做法是,剥夺罪犯应有的权利。这就是在加倍处罚。除非某人的罪行明显涉及政治,或者由法律程序裁定剥夺其投票权,否则我们没有任何理由剥夺一个人的政治权利或社会权利。鉴于目前各国越来越倾向于监禁更多人并为其定罪,这项议题应该引起更多的公共讨论。

失权者中人数最多的就是移民。人们提出各种各样的建议,来建立一套程序,帮助他们取得公民身份并获得由此附带的一系列权利。比如"公民化"(citizenisation)方案,也就是让身份与国籍脱钩。还有一个概念是"居留身份"(residenceship),这个概念让移民可以更好地融入社会,即他们在某地居住一段时间后，不需要入籍，就可以自动成为公民。但这个概念和"永久许可"（permanent permits）不同。虽然有永久许可保障移民不会被随便驱逐出境，但承认了这些人不属于当地。普世性原则，就是要在一个全球化的世界中跨越这些藩篱。但事实上，各国政府一直在提高取得权利的门槛，哪怕是要获得失权者的身份也越来越难。某些国家让想定居的外国人先接受"公民入籍测验"，朝不保夕者应该对此提出抗议，要求该国境内想从政的人通过相同的测验。不过，最好的办法还是直接废除这项具有欺诈性质的政策，因为这种政策的主要目的，就是提高外国人定居的门槛。

失权者需要一些最切身的改革，比如能够执业的权利，即从事属于自己能力和专业范围内工作的权利。数百万失权者因没有职业资格证或者其他问题，被剥夺了这一权利。职业资格证的自由化将会给具有技能的移民一条生路，否则他们都会沦为朝不保夕者。恰好德国在这方面比较领先。2010年10月，德国劳动部部长表示，为吸引更多技术移民，德国将颁布一项法律，承认外国的执业资质。面对全球性挑战，这也是个权宜之计。真正需要的，其实是建立一套国际互认体系，由各国政府和职业机构订立鉴定和相互承认的标准，让在一国拿到职业资格证的人，在其他国家也可以很方便地执业。其实，大部分职业都不需要发放资格证。我们可以建立某种认证系统，要求从业者向潜在消费者证明自己有资格提供这项服务，于是，"买家风险自负"（caveat emptor）的原则就可以在市场中被公平地执行。

很大一部分移民是寻求庇护者，目前没有机制能够代表他们的利益。一种平等主义的解决办法是，政府营造代理机构得以运作的空间，并向它们提供财政援助。2010年，英国出现了一场"让陌生人成为公民"（Strangers into Citizens）的运动，它呼吁让无证移民入境五年后得到"应有的特赦"。如果移民在登记两年之后，找到工作，而且会说英语，就能自动获得公民身份。有人可能对此持有异议，但在失权者争取法律权利和事实权利的过程中，需要有合法的政府机构来代表所有失权者的利益。

还有很多人丧失经济或社会权利，只因以前做过一些事或举止不慎，导致在某地留下了有损品格评价的污点。他们对此可能毫不知情，也无法辩驳。托尼·布莱尔曾经说过，不做亏心事，就不用担心监控技术的进步了。这种观点很可悲。因为，我们既不知道监控者在收集我们的哪些信息，也不知道这些信息准确与否。朝不保夕者最需要被保护，他们必须要求撤销那些在事实上造成自己沦为失权者的信息采集措施。

重获身份认同

朝不保夕者被多元文化和多重身份的混乱状况所包围。所有失权者的最大特征就是缺乏许多公民拥有的权利。公民资格是一种拥有身份的权利，一种意识，让你知道自己是谁，和哪些人拥有共同的价值观和愿望。朝不保夕者没有可靠的身份。

但在日益全球化的世界里，我们无法避免多元文化和多种身份并存的状态。

各国必须容许人们拥有多重身份。每个人都是某种意义上的失权者，每个人自我构建的身份都会让他们在拥有一些权利的同时丧失另一些权利。每一种身份都会带来一系列不同的"权利"。皈依某种宗教或相信无神论，都会赋予某人在某一社群内部的某种权利，而社群外的人就没有（比如可以享有某些特定的假日、祈祷或者不祈祷的权利，等等）。当下的关键考验是，等级制度、压迫和绝罚①这种机制依然存在，我们应该确保任何社群行使权利的时候，不会侵犯到他人的权利或身份。

还有一种对朝不保夕者更为重要的权利，来自能否被某种特定的职业社群认可。如果某人是水管工或护士，那么他们应该享有这份该领域中每位成员都享有的权利，包括声明自己有资质从业，已经获得同行认可的权利。不过，禁止那些没得到同业认可的专业技术人员执业，就是另一回事了，很多人就是这样被推入朝不保夕群体。这就是为什么应该用认证体系来赋予职业身份，而舍弃和竞争力挂钩的资格证制度，必须依靠职业社群内部的民主治理结构来解决问题，因为所有的利益相关方都能参与（具体方式参见 Standing, 2009）。职业社群中的民主是21世纪迈向自由的核心。

从身份认同的政治层面来看，现代新法西斯主义强烈排斥

---

① 俗称开除教籍、驱逐出教、逐出教会等，是天主教所有惩罚中最严厉的一种。

其他的认同和文化。新自由主义者也反对身份认同的观点，理由是：市场社会中的每个人都是独立的，没有共同的身份。这两种看法假定每个社会都是民族的大熔炉，其中的人都共享同一种人格，就像美国和法国的宪法所默认的一样。说得委婉一点，这两种思想都无法解决问题。我们最好还是承认，每个人都可以拥有多重身份，而且确实拥有多重身份，为了捍卫和夯实人们的身份认同，我们需要构建制度和政策。

朝不保夕者最容易遭遇身份认同危机。但他们决不能放弃为多元文化主义和多重身份的合法化而做出的努力。不过，这还远远不够，他们还必须进一步让自己的利益在所有身份认同结构和制度中被充分看见。当然，这不是在提倡一种新的社团主义，而是号召朝不保夕者成为"自为的阶级"。

拯救教育

那些快要加入朝不保夕群体的人，必须和教育的商品化作斗争。应该通过民主和透明的监管，包括专业协会和法律的介入，规定高等教育和其他层次的教育禁止"无教师参与"，禁止大学里引入"圆形监狱"技术，驱逐"无教师大学"的幽灵。

授课内容的决定权应该还给专业技术人员（教师和学者），而"顾客"（也就是学生）应该在改革教育结构和目标方面拥有发言权。学校应该让朝不保夕者持续获得解放教育，而不只是简单地将他们培养成人力资本。这种观点不是理想主义，也并不天真。当然，学生可能并不知道学习哪些内容对他们是最好的。我们其实也不太清楚。我们需要一个管理体系，来平衡各种力量。眼下，教育界已经完全被商业化掌控。这非常可怕。

我们要努力逆转学校为培育人力资本而简化教学内容的趋势。专家指出，美国教育出现了阅读障碍和"整体"注意力缺陷综合征。当然，这不是美国一个国家的问题。解放教育必须被重新放到首要目标，必须抵制教育的商品化。我们虽然无法将乱象全部根除，但必须在制度上做出有利于解放教育的平衡。

那些希望大学为创业精神和商业利益服务并培育市场思维的人，应该听从过去伟大的知识分子的意见。正如哲学家阿尔弗雷德·诺思·怀特海（Alfred North Whitehead）[1]所言："大学存在的意义在于，它不分老幼，鼓励人们在富有想象力的学习中携起手来，保持知识和生命热忱之间生生不息的联系。"

早在1867年，约翰·斯图亚特·密尔在被任命为圣安德鲁斯大学校长时就曾说过："大学的目的，不是传授人们靠某种特殊方式谋生所需的知识，不是要培养熟练的律师、医生或工程师，而是要培养有潜能和修养的人。"但是这项原则被商业化思维排斥了，朝不保夕者必须奋起反抗商业化思维，直到

---

[1] 阿尔弗雷德·诺思·怀特海（1861—1947），英国数学家、哲学家，著有《过程与实在》，曾与罗素共同完成《数学原理》。

奚落它们收敛为止。让我们齐心协力，阻止庸俗的作风掌控大学。

还有一个更实际的问题。年轻人从事的工作，实际上并不需要那么多年的教育经历，这是他们受到地位挫折的部分原因。对此，一个可能的解决方案是，把学位从投资品变成"休闲品"（leisure goods）。鼓励人们在更长时间内获得学位，让更多人在就业后拥有"学术假"，这样就不用在高中毕业后急着去读大学。

朝不保夕者可能幻想过上一种"大学式"的人生，在这个世界里，人们可以随时安排自己的学习，学习内容既可以有选择性，也可以兼容并包。为此，他们就必须确保能掌控自己的时间，并且进入一个公共领域，在这里，教育是一个需要耗费时间谨慎思考的讨论过程，加强和改善教育也应该沿着这个思路进行。

工作，不只是劳动

> 所有劳动本身都是好的，这句话已经是一条现代道德信条了——对于依赖他人劳动过活的人来讲，这种信仰还真是方便。
>
> ——威廉·莫里斯（William Morris）：《有效工作与无效劳动》（*Useful Work Versus Useless Toil*, 1885）

我们必须把工作从就业和劳动中拯救出来。所有形式的工作都应该受到相同的尊重，不该假定没有职业的人就是不工作的人，或者当下没有工作的人就是游手好闲的寄生虫。伤害社会的并不是懒惰。懒惰的人如果虚掷生命，顶多伤害自己。但是，要监控和惩罚这一小部分人只会让社会付出更高昂的代价。强迫他们从事一些低生产率的工作，换来的收益还不足以补上付出的成本。而且，少量的懒惰并非坏事。某人看似无所事事，但你怎么知道他不是在休养生息或沉思冥想？为什么非得揣测和非难他人？历史上一些最伟大的思想家也有过懒散的时候，每一位读过罗素那篇《闲散颂》的人，都应该以要求别人疯狂劳动为耻。

人不该失去分寸感。劳动和就业都是生活所需。只是，它们不是生活的全部。其他形式的工作和时间运用也一样重要。

20世纪最伟大的经济学家凯恩斯曾预测，到今天，富裕社会的人们每周工作时间将不超过15小时。在他之前，马克思曾预言，一旦生产力水平能够满足社会的物质需求，我们就会把时间花在发展人类的潜能上。19世纪晚期，威廉·莫里斯在他的空想主义作品《乌有乡消息》（*News From Nowhere*）中描绘了一种未来，人们将不再有压力，只是出于热情而工作，得到鼓励重新发掘自己的天性，和邻里之间共同建设繁荣的家园。他们谁也没有预见到商品化市场体系的出现，带来永不满足的消费动力和永无止境的增长目标。

现在我们可以确定地说，迫使所有人都去就业，完全是南辕北辙。我们应该想办法，腾出更多的时间来从事不属于劳动的工作，真正得到玩乐以外的休闲。除非我们坚持拓展更丰富的工作概念，否则我们将继续被一种愚蠢的观念牵着鼻子走，即用一个人的职业来衡量他的价值，认为创造就业就标志着经济上的成功。

如果我们能改善朝不保夕者的境况，就能让他们获益最多。他们做了大量不属于劳动的工作，还被迫从事了很多既没有生产性又毫无乐趣的工作。应该引入更好的统计办法，来计算人们到底做了多少这样的工作。到时候，那些或明或暗地将所有不具备正式职称的人都当作懒惰鬼或"福利欺诈者"的人，都会显得可笑。这件事得先从统计数据开始，看看朝不保夕者花了多少时间同政府机构和其他中介机构打交道。

将劳动力完全商品化

劳工主义者宣称"劳动力不是商品"，我反倒认为，应该将劳动力完全商品化，保证适当的激励措施吸引人们劳动，而不是在强迫人们就业的同时降低他们的工资，并让他们拉低其他工人的工资。如果真有工作职缺，但又没人来填补，就应该让工资自然上涨，直到雇主觉得这些岗位不值这么高的价钱，或者能够支付足额的工资吸引人来报名入职。政府应该对劳动力市场和其他市场一视同仁，用同一套干预规则来处理劳动力市场。劳动力要完全商品化，价格就必须透明，并完全被货币化。这就意味着要逐步淘汰那些华而不实的企业福利，将它们转化为可以通过市场选择决定购买的福利。至于组织内的社会团结原则则可以单独处理。非货币福利是造成不平等现状的主要因素之一，而且会拖累劳动力市场的效率。这些福利都流向了高阶白领领薪阶级和少数特权核心员工，朝不保夕者就不要指望能分到了。为了促进市场化，这部分福利应以高于货币收入的税率征税；但目前这部分福利往往成了企业的避税手段。薪资体系和劳动者的技能投入、勤奋程度以及时间分配之间的关系应该透明化。相关研究表明，劳动者更喜欢雇主按时薪计价结算工资，因为这种方式最透明。

适度的劳动力商品化是推动社会进步的力量。产假的例子最为经典，我们从社会公平的角度，设身处地地为朝不保夕者考虑一下。白领领薪阶级女性如果怀孕了，她可以从雇主那里获得带薪产假，工资的大头其实都是由政府支付的。在英国，女性可获得长达39周的法定带薪产假，休假时间最多长达一年。此外，孩子的父亲还有两周的陪产假，父母中的任何一方都可以在孩子五岁之前停薪留职。不过，考虑到雇主在产假和陪产假方面的大部分开销都是由政府托底的，这其实是一种累退福利（regressive benefit）[①]，白领领薪阶级从中获益，却损害了朝不保夕者的利益。劳工主义者十分欢迎这样的政策，但是又有多少低收入群体有资格享受这种福利呢？直到2009年，英国平等和人权委员会才建议取消享受产假的工作年限门槛。然而，很多女性朝不保夕者在妊娠期间会有一段时间失业，之

[①] 与高收入群体相比，递减的福利给低收入群体带来了更大负担的补贴。

后再找工作就比较困难了，因此也就无法享受一系列产假补贴。朝不保夕者应该和其他所有社会成员享有同样的权利。权利不该因人而异。

这就引出了下一个诉求：就业应当被当成一种用商业交易获取收入的工具。有些人说就业是"快乐的源泉"，为了自己的长远幸福，那些不愿参与这种乐趣的人应该被强迫享受工作的乐趣。在我看来，这些人应该少管闲事。对大多数朝不保夕者而言，就业并非通往极乐世界的道路。告诉他们就业会带来快乐，基本就是睁着眼睛说瞎话。如果所有工作都是"因事设岗"，肯定有人想要请人帮忙做某些事（本来就应该是这样），那就让它彻底商品化吧！如果这是自由市场经济的定律，它就应该适用于所有商品。

职业自由

朝不保夕者希望发展出一种职业意识，将各种形式的工作和劳动融合起来，以促进个人发展，提高生活满足感。如今，社会对劳动和就业的需求越来越紧迫，迫使我们只能在千头万绪的处境中挤出时间从事很多有价值的工作，无暇休闲，只剩玩乐。第三产业社会最宝贵的资产就是**时间**。

社会告诉我们，不要仅把就业当成获取收入的工具，它还是生活中最重要的事。但是除了就业，还有很多其他类型的工作更让人满足，也更具有社会价值。如果我们继续坚持每个人都要有份职业，并且让职业定义我们的身份，那么在职员工就会倍感压力，一旦失业，失去的不只是一份工作，而是切身可感的社会价值、社会地位和生活水准。

2009年末，《华尔街日报》刊登了美联储前副主席艾伦·布林德（Alan Blinder）的一篇评论，他在文中写道，美国人"现在脑子里只有三件事：就业、就业和就业"。不过，他也没有拿出什么根据来证明这句话。但是，如果大部分人都只能用保住饭碗的方式，让自己获得一点点安全感，那么就业显然就会变成人生中最重要的东西了，而且让人倍感压力。这种文化既不健康，也没必要，而且这种批评并非不切实际。我们必须停止迷信就业。

我们甚至都吃不太准，发达国家的经济增长是否需要依靠增加工作机会。已有证据显示，有些国家的经济增长不靠就业，甚至有些国家的就业正在萎缩，经济却还在增长。人为创造就业机会，以此拉动经济上行，可能会对生态环境造成破坏。毕竟，就业和劳动往往伴随着资源的使用和消耗，而其他形式的工作，反而往往能够再生产并保有资源。

要让陷入就业魔咒的社会转型，我们必须加强人们的工作权，其方法就是为人们从事不属于劳动的工作创造便利，确保机会均等。虽然如今人们对这类工作的需求量越来越大，但是有钱有闲的富人还是最有能力从事这类工作的人。这是一种隐蔽的不平等，那些具有优势的人最容易积累额外的优势。

在美国，2008年后的经济衰退促进了不属于劳动的工作的发展。但是人们没有注意到这件事情的讽刺之处。比如，在美国，上万人每天登录清洁义工组织Volunteernyc.org，某种程度上，这回应了前总统奥巴马呼吁更多人参与公共服务，让美国的社区精神重新复苏的召唤。对此我们也喜闻乐见。但是目前，还没有一个党派提出方案来为这种工作提供诱因或机会。人们跃跃欲试，说明大家其实都希望做一些对社会有价值的事情。有时候，失业反而让人重获自由。在此，成为朝不保夕者也是一件令人喜忧参半的事情。正如阿伦特（1958）所担心的那样，被一份工作捆住手脚，为就业而就业的社会是地狱。人和工作应该是有机的归属关系，如今却变得僵死、了无生气。但丧失经济安全也不是一件好事，朝不保夕者并非不愿做志愿者或其他社会工作，他们的债务和不稳定境况阻止了他们。

人们踊跃参加志愿服务的现象证明，几十年来，如果不是社会一直教导我们"工作等于就业"，我们本来就很渴望做一些自认为是工作的活动。波兰尼（[1944] 2001）和阿伦特都明白这一点，但他们都无法影响政策制定。商品化让波兰尼感到失望，为就业而就业的上班主义（jobholderism）让阿伦特感到失望，但两人都没有想出办法来建设一个工作与休闲并存的社会。随着全球化日益陷入危机，我们有机会向前推进了。

非政府组织在世界各地兴起，有些机构的名字就很让人振奋，比如，"关怀纽约"（New York Cares）、"大哥哥，大姐姐"（Big Brothers, Big Sisters）、"主力基金会"（Taproot Foundation），等等。很多专业技术人员在自己的工作上无法发挥才能和抱负，却在这些领域为自己的天赋和兴趣找到了用武之地。纽约还有一家叫作"财务诊所"（Financial Clinic）的非政府组织，他们安排专家帮助低收入劳动者理财。这些机构里面的专业技术人员，本来也有可能沦为朝不保夕者。

政府也开始有所作为。很多组织蓬勃成长，比如，美国志愿队（Americorps），志愿者要在这里服务一年；"授业美国"（Teach for America），他们把大学毕业生派往低收入地区的学校支教；还有Volunteernyc.org，纽约市的公共服务网站。截至2009年中，美国非营利组织已有940万名员工和470万名全职志愿者。企业也批准参加志愿服务的员工请假。这可能预示着一种全新的社会模式，但肯定也会产生替代效应。比如，2009年第一季度，美国就有1万名律师被解雇，很多人都被引导去公共利益团体为**公共利益**服务，但是只收取象征性的费用。2009年3月，美国国会通过了《爱德华·肯尼迪为美国服务法案》（Edward Kennedy Service America Act），大幅修正1993年就出台的全国公共服务计划。美国志愿者规模因而翻了三番，次年有700万人加入社区志愿者队伍。这个法案设立了"安可计划"（encore fellowships），让美国老年人迎来"事业第二春"，鼓励他们在教育、卫生保健和非营利组织管理领域发挥余热。代表50岁以上美国人的美国退休人员协会于2009年1月做了一项调查，发现近3/4的老年人希望将时间投入社会工作，而不是拿来赚钱。

除了志愿服务，还有很多形式的邻里互助和照料工作的计划。现代社会，大多数人都觉得他们花在关心亲人、朋友和社区上的时间太少，在需要帮助时也得不到足够帮助。我们应该把这些照料活动都叫"工作"，将它们刻到我们的职业意识里。

总而言之，要达成职业自由，朝不保夕者和其他人一样，拥有平等的机会承担更多元的工作和劳动，建立自己的职业和事业认同。政府应该明确，没有任何一种形式的劳动在道德或经济上比其他劳动更优越。

工作权

朝不保夕者应该要求，让所谓的"劳动权"转化为能够促进和捍卫工作权的手段。如今越来越多从事一份工作的人并不是公司雇员，我们没有必要刻意用复杂的方式定义"雇员"，只是为了确保他们能够享有与劳动相关的一系列权利。要保障工作权，应该是大家一起制定规则，明确劳动者**之间**、职业社群**内部**，以及劳资之间的哪些行为符合可接受的标准。在这些场合中，朝不保夕者处于十分不利的境地，因此我们需要创建"集体协商"制度，让朝不保夕者为自己发声，以补充完善现有的雇主代表与员工代表之间的劳资协商制度。之后我们将继续讨论这个问题。

此外，朝不保夕者还应该要求建立一种国际工作权制度，首先要彻底改革国际劳工组织这个劳工主义的大本营。具体的做法，我在其他文献中有所提及（Standing, 2010）。若没有一个像样的全球性组织，朝不保夕者的声音一定会被压制和忽视。

工作权应当覆盖各种不属于劳动的工作。比如，如果人们希望每个人都能自己管理财务，自己决定该如何花钱，不被政府家长式的"助推"所"摆布",他们就能以负担得起的价钱获得相关信息和专业建议,也应该有足够的黄金时间来仔细研究。

照料工作目前仍然是没有法律和社会保障制度作为后盾的权利盲区。女性朝不保夕者尤其需要这些制度保障,特别是女性背负"三重重担"的情况越来越普遍。这项权利对男性同样重要,因为越来越多的男性意识到,自己也要照料亲朋好友,承担其他不属于劳动的工作。在设计工作权的时候,我们应该一并考虑照料者、被照料者和第三方中介组织,他们都很容易遭受剥削、压迫和自我剥削。

社会活动这类工作,也应该纳入工作权中。我们已经看到志愿服务和社区工作方兴未艾,特别在2008年之后更是蓬勃发展。不过这些活动也有可能成为少数人的特权,或者是领取工作福利的手段。此外,退休人员和主业工时很短的人也开始进入这类服务市场以补贴收入,但有些人却要将这类工作作为劳动,以此赚取收入,养家糊口。在这种情况下,志愿者的存在,挤压了朝不保夕者的经济机会。

最后,工作权还应该包括职业道德规范。每个职业社群本来都应该制定这样的准则,其中的大多数条款对其成员都应该具有强制力。可悲的是,一些诸如会计师这类有影响力的职业,长期缺乏这类规范,放任贪婪的精英阶级摄取巨额收入,将道德规范抛在一边,践踏同属劳动社群中的下层其他同业的尊严。那些缺乏集体道德规范传统的职业,比如银行家,显然应该对金融危机负责。朝不保夕者必须坚持要求每个职业社群与每种经济活动,都必须遵守职业道德规范。

对抗工作福利制度与附带条件限制

除非朝不保夕者主动把自己制造成社会的麻烦，否则奉行功利主义的民主制度根本不会在意他们的关切。仅仅是因为朝不保夕者缺乏组织性或在政治过程中缺乏话语权，他们就可能沦为多数人暴政的牺牲品。这就是当下的情况。那些取悦中间选民和政客背后金主的政策就会占上风。要与之作对抗，朝不保夕者就必须找到自己在体制中的代表，并要求政府政策符合道德标准。目前的体制存在真空部分，一些勇敢的非政府组织试图填补它，但最多只能偶尔起到点作用。

看看美国、英国、瑞典、澳大利亚、德国和其他地方实行的工作福利制度。本质上，它就是要求失业者必须接受指定的工作，否则他们就得放弃福利，还可能被某些数据监控系统打上终身"寄生虫"的标记。大部分有工作的人可能认为这很公平，但如果事情发生在自己或孩子身上，他们就不愿意接受。遗憾的是，在功利主义甚嚣尘上的社会，这种不公平的问题无人在意或被刻意排除，只要多数人能够幸福就行了。

国家正在把就业安置工作转交给商业公司来做，并根据他们安排多少失业者再就业，或多少人停止申领失业救济金，来决定该公司能得到的收益。将原本属于公共服务范围的职责商业化，会带来许多道德风险。于是这种服务越来越没有人性的味道，既不"服务"，也不"公共"，仅仅是一宗商品交易。中间人现在变成了企业,在市场经济中,企业存在的最高使命就是盈利。

想象一下这样的场景,某位代理人想让某人尽快找到一份工作,以此增加自己的收入。镇上的另一端有一份工资很低的工作,虽然条件不佳,但好歹是份工作。不过,这位待业者不想接受,因为工作距离太远而且会带来其他成本,过长的工时会使他难以陪伴家人,或者这份工作和他成年后所学多年的技能不符。代理人很可能立刻为他标注,说他拒绝了一份工作。在英国的新规定(沿袭美国)下,如果某人连续拒绝工作三次,他的福利资格就会被中止三年。这不需要经过正当程序或召开公开的听证会,商业代理人就可以做决定了,而且这位代理人同时兼任原告、法官和陪审团。国家对此当然喜闻乐见,因为福利支出减少了。对加诸自己的惩罚,这位待业者却无权申辩,今后他连正常的公民权可能都无法行使了,还会在信用记录上留下污点,这就相当于让他陷入了"不稳定劳动陷阱"。

任何懂得基本正义原则的人都无法为自己或亲属接受这样的程序。但只要事情没发生在他们头上,或者他们没有注意到这类法规的存在,他们就不会反思这种不公平现象,而这种趋势就会持续下去。

类似地,英国政府还把发放丧劳津贴的医学检查业务外包给一家名为源讯(Atos Origin)的企业。源讯接到业务后立马宣布,3/4 的申请人还能参加劳动,因此补贴要削减 1/3。尽管大部分申请人可能太害怕而不敢提出异议,但有些地区依然有代表当地申请者利益的团体为他们发声。数月之内就出现了大量上诉，其中的40%获得了成功。医生们在接受访问时告诉英国广播公司，他们迫于压力，不得不做那些快速且廉价的检查，并宣称患者是健康的。

在伦敦的伊斯灵顿低收入区，有一个由志愿者提供免费服务的伊斯灵顿法律中心，该中心的上诉成功率达到80%（Cohen, 2010）。这些机构应该是公共政策的必要组成部分，由政府出钱资助。有了这些代表福利申请人利益的代理机构，弱势群体遭到欺凌的机会就会减少。毕竟，上诉有风险、昂贵且耗时。而且并非所有地方都像伊斯灵顿那样，有一个由律师和维权记者组成的在地社群。

朝不保夕者必须要求，政策制定和执行的每一个阶段都必须民主和透明。必须撤除法令中对申领补贴的附加条件，以及商业化的社会政策，它们异化了自由，破坏了普世性原则，侵犯人们表达异见的权利。如果就业真的如此美妙，人们应该对就业魂牵梦萦，而不是被胁迫就业。如果公共服务不可或缺，那就应该让每个人都能接受教育，以低廉的价格享受到普惠的公共服务。

结社的自由：朝不保夕者的能动性

这个问题又回到了对自由本质的讨论。自由，不是指我们（即使在不伤害他人的前提下）为所欲为的能力。自由首先从社群中而来，人们在其中通过实践意识到自由。自由通过行动彰显，而非上天赐予或在石碑上占卜而来。在新自由主义看来，朝不保夕者是自由的，他们可以自由地相互竞争、消费和劳动。但其实他们并不自由，因为他们缺乏一种可以相互联结的集体结构，他们无法抵挡家长主义者的意志，也无法抵抗竞争力量带来的压迫。

朝不保夕者需要集体发声。"欧洲五一示威日"运动只是一个前奏，只是一种在人们还没有集体行动之前出现的"原始的叛乱"。现在是时候了，代表朝不保夕者的团体应该开始和雇主、第三方中介组织（比如职业介绍所），尤其是政府机关持续谈判了。

当务之急是让人们重新控制自己的隐私。虽然朝不保夕者也生活在公共空间，但他们依然很容易受到监控和非民主力量的"助推"。他们应该要求制定法规，让个人有权查看和更正任何组织持有的个人信息；要求企业一旦发生任何可能影响他们的安全漏洞，必须通知被影响的员工（包括外包员工）；要求经认证的第三方专家对他们所供职的组织进行年度信息安全审计，规定信息失效的日期，限制数据分析的适用范围。目前的数据保护和信息自由的法律，已经走上正轨，但还远远不够。人们必须能够积极发声。朝不保夕者必须动员起来，围绕这个议题提出诉求，夺回和强化人们的隐私权以及更正错误信息的权利。

面对周遭生态环境被破坏，朝不保夕者将会更加愤怒。那些否认气候变化是人为造成的人，动员极右翼和民粹分子，将政府限制污染的努力，说成是趁机扩大国家权力的阴谋。朝不保夕者应该明白这一点，但还是担心，如果环保措施太严格，就业机会就会减少，他们也会失去收入保障，而且不愿看到经济增长放缓，毕竟经济不景气被认为会冲击朝不保夕者的生活。在发达国家，有人告诉朝不保夕者，生产成本上升将加速工作机会向欠发达国家转移。在发展中国家，朝不保夕者被告知，那些减少能源使用的措施，也会抑制工作机会的增长。全球都有人要求朝不保夕者接受现状。他们需要清醒地意识到，问题的关键在于，目前的增长模式过分强调就业而非环境保护。要扭转这一局面，我们就不能试图靠创造就业机会来解决所有问题。

在工作和劳动领域，朝不保夕者的声音都是微弱的。原则上，工会可以在转型后代表朝不保夕者的利益。但问题是没有这么简单。工会其实是希望把经济蛋糕越做越大，为更多工作机会、分到更多产出红利而游说和抗争。如此，它们必然会和朝不保夕者发生对抗，因为它们以经济利益为先。当然，它们可能会在支持失业者，支持照料工作的从业人员，以及支持"绿色"议题上做做姿态。但是，一旦工会成员的经济利益与社会或生态环境问题发生冲突，工会肯定倒向经济利益。进步人士不能再指望工会成为与它们目前功能相反的组织。

新形态的集体组织要不畏困难，挑战"集体协商"制度（Standing, 2009）。这些团体必须照顾到朝不保夕者从事的各种工作与劳动，以及他们的社会理想。它们必须发展出一种谈判能力，与雇主、劳务中介、临时工中介和一系列国家机构打交道，特别是与那些处理社会服务和监控活动的机构进行谈判。

在与其他劳动者群体打交道时，它们还必须能够代表朝不保夕者，因为白领领薪阶级与核心雇员拥有工会替他们发声，但朝不保夕者的利益与这些人并不相同。最后，它们必须是有组织并促进社会流动的社群，让社群内的社会流动比现在更有序、更容易。

其中，一个必须解决的问题是，如何摆脱新自由主义的陷阱。新自由主义认为，任何提供服务的集体组织都会扭曲市场，应该以反垄断为由予以取缔。幸运的是，有的国家已经出现了前景可期的模式。其中一种是工人合作社，经过现代化改造，它允许成员更灵活地参与。

按照波兰尼式的思维，在全球化危机之后，为帮助经济"重新嵌入"社会的联合组织应该容忍人们不守成规，接纳朝不保夕者并促进平等。在这方面，合作主义（cooperativism）可以提供一些帮助。有趣的是，大卫·卡梅伦当选英国首相前曾经透露过一个打算，想要准许公共部门的员工（警察、法院员工和监狱员工除外）以工人合作社的形式运营他们的组织，并与政府有关部门协商订立合同。这将走向现代版的"基尔特社会主义"（guild socialism）[①]了，国家把对各个职业的管理统筹工作移交给行业协会。当然，它还有一些困难需要克服，比如，确保运营的透明度，防止过度招标，合同谈判之后如何问责，理顺收入分配、劳动机会和内部晋升的规则。还需要处理

[①] 亦称"行会社会主义"，20世纪初英国工人运动中出现的一种资产阶级改良主义思潮。该思潮的出现与产业革命导致工人生活贫困等社会问题有关。

工会管辖权,以及和其他行业之间的关系问题。再比如,面对降低劳动力需求的技术变革,这些联合组织该怎么办?

2010年2月,当卡梅伦提出这一想法时,列举了客服中心、社会工作部门、社区卫生和照料团队、医院病理科以及监狱中的康复和教育科等例子。这些例子反映出某些问题。一个"工人合作社"覆盖的人群规模应该有多大?如果将某地区内的所有国民保健署所辖医院都囊括进来,不同医院的收入和专业技能差异很大,确定收入分配就是一件很困难的事情。难道要根据各会员和各家医院原来的收入状况,按比例来分配吗?还是说无论技术高低与工时长短,每个人都分得一样的额度?如果将合作社的规模缩小,仅限于医生、护士或病理科,内部规则可能会简单一点,但是合作社的任何变革依然会对个体成员产生影响。如此一来,提高服务品质、降低服务价格的改革可能会遭到抵制或根本不被纳入考虑。

在整合社会服务时,难点是确定一个服务中每个部分的具体货币价值。以医疗服务产生的价值为例,我们应该让医生获得70%,护士获得30%吗?或者四六开?还是八二分成?有人可能会说,因为政府部门会和合作社谈判,因此合作社内部的收益分配应由民主方式决定。光是这一点就提醒我们,谈判可能包含很多层面,比如交易成本。相关职业群体之间也会产生利益冲突。设想一下,如果照料服务也分70%和30%,其中的较多份额被分配给注册护士,辅助护工会作何感想?尽管问题很多,但是这项提议还是朝着"集体协商"的积极方向迈进了。它认识到,在一个第三产业社会,我们不仅以独立个体的状态存在，也会自愿成为群体的一员，得到一种身份认同。这种形式最早可以追溯到19世纪的友谊会（friendly societies）[①]和"互助社"（mutuals），以及职业公会。

这类组织要想运转良好，必须创建一条难以撼动的权利底线，既促进灵活性，又能充分保证收入安全，让人们在面对就业机构和人生规划的转变时处变不惊。以前的就业保障机制有一个不太受到重视的缺点，因为福利和收入会随着某人在机构、企业或组织内工龄的增加而上涨，即便跳槽对个人和组织都有利，人们也会死守在原来的岗位上抗拒改变。镀金的笼子就这样褪色成了涂铅的笼子。互助原则当然值得称赞，但要小心它变成另一种扼杀职业流动性的桎梏。

合作社之外，还有一种形式的代理机构为朝不保夕者服务——临时工协会，它还有好几种变体。首先是纽约的自由职业者联盟（Freelancers' Union），加入者都是纽约市的永久自由职业者或临时工，这个组织主要为个人会员提供广泛的服务。另外一种是加拿大的自由编辑协会（Standing, 2009: 271-273），主要为会员提供法律援助。第三种形式的代表，可以参照印度女性自雇职业者协会（the Self-Employed Women's Association of India, SEWA）。另外还有一些其他形式的组织正在陆续涌现，进步政治应该大力支持这些组织，因为它们将赋予结社自由新的意义。

[①] 18、19世纪在英国工人阶级特别是收入较高的上层工人中广为存在与发展的一种具有直接社会保障功能的民间互助组织。

最重要的是，面对弹性的劳动力市场和盛气凌人的国家，朝不保夕者非常需要在制定政策的机构内部拥有自己的声音。白领领薪阶级知道如何在官僚主义和复杂的行政程序面前保护自己，可以提高声量，但朝不保夕者没有这种优势。虽然其中的大多数人只是缺乏安全感，但是还有些人的处境更糟。比如在英国，领取丧劳津贴的人里，据说有2/5的人罹患精神疾病。再加上受教育程度低的人和语言能力有限的移民，我们就可以理解，为什么他们需要代言人和倡议团体在政策制定机构中为他们代言。朝不保夕者需要对不公平的解雇、未给付或给付过低的补贴提出异议，处理债务和解决问题，此外，还要用谈判的办法，改变那些似乎是刻意设计出来让人无法符合资格并顺利获得补贴的、日益复杂的申请程序。

恢复平等

在20世纪，不平等议题体现在利润和工资分配不均上。对社会民主主义者和其他人来说，要想实现再分配，就得控制生产资料、推动国有化，或者通过税收抽取一大份额利润，并以国家福利和公共服务的方式进行重新分配。

这种模式如今已经臭名昭著，社会主义者也一筹莫展。目睹生产资料流向亚洲，两位美国社会学家芭芭拉·艾伦瑞克和比尔·弗莱彻（Bill Fletcher）在论文集《重新想象社会主义》（*Reimagining Socialism*, 2009）中写道："朋友们，我们还有什么办法吗？我们能走出困局，迈向一个公正、民主、可持续的（加上你们最喜欢的那些形容词）未来吗？摊牌吧，我们毫无办法。"

其实，他们应该振作起来，平等主义的精神还在前进。朝不保夕者现在接过了接力棒，它乃第三产业社会中的新兴阶级，在这个社会，生产资料面目模糊且更加分散，往往掌握在劳动者手中。我们知道，历史上的每一次转型，都是以争夺这个时代的关键资产为标志的。在封建社会，农民和农奴为了争夺对土地和水的控制权揭竿而起。在工业资本主义社会，斗争的对象变成了生产资料、工厂、不动产和矿山。工人们想要体面的劳动环境，从利润中分一杯羹，以换取自己向经理出让劳动力控制权的回报。但在如今的第三产业社会，进步性的斗争将围绕五种主要资产展开，各方对抗的焦点依然是人们无法平等地使用和控制以下五种资产。

这五种资产可以被概括为：经济安全、时间、优质空间、知识和金融资本。我们知道，精英阶级和高阶白领领薪阶级拥有大部分金融资本，因此他们获得的收入要比前人更多，但没有任何证据说明他们比前辈更能干或更努力工作。他们的巨大财富是对所谓精英政治的嘲讽。掌握金融资本带来的收入，意味着他们可以购买更多私有化的优质空间，挤压朝不保夕群体和其他群体赖以生存的公共空间，他们可以掌控自己的时间，这对其他人而言就像做梦一样。

要重新分配这五种资产，没有任何灵丹妙药。想调整任何一种资产，都需要变革现有制度、订立规范和反复谈判。不过,还是有一种经过多年讨论的政策,可能对各类资产的重新分配有所帮助。我们先来界定一些关键概念,然后在伦理依据的基础上予以论证,再来考虑朝不保夕者如何才能从五种关键资产中分到更多的份额。

基本收入

很多朝不保夕者的示威游行,如今都会打着以下这个旗号,而且它历史悠久,得到不少著名人士的拥护。它还有很多名称,知名度最高的大概就是"基本收入"(basic income),其他名称还包括:"公民津贴"(citizen's grant)、"社会分红"(social dividend)、"社会团结津贴"(solidarity grant)和"全民津贴"(demogrant)。我们还是用它最知名的名称来称呼它,但考虑到目前为止还没有引起讨论的两个理想目标,也会提出另一种变体。

基本收入方案的核心思想是,一个国家或社区内的每位合法居民,无论是儿童还是成年人,每月都应该获得一笔适当数额的收入。每个人都有一张银行取款卡,可以按月支取基本生活所需的金钱并根据自己需要随意花销,像残障人士这类有特殊需求的人还可以申请更多的钱。在大部分发达国家,这个想法看起来没有那么激进,整合许多既有的转移支付方案,取代那些复杂难懂、随意制定且武断的附带条件的福利方案即可。

这种基本收入将会支付给每一个人,而不是给"家族"或

"家庭",后者的组成人数较多,容易引起各种争议。从实际操作上来讲,这部分钱是普惠所有合法居民的,移民会经历一个等待期。收入以现金形式发放,允许领到的人自行决定如何使用,而不是以家长主义的方式那样,只发放食品券或其他预先购买好的物品。基本收入必须促进人们的"自由选择",而不能变成某种"助推"。它必须是不受侵犯的权利,除非某人不再是合法居民或因犯罪而被法律明文剥夺这项权利,否则基本收入不能被国家夺走。此外,基本收入也应该是**定期**支付的一笔小额现金,而不是像英国儿童信托基金推行的"小面额债券"(baby bond)或"利害关系人津贴"(stakeholder grant)一样一次性支付大量现金,否则可能引发"意志力薄弱"(weakness-of-will)等问题(Wright, 2006)。

这笔收入不会以人们的行为作为领取门槛。应由法律、法院和正当的程序来处理人们的不当行为,而这不该和政府提供基本安全的政策混为一谈。一旦混为一谈,政策就无法提供安全和正义。理论上,现金支付可以解放人们,它提供了经济安全,使人们可以选择如何生活和如何发展自己的能力。贫困让人无法吃饱穿暖,无处安居,意味着失去自由。发放补贴时限定一些条件,无论是要求领取者满足某些行为,还是指定他们只能购买某些物品,都是在限制自由行动。一旦接受这种做法,我们还有什么办法阻止政策制定者的得寸进尺?政策制定者想当然地觉得,自己知道什么东西对低收入、低学历者是最好的。那些支持在补贴中增加附带条件的人则会提出更多条件,严格管控补贴的实施方式,直到这些条件变得具有强制性

第七章 "天堂的政治"

和惩罚性。基本收入不该朝这个方向发展。

基本收入和人们总是拿来与之比较的负所得税（negative income tax）[①]不太一样，基本收入不会制造"贫困陷阱"。领取负所得税的人一旦收入增加就会丧失补贴，这样反而抑制了人们参加劳动的热情。无论某人从劳动中获得多少收入，他都可以继续领取基本收入，婚姻和家庭状况也不会影响到这笔钱的支付。全部所得收入都要按标准税率征税。如果国家想要限制富人获得的基本收入金额，可以提高所得税税率将这部分钱收回来。

针对基本收入的反对意见当然很多，并已得到广泛的讨论，1986年国际社会还成立了一个跨国协同机制，专门促进关于这个问题的辩论。该组织起初被称为"基本收入欧洲网络"（Basic Income European Network, BIEN），后来，在2004年的巴塞罗那大会上更名为"基本收入地球网络"（Basic Income Earth Network, BIEN），来更好地适应越来越多来自发展中国家和欧洲以外其他国家成员加入的情况。到2010年，它已经在巴西、加拿大、日本、墨西哥、韩国和美国以及欧洲等许多地方建立了蓬勃发展的全国性网络。

反对无条件基本收入的主要论据是，这项方案会降低劳动力供给，导致通货膨胀，国家财政不堪重负，会被民粹政客利用，变成一种对劳动者征税、反过来鼓励懒惰的"施舍"。所

[①] 政府按照其实际收入与维持一定社会生活水平需要的差额，运用税收形式，依率计算给予低收入者补贴的一种方法。

有这些问题都在"基本收入地球网络"的文献和其他学术著作中得到了回答。不过，考虑到基本收入能够助力朝不保夕者掌握关键资产，而且支付方式也对朝不保夕者有利，本书也将回应其中的某些批评。

哲学上，基本收入可被视为一种"社会红利"，也就是某种对过去投资的回报。那些批评基本收入是无偿支出的人，往往自己就坐拥了无须代价的资源，继承了或多或少的遗产。这让我想起托马斯·潘恩（Thomas Paine, 2005）在他1795年写的《土地正义》（*Agrarian Justice*）中提出的观点。任何社会中，富人的好运很大程度上来自他们的前辈以及其他不太富裕的前辈们的努力。如果每个人都能获得一份基本收入，用来发展自己的才能，那就相当于享受了前人努力和好运的红利。朝不保夕者和其他社会群体一样，都有权获得这种红利。

要建设基本收入制度，理想的做法是把现有的税收和福利制度整合起来。2010年，英国开始朝着人们认为不太可能发生的基本收入发展。联合政府想要彻底改革税收和福利制度，它们发现上届政府创建的多达51项福利系统各自具有不同的申领标准，让人头晕目眩，且充斥着与贫困和"失业陷阱"相关的道德风险。本来，把国家福利整合为通用工作福利和通用生活福利，就可以推动税收和福利制度的整合，随着劳动收入的增加，这也能促进国民有序减少对福利的依赖。这种整合可以为基本收入的出现奠定基础。遗憾的是，信奉天主教的就业与养老金事务大臣被成功说服补贴申请人必须劳动，让基本收入变成了工作福利制度，并将这类工作交给商业机构来代理。不过，这种整合让我们朝着重建一个具有普遍性的社会保障体系迈出了一步。

重新分配安全

和安全有关的资产包括几个元素：社会安全、经济安全、文化安全、政治安全，等等。本书主要关注经济安全。持续处于经济不安全之中本质上是有害的，会影响到人的能力发展和人格健全。如果接受这个前提，我们就应该想办法提供基本的经济安全。朝不保夕者之所以蠢蠢欲动，就是因为他们承受着系统性不安全感之苦。

一个人有时有太多的安全感，有时又太缺乏安全感。安全感太少的时候，人们就会陷入不理性；如果安全感过多，就会缺乏谨慎和责任感。过于强调安全感，可能会让人们变得保守、抵制变革，维护开倒车的控制手段。不过，基本经济安全也不能完全消除存在性的不安全感，比如担忧我们的所爱之物、我们的人身安全和身体健康以及发展的不安全感（比如我们想要有所长进，生活更舒适，哪怕要承担风险），这都是正常的。为了保持自己的理性、宽容和同情心，我们需要一种安全感。因此，基本安全必须被保障，没有人可以在缺乏公正和确凿理由的情况下随意夺走它。

功利主义者和新自由主义者忽视了一点，社会如果无法提供普遍的经济安全，人们就无法认同并接受有纪律的生活。他们总是把那些在市场社会中的失败者视为集体的"他者"。如果你把一群人统称为"穷人",然后施舍一些怜悯,这其实和当面数落他们没什么两样。我们这些"好人"决定了"他们"是否值得被帮助,是否还能被挽救,是否应该受到惩罚。"穷人"一词本身就带着怜悯的味道。而大卫·休谟教导我们,怜悯就近似一种鄙视的态度,怜悯意味着"他们"和"我们"不同。朝不保夕者可以反唇相讥,"我们"就是"他们",或者随时可能变成"他们"。

如果去思考全民基本安全,我们就不会停留在怜悯上,而是转向社会团结和同理心。在工业社会中,人们指望能够提供安全感的社会保险制度。它本来就运转不灵,如今更是不起作用。但是团结安全的理念依然值得称赞,这种精神已经被太多有针对性的福利方案冲淡,那些方案想要筛掉"不值得被帮助"的人。即便社会上有0.5%的懒人,又能如何呢?设计政策的时候,是应该揪住这0.5%的懒人不放,还是应该让99.5%的人拥有安全和自由,让社会生活多一点自在,少一点焦虑?政客、他们的幕僚和官僚设计出很多想要管控人们的政策,迎合群众的偏见,赢得了选票,但是这些政策实际执行起来代价高昂,而且在很大程度上适得其反。强迫一些不事生产的人从事没有生产力的工作,要比放任他们随波逐流(如果他们真想这样做)更耗费纳税人的钱。更好的办法是向他们提供公正的建议,作为一种国家服务,而不是作为一种毫不掩饰的惩罚。

绝大多数人不会满足于仅靠基本收入生活。他们想要工作,而且会因为可以改善自己的物质和社会生活条件而感到兴奋。揪住一小撮人的"懒惰"行为不放，只会显得我们很心虚懦弱，而不是善良正直。在这件事上，2010年有人在伦敦偏僻的街道做了一项小实验，为我们上了一堂温暖人心的课。实验人员询问一些无家可归的流浪汉他们最想要什么，流浪汉的梦想相当谦卑，很符合自身的处境。实验人员无条件地资助他们去实现这些想法，几个月后，几乎所有人都结束了无家可归的状态，他们也不再是地方政府的负担。这项实验为纳税人省下来的钱，相当于其送出去的50倍。

基本安全，首先保证的是适度而非极端的**不确定性**；其次，它让人们知道，如果出了什么问题，会有负担得起的、不会太过勉强的**补救方案**；再次，它让人在遇到冲击或危险时，也能有负担得起的、行为上可以忍受的方法，能从中**恢复**。目前的市场社会，福利方案都附带苛刻条件，私人保险又太昂贵，社会流动几近停滞，我们必须将这些条件打造出来。首先要做的，就是消除朝不保夕者的不确定性，他们面对"未知的未知"，不知道该如何保障自己的未来。

我们希望未来的社会是一个良好的社会，因此需要设置好几层事前社会保障（这是相对于处理特定意外风险的社会保障而言的，后者是事后方案），无条件基本收入就能起到这种作用。那些有幸靠着私人保险一辈子衣食无忧的政客应该明白一个道理："终身福利"是每个人都应该享有的权利，而不是他们的特权。我们都"依赖"他人才能活下去，或者更准确地说，我们本就是"彼此依赖"的。这是人类存在的基本条件，而不是上瘾或是疾病。为人类同胞提供基本安全，不该设置条件，强迫别人按照某些道德标准行事。如果真有某些行为突破社会接受的底线，我们应该交给法律按照正当程序来处理。将社会保障与附带条件挂钩就是绕过了法律来惩罚某些人，而法律面前本应人人平等。

基本安全几乎是人类的普遍需要，应该成为国家政策值得追求的目标。那些试图让国民"快乐"的做法，只是一种操纵人心的骗术，国家为国民的安全托底，创造必要的条件让他们按照自己的想法来追求幸福，乃是正途。此外，基本经济安全也同样有益，不安全感会制造压力，降低人的注意力和学习能力，尤其会影响那些与工作记忆相关的大脑区域（Evans and Schamberg, 2009）。因此，为了促进机会均等，最起码我们应该尽量减少人们之间不安全感的差异。更关键的是，心理学家已经证实，具备基本安全的人更加宽容，更愿意利他。在发达国家，正是长期的社会经济不安全感助长了新法西斯主义，人们面对全球化带来的生活水平缓慢下降的副作用，很容易被这种思潮带着走。

因此，基本收入方案可能需要做出首次修正（亦可参见Standing, 2011）。我们知道，经济全球化让更多人丧失经济安全，也让更多人因经济波动而受害，朝不保夕者一旦失去经济安全，就会陷入无法预防的风险之中。这就需要某种收入稳定机制，自动稳定人们的收入。过去，失业保险和其他社会保险补助就是一种自动稳定机制，但如今已失去了应有的功能。我们可以把基本收入视为一种"稳定经济的补贴"，是一种减少经济波动又兼顾平等主义的方案。比起传统的货币或财政政策，以及所有那些助长低效、造成大量无谓损失[①]、引发替代效应[②]的糟糕补贴方案，基本收入方案效率更高，也更公平。

基本收入的给付价值可以逆着经济周期变动。当市场行情好，赚钱机会充足时，基本收入给付价值就会下跌；当经济不景气，萧条袭来时，基本收入的给付价值就会提高。为避免政治上的滥用，基本收入的给付标准可以由一个独立机构来确定，让朝不保夕者和其他利益群体共同代表。这种机构类似于近年来成立的几个准独立（quasi-independent）的货币组织。其任务，就是根据经济增长的情况来调整基本收入发放的基准金额，然后根据经济运行的周期性状况来进行动态调整，损有余而补不足。关键就在于重新分配社会的经济安全，让那些"高枕无忧"的人，出让一部分经济安全，分配给那些岌岌可危的人。

重新分配金融资本

有很多方式能够支付基本收入或稳定经济的补贴。其背景是，目前很多国家的不平等程度长期被低估，有些国家甚至达到历史最严重的程度。没有证据显示不平等程度必须这么高。金融资本的高额回报是不平等加剧的主要原因，朝不保夕者应

[①] 由于垄断定价、外部性、税收、补贴等因素引起的生产者和消费者都得不到的部分。降低资源利用效率，减少了生产者剩余与消费者剩余。
[②] 商品价格变动时，消费者以较便宜的商品替代较贵商品的现象。

当从中分享到一部分红利。

在银行系统受到金融危机冲击后,很多发达国家的政府错失了降低不平等程度的机会。当它们用公民的钱救济银行时,原本可以利用这个机会,代表全体公民从银行的股份中取得永久权益,而且可以派一名公共利益代表进驻每家银行(或者所有接受公共援助的银行)。当银行重新开始盈利,一部分资金就会回流到实际出资挽救银行的公众手中。现在开始做这样的事情,也不算太晚。

两项改革或许会有所帮助。首先,逐步取消对资本和劳动的补贴,这些补贴不仅无法惠及朝不保夕者,而且会加剧不平等。如果拿出一半挽救银行的钱,将其分配到稳定经济的补贴中,就能让每个人每月领取到一笔可观的收入,这笔收入足够发放好多年(Standing, 2011)。此外也应该取消其他扭曲市场、降低总体效率的补贴。

其次,必须找到方法,重新分配金融资本的高额回报。这种回报和金融资本家付出的劳动无关,只是因为他们站在全球经济的战略位置上,把持住了风口。为什么掌握某种特定技能(我们总是把这些能力认定为技能)的人,就应该比掌握其他技能的人过上优渥得多的经济生活?

发达国家必须承认自己是食利者经济体的现实。在新兴市场经济国家投资资本,并从中获得合理的投资收益,本无可厚非。全球化的这一方面应该带来双赢局面,但前提是,投资国的公民和失权者都能分享这部分红利。

实现这一目标,有一种理想的方式,目前已有40个国家拥有主权财富基金或主权资本基金。如果这类基金产生的收益可以拿来公平分享,朝不保夕者就能借此掌控自己的生活。对于经济学家而言,他们乐于见到原来那些非贸易部门出现新的就业机会。但根据我们的观察,人类的大部分经济活动都可贸易。不过,指望用创造更多就业机会来降低不平等,就是在缘木求鱼。就业机会永远都在那里,不会消失,否则就是承认"劳动总量谬误"(lump of labor fallacy)①。就算有工作,很多人(即便不是大多数)照样收入较低,缺乏保障。

资本基金可以用来积累金融回报,政府就可以借此支付基本收入所需的部分成本。这在过去已有先例。1976年,阿拉斯加永久基金(Alaska Permanent Fund)成立,目的是将石油生产的部分利润分配给阿拉斯加的每一位合法居民,而且一直支付至今。不过它也不是非常完美的模式,该基金的规则可能会相对忽视朝不保夕者的权利,对未来的阿拉斯加人关照不够。但是,它和挪威基金(Norwegian Fund)一样,都提供了一种核心机制,让资本基金适度反哺基本收入,造福全民,无论这种收入的名称是什么。

此外,朝不保夕者还可以依靠"杜宾税"(Tobin taxes)提供收入,这是针对投机性资本交易征的税。很多可靠的论证说明,降低短期资本流动性在任何情况下都是有益的。还有生态税,这种税可能也是资金来源之一,它的目的是补偿污染造成

---

① 错误地认为经济中有固定的工作量,即假定一个经济体只能支持一定数量的工作,增加劳动者的数量会减少其他人的工作量,反之亦然。

的外部性，减缓或扭转资源的急速衰竭。简言之，没有理由认为国家财政无法负担全民基本收入。

在国际社会，近年来现金转移支付已成为一种援助发展的法定工具，前景可期。最初，大家以为这只是在金融危机、地震或洪水过后的短期救灾方案。后来，就像前文所说，有条件现金转移支付方案现已遍布拉丁美洲，而且还获得不少捐赠者和援助机构的鼎力支持。去掉各种欺骗性的附带条件，现金转移支付就可以成为援助的主要形式，确保用以帮助人们提高生活水平，而不会沦为开倒车和腐败的工具。

我们应该重新思考全球收入再分配问题。法学家阿耶莱特·夏查尔（Ayelet Schachar）在《投胎彩票学》（*The Birthright Lottery*）一书中主张，发达国家应征收公民税，然后重新分配给欠发达国家的人，她将公民权所带来的物质利益视为一种继承而来的财产权。这种看法和潘恩的观点相当类似。可能它过于理想化，无法立即实施。但它的认识基础是，公民权并不属于一种自然权利，因为国界的划分具有任意性。这本书还提议，可以设立指定用途的专项税，并通过基本收入转移给那些"运气糟糕到"出生在世界"收入洼地"的人们。如今认为这种方案过于理想化的唯一原因，只剩下全球化市场社会让我们以为每个人都应该成为一切以自我利益为中心的人，而不是世界公民。

因此，无论在发达国家还是发展中国家，我们都可以毫无顾虑地说，目前许多方式都能为基本收入提供资金来源。真正面临的挑战其实是政治上的，朝不保夕者只有对政治进程施加足够的压力，才能将基本收入化为现实。幸好，在他们施加压力之际，越来越多的证据表明，基本现金转移支付开始在一些国家产生有益影响，而就在几年前，证据还显示这些地方根本不可能出现基本收入。

夺回对时间的掌控权

基本收入也能让人们更好地掌控自己的**时间**。同时，它还能回应家长式自由至上主义者的说法。这些人认为，因为信息过载，人们才无法做出理性的决定。按照这个逻辑，他们就应该出台政策，为人们提供更多的时间来做出理性的决策。人们还需要时间来从事"为获得工资的劳动"以及其他不属于劳动的工作。让我们慢下来吧，沿着慢食运动（Slow food Movement）的路线，现在我们也需要一个慢时运动（Slow Time Movement），两者都是地方主义（localism）①不可或缺的组成部分。

眼下，能让人们放慢生活脚步的手段不多。相反，财政政策和社会政策"奖励"劳动，惩罚不愿意劳动的人。那些试图减少劳动量的人，甚至会面临双重惩罚，不仅收入下降，还会失去所谓的"社会权利"，比如养老金。

---

① 又称本土主义、地方保护主义，指一个地区为维护自身社会利益而实行文化及人口等方面的保护。

和劳动脱钩的基本收入，将是一种去商品化的方式，给予人们在市场之外更强的生存能力，并减轻劳动压力。而且，它还会拆除进出劳动力市场的阻碍，从而提高劳动力供给量。换言之，它可能会吸引人们在更安全的环境下，不受市场压力的胁迫，而自愿投身劳动。基本收入会让劳动者接受低薪，**并**采用强硬的立场和雇主谈判。如果确定潜在雇主真的只能承担目前的工资水平，只要收入足够养家糊口，他们也能安心继续接受那份工作。

让人们重新掌控自己的时间非常重要。我们需要时间来决定如何管理风险。有些家长式自由至上主义者声称，教育无法提高人们做出正确决策的能力，而这恰恰是在为他们"助推"和伪装成胡萝卜加大棒的做法来指导人们而辩护。然而，英国的一项调查发现，投资者认为风险管理的主要障碍就是时间的匮乏（Grene, 2009）。但只要有足够的时间，风险就可以被解释清楚，才能让人们做出理性选择。就好像看病的时候，医生可以向患者解释风险，让患者做出"知情选择"。人们也应该多关注政府统计调查的结果。金融专业人士应该更新和拓宽他们对风险的定义，也要与消费者多打交道，利用"风险沟通和识别工具"帮助他们做出更理性的决定。关键在于，政策应该确保提供适当的信息，然后给予人们充足的时间评估。

这就让我想起了一种最糟糕的"不稳定劳动陷阱"。面对时间挤压，朝不保夕者的劳动回报率不但降低，还被迫从事更多"为获得工资的劳动"和"为社会再生产而做的工作"，这和他们无法负担请人代劳的开销有关。焦虑和不安全感"消耗"着人的精力，让他们为了求生不得不从事大量的"为获得工资的劳动"，即便信息摆在面前，也无暇消化和利用。基本收入能让他们更好地掌控自己的时间，从而帮助他们做出更理性的决定。

恢复公地

最后，优质的公共生存空间如今是分布不均的。这个问题包含两个相关维度。大多数知情者都清楚，全球变暖、污染和物种灭绝带来了可怕的生态威胁。然而，大部分精英阶级和上层白领领薪阶级对此都漠不关心。他们的财富和人脉能够确保他们不受波及。他们可以龟缩到碧海中的小岛上，还可以躲进深山老林。他们只想提高经济增长率，来增加收入和财富，却无视资源枯竭造成的生态破坏。朝不保夕者天生是绿色阶级，他们主张建立一个更加平等的社会，这个社会优先考虑共享、可持续和节约资源的活动。经济快速增长只是为了维持全球化产生的畸形不平等。正如我们需要放慢脚步，减少疯狂劳动和消费制造的压力一样，我们也需要降低经济增长速度，以获得休养生息和修复自然的机会。

朝不保夕者必须为建立可存留的公地而斗争，他们需要一片丰富多彩的公共空间。受到布莱尔和卡梅伦崇敬的新自由主义设计师、英国前首相撒切尔夫人曾大量抛售公租房、运动场和其他附属于公立学校的设施，这种做法最能说明问题。她就是想把属于低收入公民和失权者的公共空间从地图上抹去。

三十年后,这种政策在2010年的紧缩措施中"发扬光大"。数百座公共图书馆即将关闭,就像美国各地的图书馆一样。这些都是朝不保夕者宝贵的公共场所。政府将大幅削减公立学校的体育经费,各种课外社团也面临着毁灭性的打击。其他公共设施不是被砍,就是涨价到让人无法负担的地步。不同的居住区之间将会出现更为系统性的区隔。政府卖掉公租房,导致城镇低收入群体开始租不到平价住房。私人住宅的租金飙升,连带着政府支付给低收入群体的住房补贴也水涨船高。当政府要想办法节省财政开支时,首先就会从住房补贴下手。它规定一个地区内,只有30%最便宜的房子才有资格配套政府补贴,并为每户家庭申请住房补贴的金额设置上限。这种改革必定会把低收入群体赶出租金和生活水平较高的地区,保守党的伦敦市长称之为"社会净化"(social cleansing),坎特伯雷大主教斥之为"社会分层"(social zoning)。

此举反而使得劳动力市场更加混乱。低收入地区集中了收入较低和受教育程度不高的人,工作机会将会集中到高收入地区。接下来,贫困和失业问题集中的地方会连成一片,甚至演变成贫民窟。就像巴黎的郊区,简直是贫困、不安全、失业和为生存而犯罪的大本营;也很像种族隔离政策下支离破碎的南非城区,现在各区之间由戒备森严的大门切割开来,黑人居住区的居民总是充满怒火。

此外,我们还需要更安全的公共空间,让朝不保夕者能够聚在一起,培养公共的公民友谊。我们要复兴公共领域。社会学家兼哲学家哈贝马斯哀叹公共领域的碎片化，他追忆了18世纪伦敦的咖啡馆、巴黎的沙龙和德国的"席间闲谈"（table talks）所传承的文化。他的观点充满了怀旧之情，认为福利国家、大众媒体、公共关系和政党对议会政治的破坏联合摧毁了公共领域。他似乎在暗示，只要我们在咖啡馆带着充足的消息漫谈，民主就会复苏。

这当然是有道理的，但是，尽管朝不保夕者现在确实大量出没在咖啡馆、酒吧、网吧和社交网络中，但是他们却**刻意**不再认真严肃地讨论问题。在哈贝马斯眼里，互联网是一种无序的、支离破碎的通信回路，无法形成一个完整的公共领域。这种说法没错，不过却太悲观了。朝不保夕者面前的公共领域可能是不太完整，但是他们还是可以为自己争取复兴一方审议式民主的天地。在这个问题上，施行基本收入方案也有所助益。

休闲补贴

为就业而就业的社会有一点令人担忧，它让人们不再敬畏古希腊所谓的休闲，而且还培养了公民私利主义（civic privatism）[1]和粗糙的唯物主义式个人主义。为社会的健康和我们自身着想，我们需要一些机制来扭转这个趋势。

民主的式微、政治商品化、公关的力量以及精英阶级的财

---

[1] 所有人都尽可能照顾自己的个人需求，追求自身的最大满足，而不参与公共事务的现象。

富,都有可能强化多数人的暴政,恶意诋毁那些不愿俯首帖耳的人。作为一项反抗的运动,朝不保夕者需要孕育审议式民主的机制。这种机制促进普世性原则和利他主义思维,鼓励人们都假定自己会生在"无知之幕"(veil of ignorance)[①]下,暂时放弃自己的社会和经济立场。不过,审议式民主需要人们积极参与,心志不坚的人很难做到,他们容易被一堆空洞的政治口号和陈词滥调牵着鼻子走。审议式民主需要我们开展辩论、交流眼神、运用肢体语言、彼此倾听和做出回应。

在古代雅典,有一个叫作投票器(kleroterion)的石头装置,可以从5万名公民中随机选出500人来制定政策。它排除了女性和奴隶,因此并不民主。但这种方式已经很接近审议式民主。詹姆斯·菲什金(James Fishkin)、布鲁斯·阿克曼(Bruce Ackerman)等人的研究表明,公共讨论往往能让人远离民粹主义观点。研究人员在遭受经济衰退打击的密歇根州做了一项实验,因为经济不景气,当地人对提高征税比例的支持率上升了,同意将所得税从27%上调至45%。实验发现,观点改变最大的人往往都是那些吸收了最多新知识的人。这当然不意味着改变观点一定是好事。但它确实表明,审议式民主会带来重要影响。更早的心理学实验发现,那些拥有基本经济安全的人比那些朝不保夕的人更利他、更宽容、更主张平等,对经

[①] 政治哲学家约翰·罗尔斯的著名概念。人们商量如何正当对待社会或组织里不同角色的成员时,最理想的方式是把大家聚集到一个幕布下,约定好每个人都不知道自己在走出幕布后,将在社会或组织里担任什么角色,从而尽量设计出一个出身不利者也能翻身的制度。

济安全相关命题进行集体审议，则会让我们越发支持政府应该为人们保障基本经济安全（Frohlich and Oppenheimer, 1992）。

一些人主张通过投票，利用互联网实施审议式民主。希腊和中国已经推行了类似的做法，比如中国的泽国镇就用这种方法决定当地某个基础设施应该覆盖何处。这种方式被认为是宣泄社会压力的安全阀。不过，尽管在线审议式民主很有意思，但它不能取代实体的公共参与的那种专注度。

因此，我们应该考虑，是否有必要推出一种过渡性的基本收入补贴方案，帮助朝不保夕者远离民粹主义。我们可以要求每位有资格获得基本收入补贴的人，在登记资格时许下道德承诺，保证在全国和地方选举中投票，并且每年至少参加一次讨论当下政治议题的地方会议。这种承诺不必具有法律效力，即使某人违反了也不会受到惩罚，它要做的只是鼓励公民承担自己的责任，这种做法符合解放式平等主义（emancipatory egalitarianism）的精神。

即使我们不设置这种道德承诺，基本收入也会成为促进人们参与审议式民主的工具。式微的民主很容易被精英或民粹主义者操弄。如果民主国家的贪腐程度真的像"透明国际"（Transparency International）组织估计的那样，比非民主国家更低，那么推动公共参与的措施就能强化民主。而且，假设民主程度和腐败程度之间呈线性关系，公众参与公共生活还将减少腐败。因为投票率低，那些长期把持权位的候选人更容易连任。朝不保夕者和专业技术人员因为经常四处漂泊，见多识广，更有可能转而支持那些他们认为值得信任的政治家。很多选举的胜败，实际上是由那些不投票的人决定的。这样得出的结果肯定不会是好结果。

工作和休闲补贴也许能够符合新兴地方主义的需求。在"后科层制时代"，社会民主党人和保守党人都盼望着权力下放。在英国，保守党人巧妙地发明了"大社会"（Big Society）一词，这种含糊又委婉的说法似乎既拥抱地方主义，又认同公民社会和志愿工作发挥更大的作用。英国智库"公民"（Demos）在其小册子《自由共和国》（*The Liberal Republic*）中也强调了地方主义（Reeves and Collins, 2009），将其与"自主生活"联系在一起，在这种生活中，个人自主至关重要，能够帮助每个人塑造属于自己的"美好生活"版本。

但这条路注定不会一帆风顺。地方主义可能也会和社会分层同时出现，富裕地区的发展会损害其他地区的利益。它忽视了人们需要结社自由，只有个体自主性远远不够，这会使朝不保夕者陷入不利境地。公民社会可能被富人和人脉广泛的群体把持。地方主义也有可能带来更多家长制作风。目前已有苗头了，有的地方开始鼓励民众做出"利社会行为"（pro-social behaviour）。还有的地方想要回馈公民，办法是让他们投票决定社区资金该如何使用，因为他们参加了志愿工作和出席了公共会议。但是这种有条件的参与权威胁到了民主原则。人人都应该有投票权，我们的目标是促进审议式民主，而不是在公众间区分局内和局外人。此外，地方主义只有在人们以公民身份参与的情况下才能成功，更好的办法可能是，确保那些承诺参与民主活动的人有资格获得补贴。

不过有个想法可能会得到进步人士的青睐：提高投票率，不要忘了，投票率高的地方，支持自由主义或进步主义价值观的人也会更多。巴西实行强制投票制度，这可能是新自由主义在当地几乎不被支持的原因。大量几乎不缴税却能受益于政府补贴的穷人迫使政治家在社会政策上左倾。因此，进步人士应该会希望提高投票率，这也是他们支持有条件休闲补贴的一个原因。可能正是因为推行了强制投票制度，巴西先于其他国家引入了基本收入，并于2004年将这条承诺写入法律。

政治参与和基本收入挂钩的做法，在历史上也有先例。在公元前403年的雅典，公民参与城邦生活，可以获得一小笔象征性的赠款。这笔赠款就好像是一种荣誉勋章，也是激励人们继续承担公共事务责任的诱因。

本章小结

也许再过不久，朝不保夕者就会发现自己阵营里的人越来越多。在此，让我们回顾一下20世纪30年代德国纳粹崛起时，马丁·尼莫拉（Martin Niemöller）牧师著名的告诫——《我没有说话》。

> 起初他们追杀共产主义者的时候，
> 我没有说话——因为我不是共产主义者；

后来他们追杀工会成员的时候，
我没有说话——因为我不是工会成员；

接着他们追杀犹太人的时候，
我没有说话——因为我不是犹太人；

最后他们奔向我而来，
那时已经没有人能为我说话了。

  这首诗发人深省，让人想起当下的世界。朝不保夕者正被引到歧路上，这条歧路上站着贝卢斯科尼这样的煽动家、萨拉·佩林（Sarah Palin）①这样特立独行的政客，还有世界其他地方的新法西斯主义者。在中右翼为了留住选民而进一步向右翼靠拢时，政治上的中左翼却节节败退，流失大量选票，甚至可能失去整整一代人的信任。长期以来，他们一直代表"劳动"的利益，捍卫一种垂死的生活方式和劳动方式。新生的阶级是朝不保夕者，除非世界上的进步人士能提供一种"天堂的政治"，否则这个阶级很容易听信谗言，将整个社会推向深渊。中间翼进退两难，他们会加入进来，支持一种新的进步共识。这一步，越早越好。朝不保夕者既不是受害者，也不是反派，更不是英雄——而是许许多多像我们一样的人。

---

① 萨拉·佩林（1964— ），曾任阿拉斯加州州长（2006—2009），美国共和党政治人物。

参考文献

Aguiar, M. and Hurst, E. (2009), *The Increase in Leisure Inequality, 1965–2005*, Washington, DC: AEI Press.
Amoore, L. (2000), 'International Political Economy and the Contested Firm', *New Political Economy*, 5(2): 183–204.
Arendt, H. (1958), *The Human Condition*, Chicago, IL: University of Chicago Press.
—([1951] 1986), *The Origins of Totalitarianism*, London: André Deutsch.
Asthana, A. and Slater, C. (2009), 'Most Parents Can't Find Enough Time to Play with Their Children', *Observer*, 2 August, p. 17.
Atkins, R. (2009), 'Europe Reaps the Rewards of State-Sponsored Short-Time Jobs', *Financial Times*, 29 October, p. 6.
Autor, D. and Houseman, S. (2010), 'Do Temporary-Help Jobs Improve Labor Market Outcomes for Low-Skilled Workers: Evidence from "Work First"', *American Economic Journal: Applied Economics*, 3(2): 96–128.
Bamford, J. (2009), *The Shadow Factory: The Ultra-Secret NSA from 9/11 to the Eavesdropping on America*, New York: Doubleday.
Barber, S. (2010), 'Jobless Migrants Living in Shanty Towns Offered Free Flights Home', *Observer*, 7 February.
Bennett, C. (2010), 'Do We Really Need Advice on How to Deal with Boomerang Kids?' *Observer*, 3 January, p. 25.
Bentham, J. ([1787] 1995), *Panopticon; or The Inspection-House*, reprinted in M. Bozovich (ed.), *The Panopticon Writings*, London: Verso, pp. 29–95.
Bernstein, R. (2009), 'Don't Trust Anyone Under 30?', *New York Times*, 14 January.
Beveridge, W. (1942), *Social Insurance and Allied Services*, London: HMSO.
Blinder, A. (2009), 'How Washington Can Create Jobs', *Wall Street Journal*, 17 November, p. 16.
Bloomberg Business Week (2005), 'Embracing Illegals', *Bloomberg Business Week*, 18 July.
Bourdieu, P. (1990), *The Logic of Practice*, Cambridge, UK: Polity Press.
—(1998), 'La précarité est aujourd'hui partout' ['Precariousness is Everywhere Nowadays'], in *Contre-feux*, Paris: Raisons d'agir, pp. 96–102.
Browne, J. (2010), *Securing a Sustainable Future for Higher Education*, London: The Stationery Office.
Bryceson, D. B. (ed.) (2010), *How Africa Works: Occupational Change, Identity and Morality*, Rugby: Practical Action Publishing.
Bullock, N. (2009), 'Town Halls Find Fresh Angles to Meet Recession', *Financial Times*, 23 December, p. 2.
Carr, N. (2010), *The Shallows: What the Internet Is Doing to Our Brains*, New York: Norton.

Centre for Women in Business (2009), *The Reflexive Generation: Young Professionals' Perspectives on Work, Career and Gender*, London: London Business School.
Choe, S.-H. (2009), 'South Korea Fights Slump through Hiring, Not Firing', *International Herald Tribune*, 2 April, pp. 1, 4.
Coase, R. H. (1937), 'The Nature of the Firm', *Economica*, 4(16): 386–405.
Cohen, D. (2009), *Three Lectures on Post-Industrial Society*, Cambridge, MA: Massachusetts Institute of Technology Press.
Cohen, N. (2010), 'Now, More than Ever, the Poor Need a Voice', *Observer*, 7 October, p. 33.
Coleman, D. (2010), 'When Britain Becomes "Majority Minority"', *Prospect*, 17 November.
Collison, M. (1996), 'In Search of the High Life', *British Journal of Criminology*, 36(3): 428–443.
Crawford, M. (2009), *Shop Class as Soulcraft: An Enquiry into the Value of Work*, New York: Penguin.
Dench, G., Gavron, K. and Young, M. (2006), *The New East End: Kinship, Race and Conflict*, London: Profile Books.
De Waal, F. (2005), *Our Inner Ape*, London: Granta Books.
Dinmore, G. (2010a), 'Tuscan Town Turns Against Chinese Immigrants', *Financial Times*, 9 February, p. 2.
—(2010b), 'Chinese Gangs Exploit Niche Left by Mafia', *Financial Times*, 29 June, p. 5.
Doerr, N. (2006), 'Towards a European Public Sphere "from Below"? The Case of Multilingualism within the European Social Forums', in C. Barker and M. Tyldesley (eds), *Conference Papers of the Eleventh International Conference on 'Alternative Futures and Popular Protest'*, vol. II, Manchester: Manchester Metropolitan University.
Dvorak, P. and Thurm, S. (2009), 'Slump Prods US Firms to Seek a New Compact with Workers', *Wall Street Journal*, 20 October, pp. 14–15.
The Economist (2007), 'Changing How Japan Works', *The Economist*, 29 September, p. 70.
—(2009), 'Public Sector Unions: Welcome to the Real World', *The Economist*, 12 December, p. 46.
—(2010a), 'Too Many Chiefs', *The Economist*, 26 June, p. 72.
—(2010b), 'Dues and Don'ts', *The Economist*, 14 August, p. 62.
—(2010c), 'The Biology of Business: Homo Administrans', *The Economist*, 23 September.
Ehrenreich, B. (2009), *Smile or Die: How Positive Thinking Fooled America and the World*, London: Granta.
Ehrenreich, B. and Fletcher, B. (2009), 'Reimagining Socialism', *The Nation*, 23 March.
Elger, T. and Smith, C. (2006), 'Theorizing the Role of the International Subsidiary: Transplants, Hybrids and Branch Plants Revisited', in A. Ferner, J. Quintanilla and C. Sánchez-Runde (eds), *Multinationals, Institutions and the Construction of Transnational Practices: Convergence and Diversity in the Global Economy*, Basingstoke: Palgrave Macmillan, pp. 53–85.
Environmental Justice Foundation (2009), *No Place Like Home: Where Next for*

Climate Refugees? London: Environmental Justice Foundation.

Equality and Human Rights Commission (2010), *Inquiry into the Meat and Poultry Processing Sectors: Report of the Findings and Recommendations*, London: EHRC.

Esping-Andersen, G. (1990), *The Three Worlds of Welfare State Capitalism*, Cambridge, UK: Cambridge University Press.

Evans, G. W. and Schamberg, M. A. (2009), 'Childhood Poverty, Chronic Stress, and Adult Working Memory', *Proceedings of the National Academy of Sciences*, 106(16): 6545–6549.

Fackler, M. (2009), 'Crisis-Hit South Koreans Living Secret Lives with Blue-Collar Jobs', *International Herald Tribune*, 8 July, p. 1.

—(2010), 'New Dissent in Japan Is Loudly Anti-Foreign', *New York Times*, 29 August, p. A6.

Fauroux, R. (2005), *La lutte contre les discriminations ethniques dans le domaine de l'emploi [Combating Ethnic Discrimination in Employment]*, Paris: HALDE.

Federal Communications Commission (2010), *National Broadband Plan: Connecting America*, Washington, DC: Federal Communications Commission.

Fifield, A. (2010), 'Tea Party Brews Trouble for Both Sides as Protest Recoils on Right', *Financial Times*, 28 January, p. 5.

Financial Times (2010a), 'Britain's Growing Inequality Problem', *Financial Times*, 28 January, p. 14.

—(2010b), 'Osborne Preaches One Nation Austerity', *Financial Times*, 5 October, p. 16.

Fiszbein, A. and Schady, N. (2009), *Conditional Cash Transfers: Reducing Present and Future Poverty*, Washington, DC: World Bank.

Florida, R. (2003), *The Rise of the Creative Class, and How It's Transforming Work, Leisure, Community and Everyday Life*, London: Basic Books.

—(2010), 'America Needs to Make Its Bad Jobs Better', *Financial Times*, 6 July, p. 11.

Forrest, R. and Kearns, A. (2001), 'Social Cohesion, Social Capital and the Neighbourhood', *Urban Studies*, 38(12): 2125–2143.

Foucault, M. (1977), *Discipline and Punish: The Birth of the Prison*, London: Penguin.

Freeman, R. (2005), 'What Really Ails Europe (and America): The Doubling of the Global Workforce', *The Globalist*, 3 June. Available at http://www.theglobalist.com/storyid.aspx?StoryId=4542 [accessed 6 December 2010].

Friedman, M. (1982), *Capitalism and Freedom*, Chicago, IL: University of Chicago Press.

Friedman, M. and Kuznets, S. (1945), *Income from Independent Professional Practice*, New York: National Bureau of Economic Research.

Frohlich, N. and Oppenheimer, J. A. (1992), *Choosing Justice: An Experimental Approach to Ethical Theory*, Berkeley, CA, and Los Angeles, CA: University of California Press.

Gibney, M. J. (2009), *Precarious Residents: Migration Control, Membership and the Rights of Non-Citizens*, New York: Human Development Reports Research Paper 2009/2010, United Nations Development Programme.

Giridharadas, A. (2009), 'Putting the Students in Control', *International Herald Tribune*, 7–8 November, p. 2.

Goldthorpe, J. H. (2007), *On Sociology*, second edition, Stanford: Stanford University

Press.
—(2009), 'Analysing Social Inequality: A Critique of Two Recent Contributions from Economics and Epidemiology', *European Sociological Review*, 22 October. Available at http://esr.oxfordjournals.org/content/early/2009/10/22/esr.jcp046. abstract [accessed 2 December 2010].
Goos, M. and Manning, A. (2007), 'Lousy and Lovely Jobs: The Rising Polarisation of Work in Britain', *Review of Economics and Statistics*, 89(1): 118–133.
Gorz, A. (1982), *Farewell to the Working Class: An Essay on Post-Industrial Socialism*, London: Pluto Press. [Original published as *Adieux au proletariat*, Paris: Galilée, 1980.]
Green, H. (2010), *The Company Town: The Industrial Edens and Satanic Mills That Shaped the American Economy*, New York: Basic Books.
Grene, S. (2009), 'Pension Investors Fail to Get the Message', *FT Report - Fund Management*, 27 July, p. 3.
Grimm, S. and Ronneberger, K. (2007), *An Invisible History of Work: Interview with Sergio Bologna*. Available at http://www.springerin.at/dyn/heft_text.php?textid=1904&lang=en [accessed 2 December 2010].
Haidt, J. (2006), *The Happiness Hypothesis*, London: Arrow Books.
Hankinson, A. (2010), 'How Graduates Are Picking Up the Tab for Their Parents' Lives', *The Observer*, 31 January.
Hansard Society (2010), *Audit of Political Engagement 7: The 2010 Report*, London: Hansard Society.
Hardt, M. and Negri, A. (2000), *Empire*, Cambridge, MA: Harvard University Press.
Harris, P. (2010), 'Can Geoffrey Canada Rescue America's Ailing Schools? Barack Obama Hopes So', *The Observer*, 10 October.
Hauser, M. D. (2006), *Moral Minds: How Nature Designed Our Universal Sense of Right and Wrong*, New York: Harper Collins.
Hewlett, S. A., Jackson, M., Sherbin, L., Shiller, P., Sosnovich, E. and Sumberg, K. (2009), *Bookend Generations: Leveraging Talent and Finding Common Ground*, New York: Center for Work-Life Policy.
Hinojosa-Ojeda, R. (2010), *Raising the Floor for American Workers: The Economic Benefits of Comprehensive Immigration Reform*, Washington, DC: Center for American Progress, Immigration Policy Center.
Hinsliff, G. (2009), 'Home Office to Unveil Points System for Immigrants Seeking British Citizenship', *Observer*, 2 August, p. 4.
Hobsbawm, E. J. (1959), *Primitive Rebels: Studies in Archaic Forms of Social Movement in the 19th and 20th Centuries*, Manchester: Manchester University Press.
House, F. (2009), *The Business of Migration: Migrant Worker Rights in a Time of Financial Crisis*, London: Institute for Human Rights and Business.
Howker, E. and Malik, S. (2010), *Jilted Generation: How Britain Has Bankrupted Its Youth*, London: Icon Books.
Internal Displacement Monitoring Centre (2010), Available at http://www.internal-displacement.org [accessed 2 December 2010].
Izzo, P. (2010), 'Economists Believe Many Jobs Won't Return', *Wall Street Journal Europe*, 12–14 February, p. 7.

Johal, A. (2010), 'Precarious Labour: Interview with San Precario Connection Organizer Alessandro Delfanti', 11 September. Available at http://www.rabble.ca/blogs/bloggers/amjohal/2010/09/precarious-labour-interview-san-precario-connection-organizer-alessan [accessed 3 December 2010].

Kellaway, L. (2009), 'Why My Friend's Job Delivers without Paying a Packet', *Financial Times*, 13 July, p. 10.

Kerbo, H. R. (2003), *Social Stratification and Inequality*, fifth edition, New York: McGraw Hill.

Kingston, J. (2010), *Contemporary Japan: History, Politics and Social Change since the 1980s*, Hoboken, NJ: Wiley-Blackwell.

Knox, M. (2010), 'Union Takes on Labor Over "Cheap" Foreign Workers', *Sydney Morning Herald*, 12 February, p. 1.

Kohn, M. (2008), *Trust: Self-Interest and the Common Good*, Oxford: Oxford University Press.

Kosugi, R. (2008), *Escape from Work: Freelancing Youth and the Challenge to Corporate Japan*, Melbourne: Trans Pacific Press.

Macdonald, R. and Shildrick, T. (2007), 'Street-Corner Society: Leisure Careers, Youth (Sub)Culture and Social Exclusion', *Leisure Studies*, 26(3): 339–355.

Maher, K. (2008), 'More in US Are Working Part-Time Out of Necessity', *Wall Street Journal Europe*, 10 March, p. 10.

Mallet, V. (2009), 'Soup Kitchen Queues Lengthen as Families Ignore Plight of Jobless', *Financial Times*, 14 May, p. 4.

Maltby, L. (2009), *Can They Do That? Retaking Our Fundamental Rights in the Workplace*, New York: Portfolio.

Marcuse, H. (1964), *One Dimensional Man: The Ideology of Industrial Society*, London: Sphere Books.

Martin, P. (2009), *Sex, Drugs and Chocolate: The Science of Pleasure*, London: Fourth Estate.

Mayhew, L. (2009), *Increasing Longevity and the Economic Value of Healthy Ageing and Working Longer*, London: Cass Business School, City University.

McGovern, P., Hill, S. and Mills, C. (2008), *Market, Class, and Employment*, Oxford: Oxford University Press.

Mead, L. (1986), *Beyond Entitlement: The Social Obligations of Citizenship*, New York: Free Press.

Mitchell, T. (2010), 'Honda Presses Staff not to Strike', *Financial Times*, 31 May, p. 1.

Morrison, C. (2010), 'The Relationship between Excessive Internet Use and Depression: A Questionnaire-Based Study of 1,319 Young People and Adults', *Psychopathology*, 43(2): 121–126.

Mouer, R. and Kawanishi, H. (2005), *A Sociology of Work in Japan*, Cambridge, UK: Cambridge University Press.

Nairn, G. (2009), 'Telework Cuts Office Costs', *FT Report - Digital Business*, 12 March, p. 4.

National Equality Panel (2010), *An Anatomy of Economic Inequality in the UK: Report of the National Equality Panel*, London: Centre for Analysis of Social Exclusion and the Government Equalities Office.

Needleman, S. (2009), 'Starting Fresh with an Unpaid Internship', *Wall Street Journal*,

16 July, p. D1.
Nink, M. (2009), 'It's Always about the Boss', *Gallup Management Journal*, 25 November.
Obinger, J. (2009), 'Working on the Margins: Japan's Precariat and Working Poor', *Electronic Journal of Contemporary Japanese Studies*, 25 February.
OECD (2010a), *International Migration Outlook 2010*, Paris: OECD.
—(2010b), *A Profile of Immigrant Populations in the 21st Century: Data from OECD Countries*, Paris: OECD.
Paine, T. ([1795] 2005), *Common Sense and Other Writings*, New York: Barnes & Noble, pp. 321–345.
Parliamentary and Health Service Ombudsman (2010), *Fast and Fair? A Report by the Parliamentary Ombudsman on the UK Border Agency* (fourth report), London: The Stationery Office.
Peel, Q. (2010), 'German Popular Perception Fuels Furious Debate on Immigration', *Financial Times*, 2 September, p. 4.
Pigou, A. C. ([1952] 2002), *The Economics of Welfare*, New Brunswick, NJ: Transaction Publishers.
Polanyi, K. ([1944] 2001), *The Great Transformation: The Political and Economic Origins of Our Time*, Boston, MA: Beacon Press.
Reeves, R. (2010), 'Why Money Doesn't Buy Happiness', *Observer Magazine*, 25 April, p. 48.
Reeves, R. and Collins, P. (2009), *The Liberal Republic*, London: Demos.
Reidy, G. (2010), 'Young, Single and Labouring Round the Clock', *NYT Business*, 7 September, p. 13.
Richtel, M. (2010), 'Hooked on Gadgets, and Paying a Mental Price', *New York Times*, 7 June, p. 1.
Rigby, R. (2010), 'The Careerist: What You Know Has a Shorter and Shorter Lifespan', *Financial Times*, 22 February, p. 12.
Royle, T. and Ortiz, L. (2009), 'Dominance Effects from Local Competitors: Setting Institutional Parameters for Employment Relations in Multinational Subsidiaries: A Case from the Spanish Supermarket Sector', *British Journal of Industrial Relations*, 47(4): 653–675.
Saltmarsh, M. (2010), 'Far from Home and Miserable in Sweden', *International Herald Tribune*, 8 September, p. 3.
Sawhill, I. and Haskins, R. (2009), *Creating an Opportunity Society*, Washington, DC: Brookings Institution.
Schachar, A. (2009), *The Birthright Lottery*. Harvard, MA: Harvard University Press.
Sen, A. (1999), *Development as Freedom*, Oxford: Oxford University Press.
Sennett, R. (1998), *The Corrosion of Character: The Personal Consequences of Work in the New Capitalism*, New York: Norton.
Shildrick, T., MacDonald, R., Webster, C. and Garthwaite, K. (2010), *The Low-Pay, No-Pay Cycle: Understanding Recurrent Poverty*, York: Joseph Rowntree Foundation.
Simonian, H. (2010), 'Adecco Rejects Slowdown Fears', *Financial Times*, 12 August, p. 11.
Sklair, L. (2002), *Globalization: Capitalism and Its Alternatives*, Oxford: Oxford

University Press.
Soysal, Y. (1994), *The Limits of Citizenship*, Chicago, IL: University of Chicago Press.
Standing, G. (1989), 'Global Feminization through Flexible Labor', *World Development*, 17(7): 1077–1095.
—(1990), 'The Road to Workfare: Alternative to Welfare or Threat to Occupation?', *International Labour Review*, 129(6): 677–691.
—(1999a), 'Global Feminization through Flexible Labor: A Theme Revisited', *World Development*, 27(3): 583–602.
—(1999b), *Global Labour Flexibility: Seeking Distributive Justice*, Basingstoke: Macmillan.
—(2009), *Work after Globalization: Building Occupational Citizenship*, Cheltenham, UK, and Northampton, MA: Edward Elgar.
—(2010), 'Global Monitor: The International Labour Organization', *New Political Economy*, 15(2): 307–318.
—(2011), 'Responding to the Crisis: Economic Stabilisation Grants', *Policy & Politics*, 39(1): 9–25.
Tabuchi, H. (2010), 'Japan Accused of Violating Migrant Workers' Human Rights', *New York Times*, 21 July, p. B1.
Tavan, C. (2005), *Les immigrés en France: une situation qui évolue [Immigrants in France: An Evolving Situation]*, INSEE Première, No. 1042, September.
Thaler, R. and Sunstein, C. (2008), *Nudge: Improving Decisions About Health, Wealth, and Happiness*, New Haven and London: Yale University Press.
Thompson, E. P. (1967), 'Time, Work-Discipline and Industrial Capitalism', *Past and Present*, 38(1): 58–97.
Tomkins, R. (2009), 'The Retreat of Reason', *FT Weekend*, 23–24 May, pp. 24–9.
Tulgan, B. (2009), *Not Everyone Gets a Trophy: How to Manage Generation Y*, San Francisco, CA: Jossey-Bass.
Turque, W. (2010), 'D. C. Students Respond to Cash Awards, Harvard Study Shows', *Washington Post*, 10 April, p. B1.
Uchitelle, L. (2006), *The Disposable American: Layoffs and Their Consequences*. New York: Alfred Knopf.
Ueno, T. (2007), '"Precariat" Workers Are Starting to Fight for a Little Stability', *Japan Times Online*, 21 June.
UKBA (2010), *Points Based System Tier 1: An Operational Assessment*, London: The Stationery Office.
Virtanen, M., Ferrie, J. E., Singh-Manoux, A., Shipley, M. J., Vahtera, J., Marmot, M. G. and Kivimäki, M. (2010), 'Overtime Work and Incident Coronary Heart Disease: The Whitehall II Prospective Cohort Study', *European Heart Journal*, 31: 1737–44.
Wacquant, L. (2008), 'Ordering Insecurity: Social Polarization and the Punitive Upsurge', *Radical Philosophy Review*, 11(1): 9–27.
Weber, M. ([1922] 1968), *Economy and Society*, Berkeley, CA, and Los Angeles, CA: University of California Press.
Wilkinson, R. and Pickett, K. E. (2009), *The Spirit Level: Why More Equal Societies Almost Always Do Better*, London: Allen Lane.

Willetts, D. (2010), *The Pinch: How the Baby Boomers Took Their Children's Future – and Why They Should Give It Back*, London: Atlantic.

Willsher, K. (2010), 'Leaked Memo Shows France's Expulsion of Roma Illegal, Say Critics', *Guardian*, 14 September, p. 20.

Working Families (2005), *Time, Health and the Family*, London: Working Families.

Wright, E. O. (ed.) (2006), *Redesigning Distribution: Basic Income and Stakeholder Grants as Cornerstones for an Egalitarian Capitalism*, London: Verso.

Zolberg, A. (1995), 'Review of Y. Soysal, Limits of Citizenship', *Contemporary Sociology*, 24(4): 326–9.